繁荣与富强

大国治理的政治经济学

周文 司婧雯 何雨晴 / 著

复旦大学出版社

序 言
周 文

中国从一个积贫积弱的落后农业国一跃成为世界第二大经济体和重要工业国,用几十年时间走完了西方国家历时几百年的现代化进程,实现了年均增长超过9.4%的"中国奇迹"。目前中国经济总量占世界经济总量的比重接近17%,对世界经济增长的贡献率接近30%。① 与此同时,中国经济高质量发展将给世界带来更多的机遇。麦肯锡全球研究院的研究报告显示,到2040年,中国和世界其他经济体的彼此融合有望创造22万亿至37万亿美元的经济价值,相当于全球经济总量的15%—26%。② 中国不仅是"世界工厂""世界市场",也是世界研发基地和创投中心,在全球供应链、产业链和价值链中均占有重要地位。

在迎来中国共产党成立一百周年的重要时刻,我国脱贫攻坚战又取得了全面胜利,完成了消除绝对贫困的艰巨任务,创造了又

---

① 根据国家统计局发布的《中华人民共和国2019年国民经济和社会发展统计公报》整理得出。
② 张琪:《美媒"数"说中国70年经济崛起:世界对中国依存度上升》,人民日报海外网,http://m.haiwainet.cn/middle/3541093/2019/0924/content_31634913_1.html, 2019年9月24日。

一个彪炳史册的人间奇迹。中国减贫实践不但精彩、生动,而且具有史诗般的意义,足以载入人类社会发展史册。中国何以能,中国奇迹背后的密码是什么?

现在来看,中国奇迹最关键、最核心的是坚持党的领导,统领全局,协调各方。正是有了坚强的党的领导,才成功地驾驭中国经济发展的大局。相比于传统西方经济学中"政府与市场"的分析范式,中国共产党不仅在中国奇迹的实践中解构了这一命题的二元对立,原创出"在市场作用和政府作用的问题上,要讲辩证法、两点论",而且在此基础上强调"坚持党对一切工作的领导",不断完善坚持党的领导的体制机制,从而有效建构了中国特色社会主义政治经济学的"党、政府、市场"的稳定结构,我们称之为经济学的"三维系谱"。

中国对西方的超越,表面上看是经济的成功超越,本质是国家治理能力和治理体系的超越。一是在传统西方经济学理论中,政府和市场是此消彼长、相互替代的"零和关系",而中国的改革和经济增长实践则证明了两者可以是互补的"正和关系";二是主流西方经济学话语强调工具导向的市场作用机制,而内生于传统中国成熟于现代中国的治理结构禀赋更能为中国奇迹做出有效解释。

从历史上看,公元前221年,秦始皇统一中国,以郡县制代替封建制,确立中国在国家治理体系和治理能力上完成了第一次对西方的超越,才使中国自隋唐时期后开始1000多年领先于世界。此外,隋唐以来的科举制也一定程度上为中国的贤能政治提供了人才基础,使得整个国家治理体系趋向于稳定和开放。反观西方,从公元14世纪开始的欧洲文艺复兴,西方世界不断反省自身的发展,伴随着地理大发现和近代工业革命,不断重塑新的治理体系和提升治理能力,西方世界才逐渐开始兴起,直到19世纪全面超越东方。

中国在前一世纪的全球经济比赛中表现得如此糟糕,现在又如此杰出,较为信服的解释是国家治理体系和国家治理能力的提升。单纯的经济市场和全然的政府计划都无法将国家发展引入正途,如何实现市场与政府的有机结合应是当代经济学研究的主题。

繁荣与富强,国家何以兴衰。这种宏大议题,近代以来一直笼罩在西方话语之中。今天,当我们站在"两个一百年"奋斗目标历史交汇点上,更要立足中国实践,全面提炼中国经济发展经验,努力揭示中国经济发展伟大成就背后所蕴含的系统化和规律化学说,更加彰显中国经济发展成就涌现出的具有标识性的新概念和范畴。正如习近平总书记给山东大学《文史哲》编辑部的回信中强调:"增强做中国人的骨气和底气,让世界更好认识中国、了解中国,需要深入理解中华文明,从历史和现实、理论和实践相结合的角度深入阐释如何更好坚持中国道路、弘扬中国精神、凝聚中国力量。"

当前,坚持和发展中国特色社会主义理论和实践提出了大量亟待解决的新问题,世界百年未有之大变局加速演进,世界进入新的动荡变革期,迫切需要回答好"世界怎么了"、"人类向何处去"的时代之题。如何更好地回答中国之问、世界之问、人民之问、时代之问,从而更好地彰显中国之路、中国之治、中国之理,这是广大哲学社会科学研究工作者的责任和使命,更是我们研究团队近年来努力致力的工作。

正是基于这些思考,我和我的学生们经过几年的努力,汇集形成了这部著作《繁荣与富强——大国治理的政治经济学》呈现给广大读者。

本书分为12章,前三章为"大国治理"的理论逻辑,揭示大国治理的自身机理;第四章和第五章为"大国治理"的历史逻辑,透过百年之鉴,深刻感悟百年初心与使命;第六章至十二章为"大国治理"的现实逻辑,从理论上剖析如何实现从"大国"到"强国"、从"富起来"到"强起来"的伟大飞跃。

第一章　大国治理:中国国家治理现代化的内涵、特征与实现路径。大国之大,其治有道。开篇首先论述国家治理及其现代化的基本内涵,阐释何为"大国治理",以及中国作为一个世界大国在治理模式上的特点和优势,中国的国家治理破解和超越了西方治理的困境,进而提出推进中国国家治理现代化的实现路径。

第二章　大国之略:中国国家治理现代化的政治经济学逻辑。本篇主要从政治经济学的角度出发,进一步探讨中国国家治理的方略,揭示中国国家治理的政治经济学内涵,并指出了中国推进国家治理体系和治理能力现代化的世界意义。

第三章　大国之制:社会主义基本经济制度与中国国家治理现代化。社会主义基本经济制度是大国治理的重要制度安排,与中国国家治理现代化有着密不可分的联系。本章阐述的是社会主义基本经济制度决定了我国经济发展的性质和方向,文中特别强调国家治理能力是充分发挥社会主义基本经济制度优势的重要保障。

第四章　大国之鉴:中国共产党百年理论创新与实践探索。以史为鉴,方能开创未来。中国共产党大国治理的百年历程与经验是指引我们继续追逐富强的宝贵的"百年之鉴"。本章阐述的是,百年来,中国共产党始终以坚持理论与现实相结合,坚持将马克思主义政治经济学基本原理与中国实践相结合,从而成功探索出中国特色社会主义经济发展道路。

第五章　大国之魂:中国共产党百年初心使命与中国奇迹。

国之大者,为国为民。百年来,中国共产党始终牢记初心和使命,团结带领中国人民顽强奋进,创造了世所罕见的经济快速发展奇迹和社会长期稳定奇迹。中国共产党的百年初心使命是中国经济发展取得伟大成就的关键,是大国治理之"魂"。

第六章　大国之本:乡村治理与乡村振兴的政治经济学阐释。大国治理,以厚民为本。本章重点阐述如何将乡村治理与乡村振兴结合,在完善乡村治理中更好推进乡村振兴。

第七章　大国之途:民营经济发展的政治经济学再审视。大国富强离不开民营经济的发展,发展民营经济是实现"强起来"的重要途径。本章通过对民营经济概念争议、私营经济与个体经济、资本主义经济、私有化问题、个人财富问题、民营经济与国有经济关系、是否是社会主义初级阶段发展权宜之计等八个方面进行剖析,从而更好地厘清对民营经济的认识误区。

第八章　大国之翼:平台经济反垄断的政治经济学审视。现在平台经济逐渐成为推动中国经济高质量发展和现代化产业体系建设新的重要驱动力量,助力于中国的崛起。与此同时,平台经济的垄断化趋势日益加速,引发了诸多严重、复杂的社会问题和法律问题。针对上述现象,本章从政治经济学的垄断理论出发,挖掘垄断的产生原因和垄断的危害性。在此基础上,进一步从马克思主义政治经济学的角度分析平台反垄断治理的本质内涵和实践要求。

第九章　大国之路:新发展格局的政治经济学要义。内外联动,寻富强新路。立足新发展阶段,贯彻新发展理念,构建新发展格局是我国走向富强的必由之路。本章从马克思主义政治经济学关于生产力与生产关系的基本原理出发,深度解读新发展格局的科学内涵。

第十章　大国话语：西方经济学话语特征与中国经济学话语体系建设。本章指出，中国日益走向世界舞台的中央，不仅要有中国故事，更要有中国话语与中国理论，构建中国经济学话语体系是系统化总结中国发展经验的内在理论诉求。

第十一章　大国新论：深化认识社会主义市场经济。社会主义市场经济理论是马克思主义政治经济学中国化的重大理论创新，有力指导了我国经济发展实践。本章旨在突破经济学概念的西方范式，从中国的经济发展实际出发，构建对社会主义市场经济的全面认识和正确理解。从理论上驳斥"社会主义市场经济是不是市场经济"，指出社会主义市场经济的优势与特征。

第十二章　走向世界的政治经济学：主流国际经济学的话语审视与新建构。当前流行的国际经济学理论，本质上是美国经济学的翻版，是以西方发达国家为中心的国际经济学理论，并不是真正的世界经济学，不能体现发展中国家的利益，更不利于发展中国家的发展。本章指出，中国"强起来"不仅要着眼于自身国内发展，还应担起世界大国之任，构建对中国发展有益、对他国发展有助、对世界发展有利的有中国特色的国际经济学。在经济趋向全球化的今天，新的国际经济现象已出现，构建中国自己的国际经济学理论体系时机和条件已经成熟。

最后，感谢本书的黄丹编辑，正是她的不厌其烦和辛勤劳动，才使本著作能够尽快与读者见面。

2022 年 2 月 1 日

目录

第一章 大国治理：中国国家治理现代化的内涵、特征与实现路径 …… 1
  一、国家治理的内涵 …… 2
  二、中国国家治理的显著特征与优势 …… 5
  三、新时代中国国家治理现代化的实现路径 …… 12

第二章 大国之略：中国国家治理现代化的政治经济学逻辑 …… 21
  一、国家治理现代化：不同视角下的研究文献 …… 22
  二、国家治理的内涵：基于政治经济学考察 …… 24
  三、中国崛起：国家治理的绩效 …… 25
  四、中国国家治理现代化的世界意义 …… 36

第三章 大国之制：社会主义基本经济制度与中国国家治理现代化 …… 41
  一、社会主义基本经济制度与中国国家治理现代化的关系 …… 43

二、社会主义基本经济制度与治理体系 ……… 45
三、推动实现社会主义基本经济制度优势转化为
治理效能 ……… 56

第四章 大国之鉴：中国共产党百年理论创新与实践探索 ……… **63**

一、1921—1949 年：新民主主义经济理论与中国
革命道路探索 ……… 65
二、1949—1978 年：计划经济理论与中国工业化
道路 ……… 72
三、1978—2012 年：中国特色社会主义市场经济
理论与经济体制改革 ……… 77
四、2012 年至今：新发展理念与现代化经济体系
建设 ……… 85

第五章 大国之魂：中国共产党百年初心使命与中国奇迹 ……… **93**

一、土地改革与新民主主义革命的胜利 ……… 94
二、恢复国民经济与初步探索社会主义经济建设 ……… 99
三、改革开放与中国奇迹 ……… 104
四、中国特色社会主义新时代与全面建成小康
社会 ……… 111
五、中国经济伟大成就的密码：坚持中国共产党的
领导 ……… 114

第六章 大国之本：乡村治理与乡村振兴的政治经济学阐释 119

一、国家治理视角下乡村治理与乡村振兴的耦合
关系 121

二、乡村治理与乡村振兴的困境和改革 126

三、乡村振兴战略下乡村治理创新的路径探析 138

第七章 大国之途：民营经济发展的政治经济学再审视 145

一、民营经济概念的争议与问题 146

二、民营经济不能简单等同于私营经济和个体
经济 149

三、民营经济不是资本主义经济 150

四、发展民营经济不等于主张"私有化" 152

五、民营经济不是落后经济 154

六、民营经济不仅仅是企业家的个人财富 157

七、民营经济与国有经济不是对立的 160

八、发展民营经济不是社会主义初级阶段经济发展的
权宜之计 162

第八章 大国之翼：平台经济反垄断的政治经济学审视 165

一、垄断产生的原因与危害性：基于两大理论范式
的比较 168

二、平台经济的垄断问题及危害性 172

三、基于政治经济学的平台经济反垄断治理 176

第九章　大国之路：新发展格局的政治经济学要义 …… 185
一、新发展格局的核心要义和丰富内涵：马克思主义政治经济学视角 …… 187
二、新发展格局创造性发展了马克思主义政治经济学 …… 192
三、构建新发展格局需要注意的问题 …… 198
四、构建新发展格局的世界意义 …… 203

第十章　大国话语：西方经济学话语特征与中国经济学话语体系建设 …… 207
一、西方经济学话语特征 …… 210
二、中国经济学的话语基础及主要特征 …… 217
三、中国经济学话语体系构建问题 …… 224

第十一章　大国新论：深化认识社会主义市场经济 …… 231
一、市场经济概念的再认识 …… 232
二、原始市场经济与现代市场经济 …… 238
三、社会主义市场经济是高水平现代市场经济 …… 242

第十二章　走向世界的政治经济学：主流国际经济学的话语审视与新建构 …… 253
一、中国国际理论话语权的缺失 …… 254
二、西方主流国际经济学的局限性 …… 257
三、构建中国特色的国际经济学 …… 268

主要参考文献 …… 273

第一章 大国治理：中国国家治理现代化的内涵、特征与实现路径

[本章核心观点]

自 2013 年国家治理现代化的相关议题首次提出至今，国家治理的内涵不断丰富，国家对于实现治理现代化的部署和目标更加明确。在机遇与挑战并存的新时代，面对新的国内外环境和新的时代任务，国家治理也有了新的内涵和实现路径。本章立足于新时代的国内外治理背景，重点阐释"大国治理"——中国国家治理。首先，系统总结对国家治理及其现代化的不同理解，提出国家治理是政治统治与政治管理的有机组成，体现在治理体系和治理能力两方面；其次，归纳中国国家治理模式的特点和优势，指出中国的国家治理破解和超越了西方治理的困境，具有显著优势；最后，提出推进中国国家治理现代化的实现路径。

自2013年十八届三中全会首次提出国家治理体系和治理能力现代化的议题以来，国家治理现代化就成为我国最重要的国家发展议题之一。十九届四中全会又进一步强调，坚持和完善中国特色社会主义制度、推进国家治理体系和治理能力现代化是全党的重大战略任务。推进国家治理体系和治理能力现代化，是关系党和国家事业兴旺发达、国家长治久安、人民幸福安康的重要保障，也是面对国际环境"百年未有之大变局"，应对风险挑战、赢得主动的有力保证。中国国家治理的现代化将破解社会主义国家治理与发展的历史难题，丰富和发展中国特色社会主义政治经济学，开创全新的社会主义国家治理模式，为世界各国提供国家治理的中国经验和中国借鉴，具有重大而深远的理论意义和现实意义。

一、国家治理的内涵

"治理"一词常常被认为是个西方话语。事实上，当今中国的"国家治理"一词并非西方政治学的舶来品，而是既继承了中国传统的"治国理政"理念，又扬弃了西方治理观的新概念。在新时代背景下思考如何实现国家治理的现代化，首先要弄清楚什么是治理、什么是治理体系、什么是治理能力及其内在联系。

在中国的传统政治理念中，国家治理通常指运用国家权力、国

第一章
大国治理：中国国家治理现代化的内涵、特征与实现路径

家职能进行"治国理政"，包含了政治统治、经济管理、社会管理等多个层次，其目的是实现"天下大治""长治久安"的理想治理效能。

西方的"国家治理"（State Governance）主要围绕国家与社会的关系，其最佳治理效能是实现"善治"（Good Governance），即以合法性、透明性、责任性、法治、回应、有效为标准和规范，来缓和国家与社会、政府与公民之间的矛盾。[1]

当代中国的"国家治理"是政治统治与政治管理的有机组成[2]，它遵循了马克思主义国家理论逻辑，将整个国家和社会作为治理的对象，国家治理的过程就是运用国家权力对国家和社会进行有效管理的过程。实现国家治理现代化就是在党的领导下，不断完善中国特色社会主义制度，将治理体系深入国家发展和社会生产的方方面面，提高治理水平，改进治理方式，创新治理理念，对国家、社会的运行进行积极地协调、引导、激励、管理、服务和规范，最大限度地激发国家发展的内在活力，达到国家政治、经济、文化、社会、生态"五位一体"全面发展的治理效能，最终实现中华民族伟大复兴。

国家治理体现在治理体系和治理能力两方面。国家治理体系和治理能力是一个国家制度和制度执行能力的集中体现。[3] 治理体系是国家治理的运行规则和制度保障，反映了国家对发展规律的总结和经验提炼。当代中国的国家治理体系是在党领导下管理国家的制度体系，包括经济、政治、文化、社会、生态文明和党的建设等各领域体制机制、法律法规安排，是一整套紧密相连、相互协

---

[1] 俞可平主编：《治理与善治》，社会科学文献出版社2000年版，1—16页。
[2] 王浦劬：《国家治理、政府治理和社会治理的含义及其相互关系》，《国家行政学院学报》2014年第3期。
[3] 习近平：《切实把思想统一到党的十八届三中全会精神上来》，《求是》2014年第1期。

调的国家制度。① 但是,绝不能把治理体系简单地理解为制度的集合,治理体系还应包括治理的结构、方式、条件等,是一系列体系化的治理要素的总和。其中,制度体系是核心,除此之外还包括治理主体、治理规则、治理原则等。② 国家治理能力则是治理主体运用国家治理体系管理社会各方面事务的能力,是对制度的实践、对规律的驾驭。治理能力既包括党和国家在治理中的领导能力,又包含广大人民参与治理的水平,体现在促进经济健康发展、维护国家安全、稳定社会秩序、保持民族团结、处理国际事务等方面的能力和水平,反映的是中国特色社会主义治理体系的执行水平和实现能力。

  治理体系和治理能力相辅相成、相互支撑,共同实现治理效能的转化。一方面,离开了治理体系则治理能力"无处作为"也"无法作为",治理体系是国家治理的根本依据和内核,国家治理的一切工作和活动都依照国家制度展开,制度在治理国家中起根本性、全局性、长远性作用,有了科学的治理体系才能培育出先进的治理能力③;另一方面,离开了治理能力则治理体系"徒有其表",治理能力是制度的执行能力,体现治理体系的效能,如果没有有力的治理能力,再好的制度和治理体系也难以发挥作用,治理体系要在治理的实践中来体现自身价值、产生治理效能。同样,也要在治理能力的实践过程中不断检验治理体系,从治理国家和社会的效果中衡量治理的体系架构、考察国家的制度构建,不断改进、完善、巩固治理体系,更好地把中国特色社会主义制度的优势转化为国家治理的

---

① 习近平:《切实把思想统一到党的十八届三中全会精神上来》,《求是》2014 年第 1 期。
② 李忠杰:《全面把握制度与治理的辩证关系》,《经济日报》2019 年 11 月 20 日。
③ 《准确把握国家治理现代化——二论学习贯彻习近平在省部级专题研讨班重要讲话》,《人民日报》2014 年 2 月 20 日。

效能。

值得注意的是,国家治理的含义不是一成不变的,不同国家、不同时代的国家治理的目标、方向、方式也不同,要始终坚持在社会历史中思考国家治理的内涵。世界正处"百年未有之大变局",在经济全球化极度深化的新时代,没有与世隔绝的孤岛,传统的封闭式、孤立式的发展模式早已荡然无存。世界发展趋势与各国发展休戚相关,命运与共。因此,当代的国家治理也不只是治理国内事务,更涉及处理国家关系和维持国际秩序,包含了对关系全人类的公共事务的治理。全球治理是国家治理的国际表现,是新时代赋予国家治理的新内涵。在全球治理方面,国家治理体系是国家立场及与之相配套的国际战略的整合。其中,核心是国家的全球治理观,主体是国家解决国际问题的机制和维护世界秩序的方略,体现的是国家对"本国与他国、与世界的关系""想要构建什么样的世界""如何营造理想的国际环境"等国际问题的治理思路。与之相对应,治理能力主要包含两方面:其一,国家的应对能力,即如何应对国际竞争,在不利的国际背景下维护国家利益,为国家发展赢得良好的外部环境,实现国家崛起;其二,国家的国际话语权,即如何增强国家的国际影响力、提高国家的国际地位,使本国在全球治理体系中拥有更多决策权、规则制定权,有能力引导全球治理朝着更加公正、合理的方向发展,在更高层面、更广范围实践本国国家治理的智慧,为全球治理提供中国经验和中国贡献。

二、中国国家治理的显著特征与优势

在治理的过程中,国家的角色、作用是什么?应如何平衡好国家和社会、政府和市场的天平?这些问题一直是西方国家治理的困境。自西方古典自由主义形成以来,理论上的国家主义之争就从来没有中断,"治理中的国家角色"便成为西方治理模式的焦点问题。20世纪90年代,"国家的回退"①(Rolling Back)成为西方国家治理的信条,无论在理论还是实践过程中都坚持消解国家权威的逻辑,如詹姆斯·罗西瑙(James N. Rosenau)的《没有政府的治理》。然而,西方关于国家治理逻辑的讨论并没有脱离自由主义的框架,都是在自由主义内部围绕"国家在不在场"而争论②,都是为扩大生产和实现资本增值而服务,看不到问题的源头——资本主义生产必然导致生产的无政府状态,更看不清西方发展困境的本质——国家治理模式的困境。不同的国家发展现状在本质上反映和体现着不同类型国家治理模式的不同结果。当前,一些西方国家在治理实践上的失败,正是其国家治理体系不完善、治理能力不足造成的。

事实上,国家治理的失败是世界诸多问题的根源。古往今来,大多数社会动荡、政权更迭,究其根源,皆因没有形成有效的国家治理体系与治理能力③,造成社会矛盾积重难返、人民怨声载道,最终引发严重的政治后果。同样,在当今世界,是什么拉大了发达国家与落后国家之间的差距?不完全是地理自然优势,不仅仅是既有经济基础,还有国家治理水平——国家间的发展差异就是国家治理的差距。由此,国家间的竞争实质上就是国家治理的竞争。

中国的国家治理破解和超越了西方治理的困境,具有显著优

---

① 安德鲁·海伍德:《政治学(第二版)》,张立鹏译,中国人民大学出版社2006年版,第125页。
② 陈进华:《治理体系现代化的国家逻辑》,《中国社会科学》2019年第5期。
③ 闻言:《坚定不移推进全面深化改革 在新时代创造中华民族新的更大奇迹——学习习近平〈论坚持全面深化改革〉》,《人民日报》2019年1月18日。

势。当今世界,"中国之治"和"西方之乱"就是最鲜明的写照。全球经济持续下行,国际货币基金组织(IMF)连续五次下调世界经济增速,国际政治上民粹主义泛滥,强人政治成为主流,社会运动逐渐走向低龄化和暴力化,西方治理模式既无法妥善处理好国内矛盾,也无助于世界的和平与发展,造成国内积怨爆发,国际秩序混乱。美国学者福山正是从中国崛起看到国家建构的重要性,提出"国家建构应该成为我们最重要的议程"。福山认为,中国之所以在过去几千年一直遥遥领先于世界,正是因为中国发明了"好政府"①。因此,今天中国的复兴和崛起是国家治理能力对西方的超越。② 实践证明,与西方治理体系不同,中国特色社会主义制度和国家治理体系是以马克思主义为指导、植根中国大地、具有深厚中华文化根基、深得人民拥护的制度和治理体系,是具有强大生命力和巨大优越性的制度和治理体系,是能够持续推动拥有十四亿多人口大国的进步和发展、确保拥有五千多年文明史的中华民族实现"两个一百年"奋斗目标进而实现伟大复兴的制度和治理体系。总结起来,中国治理模式具有四大特征,也是中国国家治理的四大显著优势。

1. 国家是发展的"领航者"

党和国家通过对上层建筑的塑造和生产关系的调整,引领和保障着经济社会发展大局,从而确保经济社会发展的正确方向——从社会的整体利益和国家的长远利益出发,解答了"朝什么

---

① 弗朗西斯·福山:《国家构建:21 世纪的国家治理与世界秩序》,黄胜强、许铭原译,中国社会科学出版社 2007 年版,第 1 页。
② 周文、包炜杰:《国家主体性、国家建构与建设现代化经济体系——基于西欧、美国与中国的现代化发展经验》,《经济社会体制比较》2018 年 5 期。

方向发展""怎么发展""重点发展什么"等问题,全面统筹协调了经济发展的方向和节奏。

一方面,国家在指导经济发展中发挥着基础性作用。国家通过制定长中短期规划,为国民经济和社会发展定目标、定方向、定任务、定政策,中国经济发展的奇迹之路就是由一连串"五年计划"铺成的[①],每一个五年规划的完成,又为后续计划的制定、实施奠定了坚实的物质、制度和政策基础,在统一的发展规划和战略布局下,中国的经济政策具有高度的科学性、延续性和渐进性,使中国经济发展的进程不仅符合经济社会的客观规律,而且满足国家长远发展的需要。

另一方面,国家对重大节点的判断对经济发展产生决定性的导向作用。经济发展不是简单的线性运动,每个历史阶段都有其发展的重点,国家通过对经济发展的顶层观察,判断不同经济发展时期的主要矛盾。1956年党的八大首次提出,国内的主要矛盾"是人民对于建立先进的工业国的要求同落后的农业国的现实之间的矛盾,是人民对于经济文化迅速发展的需要同当前经济文化不能满足人民需要的状况之间的矛盾",今后的主要任务是大力发展社会生产力。1981年党的十一届六中全会提出,我国的主要矛盾是"人民日益增长的物质文化需要同落后的社会生产之间的矛盾",党和国家工作的重点必须转移到以经济建设为中心的社会主义现代化建设上来。经过40多年的改革开放,我国经济社会建设取得巨大成就,社会生产力得到极大发展,人民生活实现了从贫困到温饱到全面小康的历史性跨越,社会主要矛盾发生了新的转化。十

---

① 胡鞍钢等:《中国发展奇迹的重要手段——以五年计划转型为例(从"六五"到"十一五")》,《清华大学学报(哲学社会科学版)》2011年第1期。

九大报告中指出:"中国特色社会主义进入新时代,我国社会主要矛盾已经转化为人民日益增长的美好生活需要和不平衡不充分的发展之间的矛盾。"这一重要论断反映了我国社会发展的巨大进步,反映了发展的阶段性特征,对党和国家工作提出了新要求。可见,中国对主要矛盾的论述始终与时俱进,揭示了国家发展的重要发力点和根本着力点。由此观之,在每一个关键时刻,党和国家作出的重大历史性决策,为经济发展指明了新方向,带领中国迈向新的发展阶段。

2. 国家是资源的"动员者"

资源的调配和集中是国家治理能力的重要表现。在中国特色社会主义经济制度下,中国保持着市场与政府的良好互动,既有"集中力量办大事"的社会主义优势,能够高效地集合资源,将资源集中到经济发展的关键之处和人民的所需之处,充分调动广大人民群众的积极性,使上下"一盘棋",形成整体的合力。同时,国家又弥补了市场的不足,通过宏观调控弥补市场调节的盲目性、滞后性、分散性、外部性等固有弊端,优化资源配置和提高资源效益,保证市场经济的顺畅运行,将局部利益与整体利益、当前利益与长远利益结合起来,使资源分配更合理、更公平、更高效。

毋庸置疑,市场和政府"两只手",是中国特色社会主义市场经济的独特优势,打破了西方"市场万能"的"神话",既充分尊重市场在资源配置上的地位和作用,又恰当地发挥政府的作用,及时纠正市场的错误,将"看不见的手"与"看得见的手"有机结合,实现了社会主义优势和市场经济优势的有机结合,从而使资源得到最优配置。

3. 国家是风险的"控制者"

国家的风险控制能力体现在风险"从无到有再到无"的全过程。具体来说，在平稳发展时期，党和国家仍然保持着危机意识，深刻总结世界发展的规律，在发展战略上具有高度的前瞻性，防患于未然，提前做好防范准备，即使遇到突发的风险，也不会措手不及；在危机到来时，国家是应对风险的主心骨，及时应急处理，不让风险成为经济发展道路上的"绊脚石"。比如2008年全球金融危机爆发时，中国政府迅速做出反应，五次连续下调存贷款基准利率，四次下调存款准备金率，出台"进一步扩大内需、促进经济稳定增长"等十项措施，以积极的财政政策和适度宽松的货币政策相互支持，保证了经济的平稳过渡。此外，中国还积极化危机为机遇，让风险成为"垫脚石"，在危机中引导转变经济发展方式，寻找利用危机、逆风而上的新的经济增长点，带领国民重拾经济发展的信心。

当今世界风险处处在、时时在，国家间的摩擦和对抗愈发频繁，但中国从来没有因为风险而放慢对外开放的脚步。相反，党和国家坚持不断扩展新的国际合作平台，继续深化开放程度，打造灵活的、全方位的对外经贸格局，为应对危机和挑战创造回旋的空间，增加对外开放的筹码，保持经济发展与国际环境的良好互动，在"百年未有之大变局"继续向前发展。

4. 国家是公平的"保障者"

在资本主义平等观中，国家只需负责提供平等的机会，而发展结果的不平等是理所当然的，即人与人之间的经济差距完全是个人的责任，与国家无关。在市场配置资源的单一方式下，经济发展只顾效率、不顾公平,也无力维护公平,再加上党派纷争、集团分化,长此以往,西方资本主义国家的发展往往只是少数人的发展、局部地区的发展,国家发展以效率为核心,轻视甚至忽视了公平,构成"平民窟"与"百万富翁"共存的讽刺画面。反观中国,国家始终是保障公平的主力军,中国的发展从来不是为了某个人、某个阶级、某个民族,而是为了最广大的人民。在发展的过程中,党和国家不是只顾自己"向前走",而是带着全体人民"一起走",始终坚持发展为人民,发展成果人人共享,着重调节个体利益和整体利益,通过税收、福利保障等调整收入分配,防止收入差距悬殊,集中力量维护人民群众的切身利益,让经济发展惠及更多人民,实现个体利益的均衡和整体利益的最大化。

回顾中国发展的历程,国家不仅始终坚持维护公平,而且对公平的重视程度日益提高。改革开放初期,国家就坚持"兼顾效率与公平"的原则,到党的十六大指出"更加注重社会公平",再到党的十九届四中全会明确强调"着重保护劳动所得""增加低收入者收入,扩大中等收入群体,调节过高收入"[①]。中国长期致力于完善公平相关制度和政策,合理调节城乡、区域、不同群体间分配关系,改革开放40多年来共减少贫困人口8.5亿余人,不断满足人民对美好生活的新期待。在中国的治理理念中,公平和效率二者缺一不可,公平是效率的重要保证。国家以维护公平促进效率的提高,在实现社会稳定的同时,也充分调动起广大人民群众的积极性,为经济发展汇聚更广泛的力量,实现促进公平与体现效率的协调统一,创造了经济发展和社会长期稳定的两大奇迹。

[①]《中共中央关于坚持和完善中国特色社会主义制度、推进国家治理体系和治理能力现代化若干重大问题的决定》,《人民日报》2019年11月6日。

综上所言，中国特色社会主义治理模式坚持以人民为中心，坚持"五位一体"总体布局与"四个全面"战略布局统一，坚持改革开放，坚持与世界各国共享中国发展的成果，破解了市场与政府的关系难题、公平与效率的兼顾难题、自我发展与世界共享的协调难题等，破解和超越了阻碍西方发展的治理困境，带领中国实现了跨越式发展，实现了一系列"中国奇迹"——经济发展奇迹、社会长期稳定奇迹、世界减贫奇迹、科技创新奇迹等。因此，中国的治理模式既适应了经济社会运行的规律，又彰显了社会主义制度的优势，将国家发展与人的全面发展高度结合，超越了西方资本主义狭隘的治理观，对处理好国家与社会、政府与市场关系给出了最佳中国答案。

三、新时代中国国家治理现代化的实现路径

在机遇和挑战交织的新时代，国家治理涉及经济发展、社会稳定、国家安全等各方面，既是国内发展的治理，又是人类共同发展命运的治理。党的十九届四中全会第一次集中提出国家治理体系和治理能力现代化分"三步走"的总体目标。这既是中国国家治理的政治宣言书，又是中国国家治理现代化的行动纲领。当前，中国国家治理现代化需要稳中求进，将坚持党的领导、人民当家作主与依法治国"三位一体"有机结合，不断完善中国特色社会主义制度，推进实现治理体系和治理能力的现代化。

1. 坚持和完善党的领导

当代中国，中国共产党无疑是中国国家治理的主体，国家的治理能力与党的执政能力密不可分。要发挥党在实现国家治理现代

化中的主心骨作用,把握国家治理的方向、方式和目标。同时,国家治理现代化对党的执政能力、治理能力提出了更高的要求,需要党具备更强大、更科学的统筹、引领、协调全局等能力。

首先,坚持党的领导。纵观世界各国的治理模式,政党都是治理国家不可缺少的工具。[①] 但是,资本主义社会的政党往往囿于个人利益、集团利益和短期利益,不能站在全体人民的立场上,无法着眼于整个国家的长远利益中,使治理低效甚至无效。此外,国家治理绝非一蹴而就的简单工作,需要长期的探索和实践,而西方政党的不良竞争和轮替,大大影响了其治理体系的落地和治理措施的持续性,长此以往,势必阻碍国家发展。反观中国,中国共产党克服了西方政党的自利性、狭隘性,始终站在最广大人民的立场上,代表了整个国家的长远利益。毋庸置疑,中国共产党是中国特色社会主义制度的最大优势,是中国国家治理体系变革、治理能力升级的关键推动力量,也是实现国家治理现代化的根本保证。因此,不仅要坚持党的领导,更要把党的领导落实到国家治理各领域、各方面、各环节,充分发挥党总揽全局、协调各方的领导核心作用[②],确保国家治理始终沿着正确的方向前进,完善中国特色社会主义制度,有序地推进国家治理体系和治理能力现代化。

其次,完善党的领导。坚持党的领导,就必须完善党的领导,全面提升党的治理水平和治理能力。国家治理体系由众多"子系统"构成[③],其中,中国共产党是核心,国家治理现代化的进程由党

---

① 罗杰·希尔斯曼:《美国是如何治理的》,曹大鹏译,商务印书馆1986年版,327页。
② 《中共中央关于全面深化改革若干重大问题的决定》,《人民日报》2013年11月15日。
③ 孔新峰:《习近平关于推进国家治理体系和治理能力现代化重要论述的历史逻辑与科学内涵》,《当代世界社会主义问题》2019年第1期。

领导、受党领导,党是推进国家治理现代化的第一"领导人",也是第一"责任人","成也在'党',败也在'党'"。因此,要想更好地承担责任、发挥作用,党首先要完善、提高自己的领导能力。一方面,要健全总揽全局、协调各方的党的领导制度体系,为国家治理提供有序的制度环境,实现治理体系的制度化、科学化、规范化;另一方面,注重改进党的领导方式和执政方式,提高决策能力和水平,正确把握国家治理的格局和方向。同时,理顺与其他治理主体的权力关系,鼓励多元参与、丰富治理体系、创新治理机制,营造良好的"多元共治"合作氛围,激发各治理主体的活力,使党有效地领导人民治理国家,保障和巩固国家治理的成果。

2. 坚持和完善中国特色社会主义制度

当今中国的国家治理所要解决的问题不同于西方国家治理所要解决的国家制度定型后的问题,中国要解决的是制度更加成熟和更加定型的问题,需要以成熟定型的制度来巩固既有成果,同时全面深化改革,逐步实现国家治理体系和治理能力现代化。

第一,治理体系和治理能力的现代化首先需要更加成熟、更加完备的制度来指引方向。中国特色社会主义制度的坚持和完善,解决的正是中国国家治理现代化的方向和道路这一根本路线问题,完善和发展中国特色社会主义制度,是中国社会主义实践后半段的主要任务。党的十九届四中全会明确强调,"坚持和完善中国特色社会主义制度、推进国家治理体系和治理能力现代化"[1],中国特色社会主义制度和国家治理二者是有机的整体,一方面,中国特色

---

[1]《中共中央关于坚持和完善中国特色社会主义制度、推进国家治理体系和治理能力现代化若干重大问题的决定》,《人民日报》2019年11月6日。

社会主义制度是国家治理的基本框架,国家治理现代化的实现有赖于坚持和完善中国特色社会主义制度;另一方面,国家治理体系和治理能力的水平又体现了中国特色社会主义制度及其执行能力。

第二,推进制度建设和完善是实现国家有效治理的根本途径①。这是历史的教训,也是改革开放中国经验的总结。中国特色社会主义制度是世界上最庞大、最高效的国家治理体系,涵盖经济、政治、文化、社会、生态等各个方面。庞大的制度规模也意味着改革规模和意义重大。因此,需要不断完善中国特色社会主义制度,加强国家治理现代化的顶层设计,继续改善现有制度体系中不合理、不规范、不成熟之处,形成科学、有效、完备的中国特色社会主义制度,从制度战略上更好地谋划国家治理的现代化,使国家治理的各个环节、各个方面都有制度可依照,使国家治理的实践按照规则、制度进行,支撑国家治理有效运转,推动经济社会高质量发展,坚持和完善中国特色政府与市场的关系,推进治理方式创新,全面贯彻现代化国家治理理念,构建"为党和国家事业发展、为人民幸福安康、为社会和谐稳定、为国家长治久安提供一整套更完备、更稳定、更管用的制度体系"②,巩固社会主义制度的优势,同时弥补社会主义国家治理的劣势,破解社会主义国家治理难题,延续经济快速增长与社会长期稳定的"中国奇迹",创造新的中国"治理奇迹"。

第三,不断完善中国特色社会主义制度,推进全面深化改革,激发实现国家治理体系和治理能力现代化的内生力量。中国特色

---

① 何显明:《习近平国家治理体系和治理能力现代化重要论述的理论创新意蕴》,《观察与思考》2019年第1期。
② 《习近平在省部级主要领导干部学习贯彻十八届三中全会精神全面深化改革专题研讨班开班式上发表重要讲话》,《人民日报》2014年2月18日。

社会主义制度是国家治理体系的核心,完善中国特色社会主义制度就是中国治理体系的自我完善、自我调整,是中国国家治理自主、自觉的修正和优化。要站在更广阔的历史视野上,对中国曾有、已有、未有制度进行深刻反思,一方面,要延续中国治理体系、制度的优秀传统,始终站在国家的层面,始终从人民的最高利益出发,始终着眼于中国特色社会主义的整体规划。另一方面,要深化改革、大胆创新,当今中国已是新时代的中国,处在新的发展阶段和发展环境,也注定要面临新的问题和挑战,推进国家治理体系和治理能力现代化也是一项新的事业,需要不断尝试、敢于创新,吸收和借鉴他国的治理经验,结合新时代的治理背景,完善中国特色社会主义制度的内涵,扩充中国特色社会主义制度的外延,构建与新时代相适应的中国特色社会主义制度与中国国家治理体系,保持中国特色社会主义的制度优势,由内而外地激发中国国家治理活力和发展活力,以推动更好的发展,最终实现中华民族伟大复兴。

3. 坚持和深化以人民为中心

维护最广大人民的根本利益是中国特色社会主义制度的出发点,中国国家治理体系和治理能力现代化的起点和终点都是以人民为中心。国家治理现代化的实践也要坚定不移地走以人民为中心的道路,在中国特色社会主义中实现。

首先,坚持和深化国家治理靠人民。国家治理不是国家管理人民,更不是国家统治人民,而是包括人民在内的多元主体共同治理国家,所以,民主无疑是国家治理的形式之一。[①] 只有人民才是

---

① 何显明:《习近平国家治理体系和治理能力现代化重要论述的理论创新意蕴》,《观察与思考》2019 年第 1 期。

第一章
大国治理：中国国家治理现代化的内涵、特征与实现路径

历史的创造者，落实和保障公民权利是实现国家治理现代化的必由之路。在国家治理体系和治理能力现代化的实现过程中，一方面，要尊重人民在治理主体中的地位。要畅通民主渠道，坚持和完善民主和协商民主制度，保障人民可以广泛、持续、深入地参与国家治理，能够及时、有效地监督国家治理的各项决策及实践过程，让人民切实有效地行使作为治理主体的权利，让人民的权利落在实处。另一方面，尊重人民的主体地位，虚心听取人民的意见和建议，广泛吸收人民的智慧和经验，将人民的治理思路汇集起来，凝结成中国的治理方略，调动全体人民积极性，建成人人有责、人人尽责的国家治理共同体，紧紧依靠人民，不断推动国家治理现代化的进程，发挥社会主义民主的优势。

其次，坚持和深化国家治理为人民。国家治理现代化的落脚点是什么？归根到底就是要更好地服务人民，即全方位地激发发展活力以满足人民日益增长的美好生活需要。国家治理的目标与人民的目标不应是分裂的、孤立的，相反，二者应是紧密、高度结合的。正如习近平总书记明确指出的："检验我们一切工作的成效，最终都要看人民是否真正得到了实惠，人民生活是否真正得到了改善，人民权益是否真正得到了保障。"[①]国家治理的方向要反映人民的期待，国家治理的成果要满足人民的需求，国家治理的活动要切实解决人民的困难，在国家治理过程中，无论是政策决策还是执行方式，都要体现人民的地位、意志和根本利益。此外，"为政之道，以厚民生为本"，国家治理工作要紧紧围绕人民最亟待解决的问题展开，将治理重点聚焦与人民生活直接相关的领域，如扶贫济困、调控房价、改善医疗制度、完善养老体系、提高教育质量等，以

---

① 《习近平谈治国理政》第1卷，外文出版社2018年版，第28页。

是否促进经济社会发展、是否改善人民生活、是否切实满足人民需要作为治理效能的考核标准,真正实现发展为人民,让人民实实在在地享有国家发展的成果。

4. 提高和完善全球治理能力

全球治理是新时代对国家治理的新要求,全球治理和国家治理高度互补、深度渗透。全球治理是国家治理在国际事务中的表现,国家治理的水平决定了国家在全球治理所能发挥的作用,同样,缺少全球治理能力,国内发展则会陷于国际问题国内化的"陷阱",发展易受外部影响而波动。因此,提高全球治理能力,兼顾好国内和国际两个大局,是新时代实现国家治理现代化的必由之路。

首先,"不断增强我们在国际上说话办事的实力"[①],将国家发展实力转化为全球治理能力。进入 21 世纪以来,中国已经成为当今全球治理的重要参与者和治理机制变革的重要推动力量。[②] 然而,由于历史因素和以往经济发展实力的差距,中国一直是影响力有限的参与者,当前中国全球治理的能力与国家实力并不相称,为此,中国需要更积极、更广泛地投入全球治理的过程,培育深度参与和引领全球治理的能力,切实提高在全球治理过程中的规则制定能力、议程设置能力、舆论宣传能力、统筹协调能力。中国应主动参与并提供国际公共产品,深化上海合作组织等国际组织的作用,加强东亚峰会、东盟地区论坛等机制建设,坚持和推广亚投行等国际机构,推动建立国际宏观经济政策协调机制。中国应在与自己国家治理能力和国家利益相关度较高的领域深度参与,在具

---

① 《加强合作推动全球治理体系变革 共同促进人类和平与发展崇高事业》,《人民日报》2016 年 9 月 29 日。
② 王毅:《全球治理的困境与中国作用》,《时事报告》2014 年第 10 期。

有相对优势的议题领域抢占话语权、制高点和规则制定权。① 在具有争议的议题上敢于表达中国的态度,积极参与全球治理体系改革和建设,不只是"参与者",更要向"领导者""决策者"的角色迈进,推动中国倡议、中国思路、中国方案纳入全球治理模式,提高中国在全球治理议程设置的作用和影响力,提高参与和引领全球治理的广度和深度,展现中国的大局观、责任感和诚信心,逐步改善现存的国际治理乱象,激发世界各国参与全球治理的主动性和自觉性,维护正常的国际交往和秩序。

其次,致力于建立更公平、更合理的全球治理秩序,推动中国治理模式走向世界。在西方国家主导的全球治理模式中,世界各国都处于零和博弈的状态,按照西方逻辑,大国崛起势必落入"修昔底德陷阱"。而全球治理靠的不是"霸道","拳头和枪炮"只会更加搅乱世界局势,真正的全球治理是"王道"。在中国的治理模式中,合作共赢是可实现的,也是必须实现的。在推进国家治理体系和治理能力现代化的过程中,不仅要有治理成果的积累,更要做好国家治理成果的推广工作。一方面,坚持和推广"人类命运共同体"理念,打破西方大国在全球治理话语上的垄断,明确表明中国在推动国际关系民主化、有序化上的信念,让合作、互惠、共赢的理念成为国际发展共识,引导全球治理制度朝着更合理、更公正的方向发展,为全球治理理念注入更多"中国思路";另一方面,坚持和推广"一带一路"倡议,不能"口惠而实不至",要以实际行动彰显共商、共建、共享的中国全球治理观,欢迎世界各国搭乘中国发展的"便车",让他国真正感受到中国治理模式的智慧和优势。在此基础上,逐渐改变传统的"弱肉强食"、零和博弈等西方治理观,跨越

---

① 邱昌情:《全球治理与中国国家治理能力建设研究》,《广西社会科学》2019年第3期。

大国崛起的"修昔底德陷阱",在更高、更广的世界领域发挥中国作用,为全球治理提供"中国方案",更好地与世界各国共同分享中国发展的治理经验,做全球治理的贡献者。

  推进国家治理现代化是一个涉及面广、体系庞大的改革过程,需要通过治理体系和治理能力两条路径共同推进,全面改进和完善治理主体、治理原则、治理方式等。要以坚持和完善党的领导为中心,更好地发挥党在推进国家治理现代化中的主心骨作用;以坚持和完善中国特色社会主义制度为核心,彰显并进一步扩大中国特色社会主义的制度优势;以坚持和深化人民当家作主为本心,处理好国家发展与人民幸福的关系,并将人民的智慧凝结成治理的"国家智慧";以提高和完善全球治理能力为重心,兼顾好国内、国际两个大局,推动中国治理理念和模式走向世界。由此,使治理体系和治理能力更有效地转化为治理效能,实现国家治理的效能最大化,更好地完善和巩固中国国家治理模式,解答好"怎样治理社会主义社会这个全新的社会"①的历史难题,推动中国特色社会主义制度更加成熟、更加定型,从而打破国家治理的西方话语垄断,开创国家治理的新格局,更好地为人民谋幸福、为民族谋复兴、为世界谋大同。

---

① 习近平:《切实把思想统一到党的十八届三中全会精神上来》,《求是》2014年第1期。

第二章 大国之略：中国国家治理现代化的政治经济学逻辑

[本章核心观点]

"大国之略"即大国治理的方略，是国家智慧与谋略的集中体现。70多年来，我国取得了举世瞩目的辉煌成就，尤其是改革开放以来，中国从一个积贫积弱的落后农业国一跃成为世界第二大经济体和重要工业国，用几十年时间走完西方国家历时几百年的现代化进程，实现了年均增长超过9.4%的"中国奇迹"。与中国的发展成就形成鲜明对比的是近代西方国家主导的资本主义世界体系及资本主义现代化道路不断暴露的弊端。西方之乱与中国之治的比照展示了中国国家治理体系与治理能力对西方国家的全面超越，是大国之略在实践中的巨大成功。本章从政治经济学的角度出发，首先探讨中国国家治理的政治经济学内涵，揭示中国"大国之略"的核心要义；其次从国家治理的视角看中国崛起，进而指出中国推进国家治理体系和治理能力现代化对世界的意义。

一、国家治理现代化：不同视角下的研究文献

研究国家治理现代化，首先要理解什么是"治理"。按照世界银行给出的定义，治理是利用机构资源和政治权威管理社会问题与事务的实践。① 联合国发展计划署认为，治理是基于法律规则和正义、平等的高效系统的公共管理框架，贯穿于管理和被管理的整个过程，它要求建立可持续的体系，赋权于人民，使其成为整个过程的支配者。② 国内一些学者通过区分"治理"和"统治"的概念指出"治理"的内涵，俞可平认为，治理是实现一定社会政治目标的手段，相对于国家的统治体制而言，治理体制更多体现工具理性。③ 丁志刚认为，在一般意义上，治理是为人们按照一定目标或价值而对人、事、物进行的控制、管理活动。④ 许耀桐和刘祺更具体地指出，治理是面向社会问题与公共事务的一个行动过程，参与者包括公共部门、私人部门和公民在内的多个主体，通过正式制度或

---

① World Bank, Managing Development: The Governance Dimension, Washington D. C, 1994.
② UNDP, Public Sector Management, Governance, and Sustainable Human Development, New York, 1995.
③ 俞可平：《推进国家治理体系和治理能力现代化》，《前线》2014年第1期。
④ 丁志刚：《如何理解国家治理与国家治理体系》，《学术界》2014年第2期。

非正式制度进行协调及持续互动。① 由此可见,"治理"是一个有弹性和包容性的概念,并没有一个统一的定义。

对于国家治理内涵的阐释,已有研究从不同学科背景和领域进行了广泛探讨。何增科认为,国家治理是现代国家所特有的一个概念,是国家政权的所有者、管理者和利益相关者等多元行动者在一个国家的范围内对社会公共事务的合作管理,其目的是增进公共利益、维护公共秩序。② 薛澜等认为,所谓国家治理,就是在理性政府建设和现代国家构建的基础上,通过政府、市场、社会之间的分工协作,实现公共事务有效治理、公共利益全面增进的活动与过程。③ 王秀华和薛俊文基于唯物史观认为,国家治理是国家基于现有经济基础、国家制度与文化价值,凭借特定体制机制、法治规则与公共理念方式,为实现政权稳定、社会安全与发展进步而与社会领域发生互动的过程。④

基于对国家治理不同表述,现有研究文献对"国家治理现代化"内涵的理解也有不同。莫纪宏从法治的角度研究国家治理现代化,认为推进国家治理体系和治理能力现代化的最重要内涵就是国家治理体系和治理能力的"法治化"⑤。许耀桐和刘祺探讨了国家治理现代化的具体内容,指出"治理现代化包括治理体系(系统结构)的现代化和治理能力(方法方式)的现代化"⑥。包心鉴认为,国家治理现代化的实质是制度现代化,与之相辅相成的是法治

---

① 许耀桐、刘祺:《当代中国国家治理体系分析》,《理论探索》2014年第1期。
② 何增科:《理解国家治理及其现代化》,《马克思主义与现实》2014年第1期。
③ 薛澜等:《国家治理体系与治理能力研究:回顾与前瞻》,《公共管理报》2015年第3期。
④ 王秀华等:《唯物史观视域下国家治理内涵辨析》,《职大学报》2019年第4期。
⑤ 莫纪宏:《国家治理体系和治理能力现代化与法治化》,《法学杂志》2014年第4期。
⑥ 许耀桐、刘祺:《当代中国国家治理体系分析》,《理论探索》2014年第1期。

现代化。① 赵宇峰和林尚立也强调了国家制度对国家治理现代化的重要性,认为国家治理体系和治理能力现代化要发挥制度的内在优势和特点,必须遵循制度的内在逻辑。② 景维民和倪沙从政治经济学角度分析指出,国家治理现代化就是构筑一个与当前经济基础相适应的上层建筑。为此中国需要建立起政府、市场和社会三位一体的现代国家治理模式,这样才能实现国家治理现代化。③

已有文献对国家治理现代化的问题做了大量研究,不同的学科领域有不同的侧重点,政治学领域更多关注政治制度等,社会学领域更侧重社会结构的变化等。与现有研究文献不同,本书基于政治经济学的分析框架,结合党的十九届四中全会对国家治理体系和治理能力现代化的重要论述,探讨国家治理现代化的政治经济学逻辑。

二、国家治理的内涵:基于政治经济学考察

生产关系一定要适应生产力发展的客观规律是人类社会发展演进的内在逻辑。新中国成立以来,为适应生产力发展情况,中国确立了公有制为主体的所有制形式。劳动者在生产中的地位与关系必须与所有制形式相适应。在公有制为主体的所有制形式下,劳动者之间是平等的,中国特色社会主义市场经济制度由此建立。在公有制经济下,中国实行按劳分配为主体,多种分配方式并存的

---

① 包心鉴:《制度现代化:国家治理现代化的实质与指向》,《社会科学研究》2015 年第 2 期。
② 赵宇峰、林尚立:《国家制度与国家治理:中国的逻辑》,《中国行政管理》2015 年第 5 期。
③ 景维民、倪沙:《中国国家治理的本质要求及其内在逻辑——国家治理的政治经济学分析》,《经济学动态》2016 年第 8 期。

分配制度。

生产关系贯穿在生产、交换、分配和消费过程中,为适应生产力的发展而不断变化,属于动态的范畴,而不是静止不变的。对生产关系的治理必然涉及马克思主义政治经济学的另一个普遍规律,即经济基础与上层建筑关系的规律。上层建筑综合体现和反映国家治理体系和治理能力,可以促进或阻碍经济基础,影响生产力发展。国家治理体系和治理能力可以通过上层建筑及其生产关系推动社会生产力的稳定持续发展。新中国成立70多年、改革开放40多年来,中国创造了经济高速发展的奇迹和社会长期稳定的奇迹,在本质上体现的是中国特色社会主义制度下,上层建筑的完备体系及其良好运行。

从历史唯物主义的角度来看,任何脱离生产力谈生产关系,脱离经济基础谈上层建筑的方法都是不科学的。社会的生产力是不断发展的,使得由所有制结构、人在生产中的地位与关系、分配方式等组成的生产关系必须作出相应的调整和改革,以适应生产力的发展,这些生产关系的总和构成了社会的经济基础,进而决定了上层建筑的性质,由此组成了一个相互联系紧密的有机整体。因此,要研究国家治理,必须将其放入生产力、生产关系、经济基础和上层建筑所组成的有机整体和制度体系中考量,良好的国家治理就是确保生产关系不断适应生产力发展、上层建筑不断适应经济基础的内在要求。

三、中国崛起:国家治理的绩效

1. 中国奇迹与国家治理

新中国成立70多年取得了举世瞩目的伟大成就。党的十九届四中全会将新中国 70 年来的伟大成就概括为"两大奇迹",即"世所罕见的经济快速发展奇迹和社会长期稳定奇迹"。70 年来,中国国内生产总值由 1952 年的 679 亿元到 1978 年的 3 679 亿元,再到 2018 年突破 90 万亿元。1978—2018 年,中国经济年均增长率达到 9.4%,而同期世界经济平均增速是 2.9%。2018 年,中国人均国民收入达到 9 732 美元,已经高于中等收入国家的水平。在现代化道路上,中国用不到 70 年的时间走完了西方发达国家几百年的历程,而且避免了西方资本主义国家的周期性危机和社会动荡。中国已经成为了全球贸易大国、制造业大国、互联网大国、消费大国……

在减贫事业方面,精准扶贫取得巨大成就,特别是改革开放 40 多年以来,中国的贫困问题得到了根本性、历史性的解决。2021 年 2 月,习近平总书记庄严宣告,我国脱贫攻坚取得全面胜利,现行标准下 9 899 万农村贫困人口全部脱贫,完成了消除绝对贫困的艰巨任务。40 多年来,中国的减贫人数相当于整个非洲或欧洲人口的总数。中国成为世界上减贫人口最多的国家,对全球减贫贡献率超过 70%。

现在中国经济不断做优做强做大,并不断反哺世界经济,成为世界经济增长的稳定之锚。资料显示,1979—2017 年,中国对世界经济增长的年均贡献率为 18.4%,仅次于美国,位居世界第二位。特别是近年来,中国对世界经济增长的贡献率超过 30%,日益成为世界经济增长的动力之源、稳定之锚。中国不但继续坚持推进全面深化改革,在更高层次、更宽领域推进对外开放;而且更积极推动经济全球化,努力构建人类命运共同体,持续推进建设"一带一路",造福沿线国家和人民。这些举措受到越来越多国家和人民乃至国际社会的肯定和赞誉。

中国奇迹不是偶然发生的。综合来看,中国创造奇迹的因素是多方面的,国家治理在其中发挥着决定性作用,正是制度、制度体系及其治理效能确保了中国特色社会主义不断取得开创性历史成就。从中国特色社会主义制度建立到不断发展和完善中国特色社会主义制度,从中国特色社会主义基本经济制度确立到不断调整和全面深化经济体制改革,这是中国特色社会主义国家治理体系和治理能力不断迈向实现国家治理现代化的过程。随着国家治理走向现代化,生产关系及其上层建筑得以更好适应生产力发展,由此社会生产力不断焕发生机和活力。

2. 制度优势与治理效能

制度优势是一个国家最大的优势,制度竞争是国家间最根本的竞争。任何制度上的优势最终是要通过治理效能展现的。因此,制度的优劣不仅由制度本身决定,还取决于国家治理体系和治理能力。国家治理体系和治理能力是制度及其执行能力的集中体现,通过治理体系和治理能力,制度优势才能转化为治理效能。治理体系和治理能力是一个有机整体,两者相辅相成,有了好的国家治理体系才能提高治理能力,提高国家治理能力才能充分发挥国家治理体系的效能。治理体系从根本上决定了治理能力的内容和结构,是治理能力提升的前提和基础,而治理能力的提升又将促进治理体系的不断完善,两者相互促进,共同发挥治理效能。

同时,制度优势是动态的,而不是静止的。为了保持中国特色社会主义制度的动态优势,中国主要通过坚持对内改革和对外开放两条路径实现。现代化是一个动态的过程,因而国家制度必须紧跟现代化的步伐,与时俱进,不断完善。全面深化改革就是要破除体制机制弊端,推动中国特色社会主义制度不断自我完善和发展,推动国家制度优势更好地转化为国家治理效能。在逆全球化暗流涌动的国际环境下,中国始终坚持对外开放的基本国策,积极主动参与经济全球化进程,建立开放型经济体制,统筹国内与国际两个市场、利用国内国际两种资源,极大地提高了中国开放型经济的发展水平。

3. 治理体系与基本经济制度

治理体系,就是参与和实施治理的全部要素、手段、方式和环境、条件的总和,即体系化的治理结构和要素。① 今天中国的治理体系是在历史传承、文化传统、经济社会发展水平的基础上不断改善、逐渐演变而成的。党的十九届四中全会指出:"公有制为主体、多种所有制经济共同发展,按劳分配为主体、多种分配方式并存,社会主义市场经济体制等社会主义基本经济制度,既体现了社会主义制度优越性,又同我国社会主义初级阶段社会生产力发展水平相适应,是党和人民的伟大创造。"② 由此可知,需要从党对经济工作的集中统一领导、所有制结构、分配方式和经济体制这四个方面来理解社会主义基本经济制度的科学内涵。

(1) 坚持党对经济工作的集中统一领导

如何处理好政府与市场关系,一直是政治经济学理论研究中的一个核心问题。长期以来,在西方主流经济学理论中,政府的作用范围是有限的、被动的,同时政府与市场的关系是相互替代的。然而相比于西方经济学中"政府与市场"二元对立的分析范式,中国在经济发展的实践过程中,充分发挥社会主义市场经济制度的优越性,探索出了一条以中国共产党总揽全局、协调各方,既让市

---

① 李忠杰:《全面把握制度与治理的辩证关系》,《经济日报》2019 年 11 月 20 日。
② 《中共中央关于坚持和完善中国特色社会主义制度、推进国家治理体系和治理能力现代化若干重大问题的决定》,《人民日报》2019 年 11 月 6 日。

场在资源配置中起决定性作用,同时又更好发挥政府作用的道路,形成了中国特色社会主义政治经济学的"党、政府、市场"的稳定结构。这样一种被称之为经济学的"三维谱系"的稳定结构,既可以保证市场资源配置的高效率,又可以发挥政府主动作为弥补市场失灵的作用,从而超越西方主流经济学理论中政府被动发挥作用的框架。政府可以主动维护市场的有效性、完善市场监管、开展有效市场建设,进而克服由于市场运行的自发性与盲目性所导致的宏观经济结构失衡和产业发展规划缺少长期性等问题。

坚持党对经济工作的集中统一领导,是处理好"政府与市场"关系的关键所在。一方面,坚持党对经济工作的集中统一领导有利于保障长远利益的实现,历史证明,中国共产党有定力、有能力长期保持优化经济发展方式的政策制定思路不发生改变,这是当下跨越发展阶段和深化经济改革所不可缺少的重要因素。另一方面,坚持党对经济工作的集中统一领导更有利于在改革过程中保障人民群众的整体利益始终得到最大限度的重视,中国共产党代表最广大人民群众的根本利益,同时也是超越党派和利益集团约束的强大力量。为此,习近平指出:"我们要从全局和战略高度,着眼于最广大人民根本利益,牢牢把握发展方向,及时提出政策措施,不断把发展向前推进。"①

(2)坚持和完善公有制为主体、多种所有制共同发展

生产力决定生产关系,有什么样的生产力发展水平,就需要有什么样的生产关系与之相适应。中国正处于并将长期处于社会主义初级阶段,这就决定了中国的生产关系还不能实行单一的公有

---

① 习近平:《在党的十八届五中全会第二次全体会议上的讲话(节选)》,《求是》2016年第1期。

制,坚持和完善公有制为主体、多种所有制经济共同发展成为必然选择。生产关系对生产力具有反作用,中国共产党提出全面深化改革,核心就是不断调整生产关系中不适应生产力发展的内容,不断解放和发展社会生产力,满足人民群众日益增长的对美好生活的需要。在中国共产党领导下,经过新民主主义革命和社会主义改造,中国建立了以公有制为主体的经济结构。公有制经济的本质在于生产资料由劳动者所共有,从而促进社会生产快速、协调、可持续发展。国有经济是中国国民经济发展的中流砥柱,对缓解宏观经济的波动有显著优势。在社会主义初级阶段,公有制经济的发展离不开非公有制经济的支持作用,经过长期实践和探索,中国确立了公有制为主体、多种所有制共同发展的所有制结构。党的十八届三中全会提出,"国有资本、集体资本、非公有资本等交叉持股、相互融合的混合所有制经济,是基本经济制度的重要实现形式,有利于国有资本放大功能、保值增值、提高竞争力,有利于各种所有制资本取长补短、相互促进、共同发展"[1]。政府通过完善相关法律、法规和政策,引导非公有制经济健康发展,使其成为国民经济的重要组成部分。以公有制经济为主体的混合所有制是中国基本经济制度的重要实现形式,公有制的繁荣发展打破了西方主流经济学宣扬的国有企业竞争机制不足、效率低下、缺乏创新能力等谬论,充分体现了中国特色社会主义公有制经济的优势。[2]

一个社会生产关系的性质是由占主体地位的生产资料所有制性质决定的,不同性质的社会制度对解放和发展生产力提供的空间也不同。资本主义私有制条件下发展市场经济,也曾经对推动

---

[1] 《中共中央关于全面深化改革若干重大问题的决定》,《人民日报》2013年11月15日。
[2] 周文、肖玉飞:《中国道路的政治经济学考察》,《山东社会科学》2019年第10期。

生产力的发展发挥过重要作用,但随着新科技革命的不断兴起、社会分工的不断深化,资本主义私有制越来越不适应新的社会生产力发展的要求,局限性越来越明显,2008年以来美国等发达国家引发的国际金融危机就是明显的例证。中国建立了公有制为主体的所有制制度,为解放和发展社会生产力提供了更加广阔的空间。新中国用七十年的时间走完了西方国家几百年的发展历程,成为世界第二大经济体,这与中国共产党带领全国人民始终坚持和完善社会主义所有制结构,发挥"集中力量办大事"的显著制度优势密不可分。

(3) 坚持和完善按劳分配为主、多种分配方式并存

任何分配方式都必须与一定的所有制结构相适应。根据马克思主义理论,分配关系本质上和生产关系是同一的,是生产关系的另一面。在社会主义初级阶段,中国实行的是公有制为主体、多种所有制经济共同发展的所有制制度,分配制度则是按劳分配为主体、多种分配方式并存。按劳分配为主体是公有制为主体在分配上的体现,多种分配方式并存体现了多种所有制经济的共同发展。坚持公有制为主体、多种所有制经济共同发展和按劳分配为主体、多种分配方式并存,把社会主义制度和市场经济有机结合起来,不断解放和发展社会生产力,是中国社会主义基本经济制度的显著优势。

在社会主义初级阶段,中国以公有制为主体,与其相适应的分配方式必须强调公平,不仅是机会公平,也包括结果公平。按劳分配为主体的分配方式反映了社会主义的本质要求。按劳分配是社会主义分配原则,有利于消除两极分化,实现共同富裕。贫穷不是社会主义,平均主义不是社会主义,贫富两极分化也不是社会主义。中国所要建立的收入分配制度必须既能促进生产力发展,调

动劳动者积极性,又能保障公平,防止贫富两极分化,逐步实现共同富裕。以按劳分配为主体,多种分配方式并存的分配制度实现了体现效率与促进公平的统一,有利于消灭剥削和两极分化,实现社会共同富裕。多种分配方式并存肯定了劳动者除按劳动获得收入以外,以其他方式对生产发展的贡献,有利于调动各经济主体的积极性,创造更多社会财富。

党的十九届四中全会再次强调,要坚持多劳多得,提高劳动报酬在初次分配中的比重。健全劳动、资本、土地、知识、技术、管理、数据等生产要素由市场评价贡献、按贡献决定报酬的机制。健全以税收、社会保障、转移支付等为主要手段的再分配调节机制,强化税收调节,完善直接税制度并逐步提高其比重。完善相关制度和政策,合理调节城乡、区域、不同群体间分配关系。重视发挥第三次分配作用,发展慈善等社会公益事业。鼓励勤劳致富,保护合法收入,增加低收入者收入,扩大中等收入群体,调节过高收入,清理规范隐性收入,取缔非法收入。中国的治理体系在不断得到改进和完善。新中国成立 70 多年以来,居民收入在城乡、地区之间的差距明显缩小,尤其是党的十八大以来,精准扶贫取得了巨大成就,绝对贫困的问题得到了历史性解决。相比之下,在西方资本主义国家,按资分配为主的分配方式导致各国劳动收入不平等、财富分配和资本收入高度不平等。中国分配制度不断呈现出显著优势。

(4) 坚持和完善社会主义市场经济体制

社会主义基本经济制度的最大成功就是建立社会主义市场经济体制。党的十四大正式提出中国经济体制的改革目标是建立社会主义市场经济体制。改革开放 40 多年来,中国经济体制经历了多次改革,不断发展和完善。党的十八届三中全会提出,要"使市场在资源配置中起决定性作用和更好发挥政府作用"。竞争市场的运作可以实现资源的有效配置,政府可以起到保持宏观经济稳定,维护市场秩序,促进共同富裕的作用。使市场这只"无形的手"和政府这只"有形的手"共同作用于经济发展,可以实现市场有效、政府有为的良好局面。两者的有机结合既保持了市场经济的生机和活力,也克服了市场失灵和政府失灵的问题。

中国走出了一条完全不同于西方市场经济的新路。习近平指出,"在社会主义条件下发展市场经济,是我们党的一个伟大创举。我国经济发展获得巨大成功的一个关键因素,就是我们既发挥了市场经济的长处,又发挥了社会主义制度的优越性"[①]。中国在经济发展的实践过程中,社会主义优越性与市场经济优越性有机结合,交出了一份中国特色社会主义的完美答卷。市场经济既与社会主义基本经济制度相匹配,也与国家治理现代化相匹配,现代市场经济发展和国家治理能力的现代化正相关。新中国 70 多年取得的历史成就充分证明,中国特色社会主义制度是当代中国发展进步的根本保证。鉴往而知今,全面系统总结中国经验,重视和强调坚持完善国家治理体系,提升治理能力的现代化,可以让中国更好地走向世界。

当前,中国经济已由高速增长阶段转向高质量发展阶段,这是新时代中国经济发展的基本特征。社会主义市场经济体制作为社会主义基本经济制度的重要有机组成部分,必须同步加以坚持和完善。不仅要充分发挥市场在资源配置中的决定性作用,通过健全产权和知识产权保护制度,加强企业商业秘密保护,推进高标准

---

① 《习近平关于社会主义经济建设论述摘编》,中央文献出版社 2017 年版,第 63—64 页。

要素市场制度和体系建设,加快建设现代化经济体系;还要坚持以供给侧结构性改革为主线,更好发挥政府作用,让"看得见的手"和"看不见的手"相得益彰,通过进一步强化竞争政策基础地位,振兴实体经济、推动先进制造业发展,完善科技创新体制机制,建设更高水平开放型经济新体制。

4. 治理能力与治理效能

国家治理能力,就是指掌握和运用治理体系对国家和社会进行治理的能力和水平,主要体现在资源动员能力、创新引领能力和风险控制能力三个方面。

第一,资源的汲取和调控是国家治理能力的重要表现。[①] 国家治理能力强,则具有强大的资源动员能力,能够高效地集合资源,并充分调动广大人民群众的积极性,形成整体的力量,集中力量办大事。正如邓小平指出的:"社会主义同资本主义比较,它的优越性就在于能做到全国一盘棋,集中力量,保证重点。"[②]政府通过抓住经济社会发展中的重大问题、全面深化改革中的难点问题、推动高质量发展中的关键问题,集中力量,将资源有效整合到战略性先导产业、前沿部门、重大基础设施等领域,进而推动经济的全面发展。国家治理需要集中力量为国家稳定运行提供基本制度保障,如国防、外交、司法和立法等;为微观经济的运行提供物质条件,如交通基础设施等;为人们提供基本的生活保障,如教育、卫生、文化、社会保障等。

第二,国家治理的创新引领能力主要体现在国家的顶层设计。

[①] 王绍光、胡鞍钢:《中国国家能力报告》,辽宁人民出版社1993年版,第6—9页。
[②] 《邓小平文选》第3卷,人民出版社1994年版,第16—17页。

国家从长远的角度出发,对国家经济发展的重大节点作出判断,得出不同经济发展时期的主要矛盾,对经济发展的方向作出战略调整。中华人民共和国成立初期,中国实施对重工业优先发展的战略,工业化成为经济发展的主要方向。改革开放后,中国在宏观经济关系上逐渐由高度集权的计划经济体制向社会主义市场经济体制转变,不断寻求社会主义公有制与现代市场经济更好结合的路径。进入新时代以来,中国经济由高速增长转向高质量发展。中国的长中短期规划为国民经济和社会发展定目标、定方向、定任务、定政策。鄢一龙认为,"中国经济奇迹之路就是以一连串的五年计划或规划为基石而铺就的"①。"五年计划"之所以能够造就中国经济奇迹,在于它能够在全社会范围内组织动员和激励各方为实现目标而共同奋斗;在于其能够抓住经济社会的主要矛盾,有助于确定经济发展的优先顺序,协调各种资源的配置,集中力量办大事。每一个五年规划的完成,都为后续计划的制定实施奠定了坚实的物质、制度和政策基础。

第三,国家宏观调控所具有的风险控制能力也是国家治理能力的重要方面。在经济全球化大发展的背景下,国家间相互深度依赖、相互影响,相较于过去,对国家的需求往往不产生于国内冲突,而来源于外部冲击。② 面对2008年的全球金融危机,中国政府迅速做出反应,采取了积极的财政政策和适度宽松的货币政策相互支持,通过宏观调控保证了经济的平稳过渡。在全球受到金融危机影响而经济衰退的背景下,中国经济仍然实现了超过9%的经济增长。面对风险的冲击,国家需要及时调整经济政策,维持经济

---

① 鄢一龙:《五年规划,让中国行稳致远》,《决策探索(下)》2015年第11期。
② 弗朗西斯·福山:《国家构建:21世纪的国家治理与世界秩序》,黄胜强、许铭原译,中国社会科学出版社2007年版,第90—92页。

的平稳运行,尽可能降低风险带来的危害。而对于国内经济的发展来说,由于市场经济具有一定的盲目性,经济发展会发生周期性波动和总量失衡,导致资源配置低效。国家治理的宏观调控手段就是要把局部利益与整体利益、当前利益与长远利益结合起来,弥补市场失灵可能带来的风险。

四、中国国家治理现代化的世界意义

中国的国家治理体系和治理能力现代化不仅给中国经济发展带来了显著成效,而且对世界经济发展具有借鉴意义。

第一,坚持以人民为中心,不是以资本为中心,发展成果为人民共享,破解了共建与共享的协调难题。共建指的是广大人民群众共同进行社会建设,人民群众是共建的主体要素和基础条件,在共建的基础上人们共享发展成果,不断保障和改善民生、增进人民福祉,反映了以人民为中心的发展要求。实现共同富裕和共享发展的美好目标是中国特色社会主义的内在要求。

共建是共享的基础,以人民为中心调动了民众参与社会事务的积极性和创造性,推动全民共同参与社会发展建设,从而促进发展成果的共享。以人民为中心的生产关系摒弃了以资本为中心的生产资料完全私有制,根据社会经济发展的需要,建立了公有制为主体的混合所有制,使劳动者在生产的过程中获得人与人之间、人与资本之间平等的关系。以人民为中心的分配方式强调分配的公平性,保障了人们在不同所有制制度下获得应得的财富价值,使经济发展的成果为人民共享。

第二,坚持党对经济工作的集中统一领导,破解了市场与政府关系的协调难题。一直以来,如何处理市场与政府关系的问题都是西方经济理论发展过程中所关注的最重要命题之一,也是各个经济学派争论的焦点。作为主流经济学理论的古典经济学、新古典经济学、新古典综合派和新自由主义理论等虽然在看待市场与政府关系的问题上各执一词,但他们一致认为市场和政府之间始终是此消彼长、相互替代的关系。而中国在改革开放的实践过程中,始终坚持走中国特色社会主义道路,坚持社会主义市场经济改革,在实践中不断探索,丰富和完善对市场和政府关系的认知。党的十九大报告强调,"使市场在资源配置中起决定性作用,更好发挥政府作用",确定市场和政府是互补关系而不是替代关系,推动了市场与政府的有机结合和辩证统一。这一互补模式在实际经济运行过程中取得了良好的成效,既做到了宏观调控有力有度又有效,又确保了微观主体的活力。

党的十八大以来,中国经济发展取得了历史性的成就,从根本上来说,是源于党对经济工作的集中统一领导。党统领一切,协调各方,使市场和政府有机结合、相互协调,从而推动经济持续平稳地发展。这是中国特色社会主义政治经济学理论对西方经济学理论的根本性超越。① 中国改革开放取得的伟大成就破解了市场和政府协调的难题,在理论和规律层面总结出市场和政府的互补关系,对其他国家的经济发展也具有借鉴意义。

第三,坚持促进效率与体现公平的统一,破解效率与公平的协调难题。效率与公平是相辅相成、相互促进的关系,效率是公平的物质前提和基础,公平有利于调动社会成员的劳动积极性,从而有利于经济效率的提高。效率与公平的统一是实现共同富裕的社会

---

① 周文:《中国道路与中国经济学——来自中国改革开放 40 年的经验与总结》,《经济学家》2018 年第 7 期。

主义本质要求,随着经济发展和经济环境条件的改变,政府政策不断调整效率与公平的平衡点。一方面,不断推进社会主义市场经济体制改革,促进经济效率的提高,党的十八届三中全会提出"使市场在资源配置中起决定性作用"的重要决定,肯定了市场竞争机制对效率的促进作用。另一方面,市场经济改革极大地促进了效率的提高,也带来了分配不公平的问题。为了解决收入分配差距、地区发展不平衡等问题,所提出的"更好发挥政府作用"更加注重公平的分配政策,初次分配和再分配都要兼顾效率和公平,再分配更加注重公平,推进精准扶贫、乡村振兴战略等。

效率与公平都是中国经济发展过程中所追求的基本价值,二者同等重要,协调效率与公平的关系是全面深化改革的重要内容。正确处理好二者之间的关系,使二者形成良性互动,才能推动中国经济实现更高质量、更有效率、更加公平、更可持续的发展。

第四,坚持"五位一体"总体布局与"四个全面"战略布局统一,破解了政治与经济的协调难题。党的十八大以来,中国共产党领导人民统筹推进经济建设、政治建设、文化建设、社会建设、生态建设"五位一体"的总体布局,协调推进全面建成小康社会、全面深化改革、全面推进依法治国、全面从严治党的战略布局,推动中国特色社会主义制度更加完善。坚持依据党的政治建设要求强化经济工作的开展,在新时代根据党的"五位一体"总体布局与"四个全面"战略布局,以供给侧结构性改革为主线,推动经济发展质量、效率、动力变革,不断推进市场经济体制改革。政治和经济协调统一,政治对于促进经济发展的作用发挥得越深入,经济发展的效益和质量将越高。保持清醒的政治头脑,能够使经济发展战略的推进和经济运行秩序保持正确的方向方法。

第五,坚持全面深化改革与全面开放的统一,破解了生产力与生产关系的协调难题。生产力决定生产关系,生产关系要适应生产力,这是马克思历史唯物主义的基本原理,是人类社会发展的普遍规律。当旧的生产关系不能适应生产力的发展时,就需要通过改革创造新的生产关系去适应生产力。新中国成立初期,建立了以公有制为基础的国有经济,但忽略了生产力仍然落后的国情,开展"大跃进"运动,造成经济严重的衰退。改革开放拉开序幕,将马克思主义基本原理同中国具体实际相结合,提出社会主义初级阶段理论,建立了适用于中国现阶段生产力状况的基本经济制度,确立走中国特色社会主义道路。在改革开放的过程中,中国依据生产力发展的状况,及时对生产关系的各个方面进行调整和改革,包括所有制形式改革、分配制度改革、市场经济体制改革等,并且不断全面深化改革,协调生产关系对生产力的适应。

第六,坚持目标导向、问题导向与重点推进结合,破解了稳定发展的难题。拉美地区和东南亚的一些国家在发展过程中陷入"中等收入陷阱",如巴西、阿根廷、菲律宾、马来西亚等国均在20世纪70年代和80年代进入中等收入国家行列,但经过了二三十年的努力,这些国家一直没能跨过发达国家的门槛。反观中国,改革开放40多年来,中国经济创造了高速发展的奇迹,在经济增速放缓转向高质量发展后,依然保持稳定增长。国家统计局发布的数据显示,按平均汇率折算,2021年末中国人均国内生产总值(GDP)突破1.2万美元,超过世界人均GDP水平。中国实现经济稳定发展离不开党的领导,坚持了目标导向和问题导向相结合的发展方式。

建设社会主义现代化国家、实现中华民族伟大复兴,是中国共产党孜孜以求的宏伟目标。坚持问题导向是为了解决现实问题,把目标导向和问题导向相结合,准确把握中国国家制度和国家治理体系的演进方向和规律,可以在实践中不断地解决实现宏伟目标过程中遇到的各种困难和问题,在一步步克服困难、解决问题的道路上向着既定目标迈进。党的十八大以来,以习近平同志为核心的党中央牢牢坚持目标导向和问题导向相统一,按照既定目标推进改革、采取措施,切实解决人民群众关心的问题,取得了全方位、开创性的成就,经济发展质量不断提高,人民生活水平和质量不断提升。

第三章 大国之制：社会主义基本经济制度与中国国家治理现代化

[本章核心观点]

　　经邦治国，制度为本。在中国建设社会主义国家的历史实践中，社会主义基本经济制度已成为我国一切经济工作及活动开展的根本遵循，即为"大国之制"。社会主义基本经济制度与中国国家治理现代化有着密不可分的联系。一方面，社会主义基本经济制度决定了我国经济发展的性质和方向，是实现中国国家治理现代化的根本制度安排，因而基本经济制度的完善程度决定了国家治理现代化是否能够顺利推进。另一方面，任何制度上的优势最终都要通过国家治理实现，治理效能的好坏直接体现基本经济制度的优劣，因此，推进中国国家治理体系和治理能力现代化，也是充分发挥社会主义基本经济制度优势的重要保障。推进中国国家治理现代化必须把社会主义基本经济制度的优势转化为治理效能，在转化过程中，国家治理能力具体表现为党的领导能力、制度执行能力、资源动员能力和风险控制能力四个方面。

社会主义基本经济制度与中国国家治理现代化有着密不可分的联系。一方面,社会主义基本经济制度决定了我国经济发展的性质和方向,是实现中国国家治理现代化的根本制度安排,因而基本经济制度的完善程度决定了国家治理现代化是否能够顺利推进。另一方面,任何制度上的优势最终都要通过国家治理实现,治理效能的好坏直接体现基本经济制度的优劣,因此推进中国国家治理体系和治理能力现代化也是充分发挥社会主义基本经济制度优势的重要保障。推进中国国家治理现代化必须把社会主义基本经济制度的优势转化为治理效能,在转化过程中,国家治理能力具体表现为党的领导能力、制度执行能力、资源动员能力和风险控制能力四个方面。

党的十九届四中全会明确提出:"推进全面深化改革,既要保持中国特色社会主义制度和国家治理体系的稳定性和延续性,又要抓紧制定国家治理体系和治理能力现代化急需的制度、满足人民对美好生活新期待必备的制度,推动中国特色社会主义制度不断自我完善和发展、永葆生机活力。"同时,对社会主义基本经济制度的内涵做出新的概括,将"公有制为主体、多种所有制经济共同发展""按劳分配为主体、多种分配方式并存"与"社会主义市场经济体制"共同列为中国特色社会主义基本经济制度,这是对中国特色社会主义政治经济学的理论创新和重大突破。正如习近平总书

第三章　大国之制：社会主义基本经济制度与中国国家治理现代化

记所说："推进国家治理体系和治理能力现代化，必须完整理解和把握全面深化改革的总目标，这是两句话组成的一个整体，即完善和发展中国特色社会主义制度、推进国家治理体系和治理能力现代化。"①在实现"两个一百年"奋斗目标的关键时期，推进我国国家治理体系和治理能力现代化必须正确把握社会主义基本经济制度的内涵，充分发挥基本经济制度的显著优势，将制度优势转化为治理效能。

一、社会主义基本经济制度与中国国家治理现代化的关系

基本经济制度是社会经济在生产关系中最根本的制度，而社会主义基本经济制度是立足于我国正处于并将长期处于社会主义初级阶段的基本国情制定的，我国国家治理的一切工作和活动都依照中国特色社会主义制度展开。因此，基本经济制度与国家治理现代化有着密不可分的联系。

从长期目标看，完善和发展基本经济制度与推进国家治理现代化都是为了实现"两个一百年"奋斗目标，实现中华民族的伟大复兴；从短期目标看，完善和发展基本经济制度以国家治理现代化为总体目标，为推进国家治理体系和治理能力现代化而服务。完善和发展基本经济制度与推进国家治理现代化是同步进行的，中国特色社会主义基本经济制度从确立到不断调整和全面深化经济体制改革的过程，也是中国特色社会主义国家治理体系和治理能力不断迈向现代化的过程。从内在联系看，二者相互促进、有机统

---

① 《习近平谈治国理政》第 1 卷，外文出版社 2018 年版，第 105 页。

一、基本经济制度和国家治理是经济基础与上层建筑的关系。经济基础决定上层建筑,上层建筑又对经济基础起反作用。完善和发展基本经济制度是推进国家治理现代化的必然要求,国家治理现代化就是要确保生产关系不断适应生产力发展、上层建筑不断适应经济基础的内在要求。[①] 一方面,社会主义基本经济制度决定了我国经济发展的性质和方向,是实现中国国家治理现代化的根本制度安排,因而基本经济制度的完善程度决定了国家治理现代化是否能够顺利推进;另一方面,任何制度上的优势最终是要通过国家治理来实现,治理效能的好坏直接体现了基本经济制度的优劣,因此,推进国家治理体系和治理能力现代化是充分发挥社会主义基本经济制度优势的重要保障。

推进中国国家治理现代化是一个长期、动态的过程,这就要求基本经济制度必须随着现代化的进程动态发展和不断完善,而不是静止不变。社会主义基本经济制度是决定经济发展方向的根本制度,具备长期性与稳定性的特点。党的十五大第一次明确提出"公有制为主体、多种所有制经济共同发展,是我国社会主义初级阶段的一项基本经济制度"[②]。党的十六大在坚持和完善公有制为主体、多种所有制经济共同发展的基本经济制度的基础上,又提出了"两个毫不动摇",即"毫不动摇地巩固和发展公有制经济"和"毫不动摇地鼓励、支持和引导非公有制经济发展"[③]。党的十八届三

[①] 周文、何雨晴:《国家治理现代化的政治经济学逻辑》,《财经问题研究》2020 年第 4 期。

[②] 《高举邓小平理论伟大旗帜,把建设有中国特色社会主义事业全面推向二十一世纪——江泽民在中国共产党第十五次全国代表大会上的报告》(1997 年 9 月 12 日),《人民日报》1997 年 9 月 22 日。

[③] 《全面建设小康社会 开创中国特色社会主义事业新局面——江泽民在中国共产党第十六次全国代表大会上的报告》(2002 年 11 月 8 日),《人民日报》2002 年 11 月 9 日。

中全会进一步强调:"公有制为主体、多种所有制经济共同发展的基本经济制度,是中国特色社会主义制度的重要支柱,也是社会主义市场经济体制的根基。"①党的十九届四中全会在社会主义基本经济制度上实现了理论突破,指出:"公有制为主体、多种所有制经济共同发展,按劳分配为主体、多种分配方式并存,社会主义市场经济体制等社会主义基本经济制度,既体现了社会主义制度优越性,又同我国社会主义初级阶段社会生产力发展水平相适应,是党和人民的伟大创造。"②这是首次将社会主义分配制度和社会主义市场经济体制明确纳入社会主义基本经济制度范畴,而且在表述上不再沿用"社会主义初级阶段的基本经济制度"的说法,而是直接表述为"社会主义基本经济制度",标志着社会主义基本经济制度更加成熟、更加定型,是应当长期坚持的基本经济制度。实践证明,中国特色社会主义基本经济制度是以马克思主义为指导,结合中国具体实践,根据不同时期经济社会发展水平而不断完善发展,与社会生产力发展水平相适应的基本经济制度,体现了中国特色社会主义制度的优越性,在推进中国国家治理体系和治理能力现代化进程中发挥着重要作用。

二、社会主义基本经济制度与治理体系

国家治理体系是一整套紧密相连、相互协调的国家制度,其中经济制度是最根本的制度安排。基本经济制度决定治理体系,治

---

① 《中共中央关于全面深化改革若干重大问题的决定》,《人民日报》2013 年 11 月 15 日。
② 《中共中央关于坚持和完善中国特色社会主义制度、推进国家治理体系和治理能力现代化若干重大问题的决定》,《人民日报》2019 年 11 月 6 日。

理体系体现基本经济制度。今天中国的国家治理体系是以马克思主义为指导、植根中国大地、具有巨大优越性的治理体系。社会主义基本经济制度主要包括所有制结构、分配制度和经济体制三方面。

1. 公有制为主体、多种所有制经济共同发展的所有制结构

我国对所有制问题的认识经历了比较曲折的过程。新中国成立初期,在社会主义经济建设中对马克思主义经典作家关于公有制相关论述存在教条主义和本本主义理解的误区,违背了经济发展的客观规律,认识上曾一度脱离生产力发展水平,单纯、片面、孤立地看待所有制问题,因此提出了"一大二公三纯"的所有制先进性标准。"一大",即公有制规模越大越好;"二公",即公有化程度越高越好;"三纯",即社会主义的经济成分越纯越好、消灭私有制。实践证明,这种压制和消灭私有制成分、一味急于过渡到单一的公有制结构,既不符合我国现实生产力的状况,更不利于社会生产力的发展,从而导致社会主义经济丧失活力和生机。所以,公有化的程度并不是体现、衡量生产力先进性的唯一尺度和评价标准,还必须综合考虑经济、政治、文化、社会等各方面维度和社会经济发展的阶段性特征。

所有制问题是马克思主义政治经济学的重要范畴。根据人类社会发展演进的一般规律,生产力决定生产关系,经济基础决定上层建筑,所有制必须与社会生产力发展水平相适应。虽然马克思主义经典作家认为未来社会将由共产主义的公有制代替资本主义的私有制,这是一个崇高的理想,同时这也是一个非常漫长的过程。1978年改革开放拉开序幕,中国共产党对社会主义基本经济制度进行重新审视,进一步明确我国正处于并将长期处于社会主

义初级阶段,这一阶段的社会生产力发展水平尚未达到马克思所描述的共产主义社会的程度,因而也就决定了我国必须坚持"公有制为主体,多种所有制共同发展"的所有制结构,必须坚持"两个毫不动摇",大力发展非公有制经济。习近平总书记指出,"在功能定位上,明确公有制经济和非公有制经济都是社会主义市场经济的重要组成部分,都是我国经济社会发展的重要基础"[①]。可见,我国对所有制、非公有制经济的认识经历了一个渐进的过程。随着中国特色社会主义伟大经济实践的发展,中国特色社会主义经济理论也得到不断丰富和发展,不断突破对所有制问题的传统认知。

公有制经济的本质在于生产资料由劳动者所共有,最大的优越性在于能不断解放和发展生产力,促进社会生产快速、协调、可持续发展。正如习近平总书记指出的:"明确社会主义生产关系的性质,就是要坚持公有制主体地位不能动摇,国有经济主导作用不能动摇。"[②]同时,非公有制经济在扩大就业、促进经济增长、活跃市场等方面与公有制经济发挥着同样重要的作用。公有经济与非公有经济相得益彰、相互促进。非公有制经济是社会主义经济的重要组成部分,社会主义经济发展同样离不开非公有制经济。

需要明确的是,发展混合所有制经济并不是削弱公有制经济,而是壮大社会主义经济。我们强调坚持"两个毫不动摇",意味着不再片面地强调公有制,而是强调公有制和非公有制经济共同发展,以"两个毫不动摇"来支撑、完善中国特色社会主义基本经济制度,形成各种所有制经济平等竞争、相互促进的新格局。可见,公有制和非公有制经济都是中国特色社会主义经济的重要

[①] 习近平:《关于〈中共中央关于全面深化改革若干重大问题的决定〉的说明》,《求是》2013年第22期。
[②] 《习近平关于社会主义经济建设论述摘编》,中央文献出版社2017年版,第63页。

组成部分,二者共同繁荣发展才能实现我国国家治理效能的不断提高。

改革开放40多年来,我国取得了辉煌的成就,成为世界第二大经济体,正是由于在社会主义所有制结构上坚持公有制为主体、多种所有制共同发展,才创造了经济高速发展和社会长期稳定的中国奇迹;同时,这也充分体现出社会主义基本经济制度对提升国家治理效能的制度保障作用,反映出我国混合所有制的制度优势。随着社会主义经济的发展和腾飞,不但公有制经济得到不断发展和壮大,打破了西方主流经济学宣扬的国有企业竞争机制不足、效率低下、缺乏创新能力等论断,充分体现了中国特色社会主义公有制经济的优势,而且非公有制经济也不断发展,呈现出勃勃生机和活力。

2. 按劳分配为主体、多种分配方式并存的分配制度

任何分配制度都必须与一定的所有制结构相适应。根据马克思主义理论,分配关系本质上和生产关系是同一的,是生产关系的另一面。人们以什么方式参与生产,就以什么方式参与分配。分配制度就是社会成员从社会劳动产品中获取他们应得份额的某种方式和规则。生产决定分配,分配制度是由生产资料所有制决定的;分配对生产也有反作用。恩格斯指出:"分配并不仅仅是生产和交换的消极的产物;它反过来也影响生产和交换。"[①]因此,当分配制度适应生产资料所有制时,就能促进社会生产力的发展;反之,当分配制度无法适应生产发展的需要时,就会阻碍社会生产力的发展。所谓按劳分配,是指每个社会成员参加社会生产,以劳动

---

① 《马克思恩格斯选集》第3卷,人民出版社2012年版,第527页。

者的劳动作为个人消费品的分配尺度,其劳动成果在做了必要的社会扣除之后,等量劳动取得等量报酬。马克思在《哥达纲领批判》中详细阐述了按劳分配理论,提出共产主义两个阶段的分配原则:在共产主义第一个阶段,即社会主义阶段,实行按劳分配;在共产主义高级阶段,实行按需分配。

马克思的按劳分配理论就其系统性来说已经十分成熟,但从实践的角度看,今天中国的社会现实与马克思所设想的共产主义社会有很大差距,因此不能教条地照搬马克思主义理论。对照中国改革开放的伟大实践经验,马克思的按劳分配理论还有很多需要发展的地方。

我国社会主义改造完成以后,因为受单一公有制和计划经济体制的影响,不顾经济发展客观实际,曾一度在分配体制上强调和只允许按劳分配,排斥和压制其他分配方式的存在,导致分配中平均主义倾向严重,抑制了社会主义经济的生机和活力。中国的实践证明,过去平均主义的分配方式忽视了分配对生产发展的作用,导致生产力发展缓慢,甚至出现经济停滞现象,严重损害了劳动者的生产积极性。

生产决定分配,在生产资料所有制以公有制为主体、多种所有制共同发展的条件下,分配制度必须与之相适应,只能实行按劳分配为主体、多种分配方式同时并存的分配体制。多种分配方式并存,尤其是允许生产要素按贡献参与分配是我国分配制度改革的重大突破,健全劳动、资本、土地、知识、技术、管理、数据等生产要素由市场评价贡献、按贡献决定报酬的机制有利于调动各经济主体的积极性,拓宽创造财富的渠道,增加人民合法的收入来源。按劳分配与按要素分配的有机结合实现了社会经济发展过程中兼顾效率与公平的原则,更加有利于增加低收入者收入,扩大中等收入群体,实现共同富裕的目标。虽然社会主义的现实与马克思对未来社会的设想有一定差距,但并不意味着否定按劳分配,今天我们依然要坚持按劳分配原则,并且必须不断发展和完善按劳分配理论。

随着对社会主义所有制认识的不断突破,我国分配制度的改革也不断深化。为适应公有制为主体、多种所有制共同发展的所有制结构,党的十三大首次提出"以按劳分配为主体,其他分配方式为补充"的社会主义分配制度,党的十四大进一步提出要兼顾效率与公平,党的十五大明确提出"坚持按劳分配为主体、多种分配方式并存的制度。把按劳分配和按生产要素分配结合起来",党的十六大明确了生产要素按贡献参与分配的原则,党的十七大提出"初次分配和再分配都要处理好效率和公平的关系,再分配更加注重公平",党的十九届四中全会把"按劳分配为主体、多种分配方式并存"提升为社会主义基本经济制度,进一步指出要"健全劳动、资本、土地、知识、技术、管理、数据等生产要素由市场评价贡献、按贡献决定报酬的机制",并首次提出重视发挥第三次分配作用。从中国特色社会主义分配制度发展的历程看,任何时期分配制度的转变和发展必须始终与所有制结构相适应。改革开放 40 多年来,正是因为分配制度的发展和完善极大调动了劳动者的生产积极性,从而推动实现我国经济高速发展。同时,居民收入在城乡、地区之间的差距明显缩小,尤其是精准扶贫取得巨大成就,绝对贫困问题得到历史性解决,中国特色社会主义分配制度不断呈现显著优势。

3. 社会主义市场经济体制

社会主义基本经济制度的最大成功就是建立社会主义市场经济体制。新中国成立后,由于受苏联模式的影响,我国建立了高度集中的计划经济体制,然而由于计划经济的封闭性,统得过多、管得过死,严重束缚了生产力的发展。改革开放后,对市场经济的认识不断深入,党的十一届三中全会开始提出要重视价值规律的作用,党的十二大提出"以计划经济为主,市场调节为辅"的原则,此后"计划与市场内在统一的体制""计划经济与市场调节相结合"的经济体制改革方案,都体现了我们党对计划与市场关系认识上的重大转变。党的十四大正式提出中国经济体制改革的目标是建立社会主义市场经济体制,标志着党对计划与市场关系认识的一个新飞跃。党的十五大提出"使市场在国家宏观调控下对资源配置起基础性作用",党的十六大提出"在更大程度上发挥市场在资源配置中的基础性作用",党的十七大提出"从制度上更好发挥市场在资源配置中的基础性作用"。党的十八届三中全会创造性地提出"市场在资源配置中起决定性作用和更好发挥政府作用",进一步深化了对市场经济规律的认识。党的十九届四中全会把社会主义市场经济体制上升到社会主义基本经济制度的高度,不但标志着具有中国特色的社会主义市场经济体制在实践中取得伟大成功,更是对社会主义市场经济的认识在理论上的重大突破。可以看出,我们党对政府与市场关系的认识经历了一个长期的不断深化过程,从理论到实践,又从实践到理论。在实践中不断校正和丰富理论,由此对市场经济的认识得到不断深化和提升,使社会主义市场经济的理论越来越丰富。

如何看待和处理好政府与市场的关系,不但是经济学的重要命题,更是经济发展的重大实践课题。西方经济学的主流观点认为政府与市场是此消彼长、相互替代的对立关系,以新自由主义学派为代表的经济学家们反对政府的干预。他们甚至质疑中国的市场经济不是真正的市场经济,新自由主义经济学的代表人物哈耶克曾激进地指出,社会主义与市场的结合必定是一件赝品,私有制才是市场经济运行的微观经济基础,社会主义公有制只能实行计划经济,不可能与市场经济相结合。① 2018年以来,美国不断掀起对华经贸冲突,同时贸易保护主义逆潮流喧嚣尘上,还给中国经济体制贴上了"国家资本主义"的标签,认为中国是一个国家主导的实行保护主义和重商主义的经济体,其主要依据是中国实行国有经济、政府干预、产业政策等。② 针对西方对中国社会主义市场经济体制的质疑,首先我们要正确理解好社会主义市场经济的本质和内涵。社会主义市场经济是社会主义制度下的市场经济,它与资本主义市场经济有着本质不同,西方之乱与中国之治形成鲜明对比,不在于中国市场经济是不是真正的市场经济,而在于社会主义基本经济制度决定和确保了市场经济发展的正确方向,保障了市场经济发展的大局,正是社会主义与市场经济的有机融合,才更好地推动市场经济的健康稳定发展。

在中国的理论和实践中,市场经济与社会主义经历了从排斥到兼容的过程,在理论上最重要的一次认识转变是1992年邓小平同志在南方谈话中提出的论断,计划经济不等于社会主义,市场经济不等于资本主义,计划多一点还是市场多一点,不是社会主义与资本主义的本质区别,计划和市场都是经济手段。党的十四大正式提出建立社会主义市场经济体制,这是人类历史上第一次把社会主义与市场经济联系起来,是对马克思主义政治经济学的重大理论突破,是中国特色社会主义政治经济学收获的又一个重大理论创新成果,也是社会主义伟大实践的成功经验总结。在社会主

---

① 哈耶克:《通往奴役之路》,王明毅等译,中国社会科学出版社1997年版,第4页。
② 秋石:《认清"国家资本主义"问题的真相》,《求是》2018年第17期。

义制度下，国有经济虽然以公有制为主要实现形式，但国有企业自主经营、自负盈亏同样可以成为市场经济的微观主体。① 因此，中国特色社会主义市场经济既包含了国家宏观层面的制度，又涉及企业等微观基础，实现了市场经济与社会主义的有机融合。社会主义市场经济体制将市场这只"看不见的手"与政府这只"看得见的手"有机结合在一起，充分发挥市场经济在资源配置上的优势，同时更好地发挥政府宏观调控的作用，弥补了市场的弊端。强调政府与市场的辩证统一、有机融合是中国经济体制改革最成功的经验之一。尽管市场经济有盲目性、不确定性等弊端，但其本身内在具有开放性、交易性、融合性等显著特点。因此，只有市场经济才能发展好中国经济，同时又能让中国经济更好地融入世界经济。

中国在改革开放以来的实践中不断丰富和加深对政府与市场关系的认识，走出了一条完全不同于西方市场经济的新路，破解了政府与市场关系协调的世界性难题。中国共产党在理论创新和发展实践的规律层面总结出政府与市场的互补关系，使市场和政府共同作用于经济发展，开创出市场有效、政府有为的良好局面。两者的有机结合既可实现资源的有效配置，保持市场经济的生机和活力，又可以维持宏观经济发展和市场秩序的双重稳定；既克服了市场失灵，又避免了政府失败。

因此，市场经济既与社会主义基本经济制度相匹配，也与中国国家治理现代化相匹配，现代市场经济发展与国家治理能力的现代化呈正相关。在经济由高速增长转向高质量发展的新时代，必须坚持和完善社会主义市场经济体制，充分发挥市场在资源配置

---

① 周新城：《关于中国特色社会主义的若干理论问题》，经济日报出版社2015年版，第224—225页。

中的决定性作用,加快建设现代化经济体系,同时还要坚持以供给侧结构性改革为主线,更好地发挥政府作用,建设更高水平开放型经济新体制。

4. 社会主义基本经济制度的内在统一

根据马克思主义政治经济学的理论,生产、分配、交换、消费构成社会再生产的各个环节,是一个统一的有机整体,它们之间是相互作用的,"生产既支配着与其他要素相对而言的生产自身,也支配着其他要素。过程总是从生产重新开始。交换和消费不能是起支配作用的东西,这是不言而喻的"[①]。党的十九届四中全会对基本经济制度的概括,分别是马克思主义社会再生产理论中生产、分配和交换三个要素在中国实践中的具体表现,它们是社会主义基本经济制度中内在统一的有机整体,三者相互促进、相互作用、相互影响。

所有制结构在社会主义基本经济制度中起基础性作用,决定了我国基本经济制度的性质。在社会经济制度中,生产资料所有制是生产关系的基础,决定了生产关系的性质。首先,所有制结构决定分配制度。在所有制上坚持"公有制为主体"决定了在分配制度上坚持"按劳分配为主体";在所有制上发展"多种所有制经济"决定了在分配制度上"多种分配方式并存"。其次,所有制结构决定市场经济体制。社会主义市场经济创造性地将公有制与市场经济结合,打破了西方只有私有制才能与市场经济结合的观点。公有制经济是社会主义市场经济占主体地位的经济成分,政府通过调控国有经济可以更好地克服市场的盲目性和存在的天然弊端,

---

[①]《马克思恩格斯选集》第2卷,人民出版社2012年版,第699页。

从而减少经济波动。因此，以公有制为主体的所有制结构也决定了政府与市场有机结合的社会主义市场经济的本质特征和运行体制。

分配制度客观反映了所有制结构与社会主义市场经济的运行结果，并在实践中影响所有制结构与社会主义市场经济的发展和完善。第一，"按劳分配为主体、多种分配方式并存"的分配制度体现了兼顾效率与公平的理念，分配制度在实践中是否良好运行影响着所有制结构的优势能否得到充分发挥，进一步影响着所有制结构的发展和完善。第二，分配制度的实现结果反映出社会主义市场经济的运行情况，尤其是完善生产要素由市场评价贡献、按贡献决定报酬的机制对市场经济提出更高的要求，按劳分配与按生产要素分配相结合的收入分配结构促进了社会主义市场经济不断完善。

社会主义市场经济体制是基本经济制度运行的载体和机制，调节着经济运行的过程。第一，社会主义市场经济保障了公有制经济主体和非公有制经济主体在市场中平等、有序的竞争，使市场在资源配置中发挥决定性作用。同时，在社会主义制度下，政府的调控维护了经济的平稳运行，更好地促进了社会生产力的发展。第二，不同所有制主体要实现分配价值必须在社会主义市场经济中进行交换，换句话说，社会主义分配制度必须通过社会主义市场经济才能实现。市场的完善程度直接影响了分配制度的实现，只有市场经济有效运行才能实现分配制度兼顾效率与公平的优势。

5. 完善社会主义基本经济制度要以治理体系现代化为目标

国家治理体系和治理能力是一个国家制度和制度执行能力的集中体现。基本经济制度作为国家治理体系最根本的制度安排，其完善和发展必须以推进国家治理体系现代化为目标。国家治理体系现代化是建立在中国特色社会主义制度性质上的,从而也就决定了治理体系现代化是朝着社会主义现代化的方向发展。以国家治理体系现代化为目标,完善和发展社会主义基本经济制度就要从三个方面着手:坚持和完善公有制为主体的混合所有制结构,毫不动摇巩固和发展公有制经济,毫不动摇鼓励、支持、引导非公有制经济发展,充分发挥中国特色社会主义所有制结构的显著优势;坚持和完善按劳分配为主体、多种分配方式并存的分配制度,处理好效率与公平的关系,发挥社会主义分配制度的显著优势,逐步实现共同富裕;坚持和完善社会主义市场经济体制,做到宏观调控有力、有度、有效,同时确保微观主体的活力,使政府和市场有机结合,发挥社会主义市场经济体制的显著优势。

三、推动实现社会主义基本经济制度优势转化为治理效能

制度优势是一个国家最大的优势,制度竞争是国家间最根本的竞争。任何制度的优势最终是通过治理效能展现的,因此推进中国国家治理现代化必须把社会主义基本经济制度的优势转化为治理效能。在转化过程中,国家治理能力具体表现为党的领导能力、制度执行能力、资源动员能力和风险控制能力四个方面。

1. 出色的领导力是中国国家治理的根本和核心

中国特色社会主义制度的最大优势是中国共产党领导,这一制度优势为中国发展进步提供了根本保障。中国共产党领导是中国特色社会主义最本质的特征,是中国特色社会主义制度的最大优势,坚持党对经济工作的集中统一领导,是社会主义基本经济制

第三章
大国之制：社会主义基本经济制度与中国国家治理现代化

度在实践中最显著的特征和优势。

首先，坚持党对经济工作的集中统一领导有利于保障国家长远利益的实现。中国共产党从长远角度出发，对国家经济发展的重大节点作出判断，认清不同经济发展时期的主要矛盾，全面统筹协调经济发展的战略方向和整体节奏，确保经济社会发展坚持正确方向。新中国成立初期，我国实施重工业优先发展战略，工业化成为经济发展的主要方向。改革开放后，我国逐渐由计划经济体制向社会主义市场经济体制转变，不断寻求社会主义公有制与现代市场经济更好的结合路径。进入新时代以来，中国经济由高速增长转向高质量发展。此外，中国的长中短期规划为国民经济和社会发展定目标、定方向、定任务、定政策。中国经济奇迹之路就是以一连串的五年计划或规划为基石而铺就的[1]，每一个五年规划的完成，都为后续规划的制定实施奠定了坚实的物质、制度和政策条件。历史证明，中国共产党立足于国家发展的长期目标，在制定政策时有定力且有能力保持经济发展的思路方向不改变，这种长期稳定性是当下跨越发展阶段和深化经济改革不可缺少的重要因素。

其次，坚持党对经济工作的集中统一领导更有利于在改革过程中保障人民群众的整体利益始终得到最大程度的重视。中国共产党代表最广大人民群众的根本利益，维护好、实现好、发展好人民利益是其一切工作的出发点和落脚点，同时也是超越党派和利益集团约束的强大力量。实现基本经济制度的优势向国家治理效能转化，根本目的是为了使经济发展更好地满足人民日益增长的美好生活需要。纵观世界上的所有政党，只有中国共产党能够做

---

[1] 鄢一龙：《五年规划，让中国行稳致远》，《决策探索（下）》2015年第11期。

到在领导经济发展的过程中,无论是政策的制定还是政策的实施都体现出人民的地位、人民的意志和人民的利益。相比之下,西方资本主义社会的政党往往囿于个人利益、集团利益和短期利益,无法着眼于整个国家的长远发展,更不用说以人民为中心发展经济,于是常常导致治理低效甚至无效。

再次,中国在经济发展的实践中探索出一条中国共产党总揽全局、协调各方的中国特色社会主义道路,既让市场在资源配置中起决定性作用,同时又更好地发挥政府作用,形成了中国特色社会主义政治经济学的"党、政府、市场"的稳定结构。在党的指导下,政府可以主动维护市场的有效性、完善市场监管、开展有效市场建设,进而克服由于市场运行的自发性与盲目性所导致的宏观经济结构失衡和产业发展规划缺少长期性等问题。宏观经济平稳发展、微观经济充满活力的经济运行,更加有利于发挥基本经济制度的优势,充分把制度优势转化为治理效能。事实证明,我国党、政府、市场"三维谱系"的稳定结构在实际经济运行中取得良好的治理成效。在中国共产党的领导下,中国不断推进国家治理体系和治理能力现代化,促进基本经济制度的优势转化为治理效能。新中国成立 70 多年来创造的经济快速发展奇迹和社会长期稳定奇迹正是对治理效能的高度概括。

2. 强大的执行力是中国国家治理能力现代化的关键

制度的生命力在于执行,制度执行力的高低关系制度优越性的发挥,关系国家治理效能的实现,强大的制度执行力是中国国家治理能力现代化的关键。"中国制度"行得通、真管用、有效率是通过执行力来体现的,如果没有强大的制度执行力,再好的制度也只是纸上谈兵,难以发挥作用。制度执行力是治理者作为主体执行制度的能力,各级党委、政府及领导干部作为国家治理的骨干力量,是制度执行的主体力量,领导干部的意识、能力和素质水平是制度执行力的决定性因素。社会主义基本经济制度可以更好地确保我国的制度执行力为人民生活提供稳定的社会秩序,在社会稳定的基础上不断促进政治、经济和社会的发展。虽然改革开放40多年来我国取得了巨大成就,但并不意味着我国的制度执行力已经足够强大,事实上在制度执行中依然存在执行力不足的问题。因而党的十九届四中全会对此提出严格要求,健全权威高效的制度执行机制,加强对制度执行的监督,坚决杜绝做选择、搞变通、打折扣的现象。

3. 出色的资源动员能力是中国国家治理能力的重要体现

资源的调配和集中是国家治理能力的重要表现。① 评价一个国家治理能力要看动员能力,国家治理能力强就体现为强大的资源动员能力。只有具有强大的动员能力,才能高效集合资源,充分调动广大人民群众的积极性,凝聚形成整体的合力,从而实现集中力量办大事。社会主义经济基本制度有利于凸显资源动员能力,出色的资源动员能力能高效地集合资源,将资源集中到经济发展的关键之处和人民的所需之处,集中力量办大事,并且能充分调动广大人民群众的积极性,形成整体的力量,全国上下"一盘棋"。政府通过抓住经济社会发展中的重大问题、全面深化改革中的难点问题、推动高质量发展中的关键问题,集中力量,将资源有效整合到战略性先导产业、前沿部门、重大基础设施等领域,从而推动经济的全面发展。在社会主义基本经济制度下,国家通过宏观调控

---

① 王绍光、胡鞍钢:《中国国家能力报告》,辽宁人民出版社1993年版,第6—9页。

解决了市场失灵带来的资源错配问题,优化了整体资源配置的效益,使资源分配更合理、更高效。在收入分配上,以税收、社会保障、转移支付等为主要手段的再分配调节机制,也需要依靠国家的资源动员能力来实现,通过国家对资源的集中调配,增加低收入者收入,扩大中等收入群体,调节过高收入。因此,资源的动员能力也是促进收入分配体系更加公平的重要力量。

4. 高效应对能力是制度优势转化为治理效能的关键

制度优势是一个国家的最大优势,但这种优势必须通过高效的应对能力来体现,从而把制度优势转化为国家治理效能。高效的应对能力就是运用社会主义基本经济制度优势应对风险挑战的冲击,既要有防范风险的先手,也要有应对和化解风险挑战的高招;既要打好防范和抵御风险的有准备之战,也要打好化险为夷、转危为机的战略主动战。先进的制度、强大的国家治理体系和治理能力从来不是从天上掉下来的,也不是在风平浪静中凭空构想出来的,而是经过无数风险磨难,在严峻考验中诞生、完善和发展。国家的风险控制能力贯穿于风险出现的全过程,在风险出现之前有防范风险的先手,在风险到来之时又有应对和化解风险的高招。

具体来说,在经济平稳发展时期,保持危机意识,防患于未然,提早做好各项防范准备。在危机来临时,迅速做出反应,运用宏观调控积极作为,最终做到化险为夷。一方面,在经济全球化大发展的背景下,国家间相互深度依赖、相互影响,一国可能受到更多来自外界的冲击。2008年国际金融危机爆发时,我国政府采取了积极的财政政策和适度宽松的货币政策,通过宏观调控保证了经济的平稳过渡。可见,面对风险的冲击,需要及时调整经济政策,才能维持经济的平稳运行,尽可能降低风险带来的危害。另一方面,在社会主义市场经济体制下,由于市场调节的盲目性、滞后性、分散性、外部性等固有弊端,经济发展会发生周期性波动和总量失衡,造成对国内经济的冲击。国家治理的宏观调控手段就是要把局部利益与整体利益、当前利益与长远利益结合起来,弥补市场失灵可能带来的风险。

第四章 大国之鉴：中国共产党百年理论创新与实践探索

[**本章核心观点**]

　　本章以时间为序，以理论创新与实践探索为主线，从中国共产党百年历史中总结经验教训，梳理中国共产党百年经济理论的"大国之鉴"。中国共产党的百年经济理论以坚持理论与现实相结合为基本原则，逐渐探索出中国特色社会主义经济发展道路；坚持以人民为中心的根本原则，带领人民共建小康社会。(1)1921—1949年：中国共产党以新民主主义经济理论为指导，探索出中国革命道路，使人民得到经济上和政治上的解放；(2)1949—1978年：中国共产党以计划经济理论为依据，大力发展工业，加快步伐恢复经济、维护国防安全，保障人民安全并逐步改善人民生活；(3)1978—2012年：中国共产党探索出中国特色社会主义市场经济理论，对中国经济发展的性质判断和建设规划逐步清晰，以中国特色社会主义经济制度建设推进中国特色社会主义事业建设，实现生产力飞速发展，为改善人民生活提供了物质保障；(4)2012年至今：中国共产党以新发展理念推动高质量发展，加快建设现代化经济体系，致力于不断满足人民日益增长的美好生活需要。

在百年经济实践中,中国共产党形成了丰富的经济理论。回顾中国共产党百年来的经济理论,可主要分为四个阶段:(1)新民主主义经济理论与中国革命道路(1921—1949年);(2)计划经济理论与中国工业化道路(1949—1978年);(3)中国特色社会主义市场经济理论与中国特色社会主义经济制度(1978—2012年);(4)新发展理念与中国经济现代化(2012年至今)。从新民主主义经济理论到新发展理念,百年来,中国共产党从学习马克思主义基本原理和模仿苏联社会主义模式,到开始探索中国自己的发展和建设道路,到现在逐步构建起中国特色社会主义发展道路——这既是一条马克思主义中国化的道路,也是丰富与发展马克思主义的道路。梳理百年来党的经济理论探索,既是对第一个百年征程的总结与凝炼,同时也是对新一个百年奋斗方向的指引与前瞻。

自中国共产党成立以来,中国共产党的经济理论始终坚持两条主线:坚持理论与现实相结合和坚持以人民为中心。两条主线解答了"如何应用马克思主义政治经济学指导中国经济建设"和"如何发展中国特色社会主义经济"两大问题。其一,坚持理论与现实相结合是基本原则,使中国共产党的经济理论根植于中国发展现实。正如习近平所言:"学习马克思主义政治经济学,是为了更好指导我国经济发展实践,既要坚持其基本原理和方法论,更要同我国经济发展实际相结合,不断形成新的理论成果。"①理论与现实相结合的基本原则既避免了陷入对马克思主义经典著作的教条,又跨越了苏联经济改革的误区,使中国共产党逐渐探索出符合中国自身发展状况的道路,建立和不断完善中国特色社会主义基本经济制度。其二,坚持以人民为中心是根本原则,"带领人民创造幸福生活,是我们党始终不渝的奋斗目标"②。坚持以人民为中心的发展思想,是马克思主义政治经济学的根本立场,也是中国共产党的根本政治立场,是马克思主义政党区别于其他政党的显著标志。坚持以人民为中心平衡了国家经济建设与人民生活水平之间的关系,以人民为中心的发展思想助推实现"经济快速发展奇迹"和"社会长期稳定奇迹"两大"中国奇迹"。由此可见,理论与现实相结合的主线是一条中国特色社会主义道路的探索与构建之路,以人民为中心的主线是一条中国共产党带领人民构建小康社会之路。两条道路相连,使中国实现从"站起来"到"富起来",并将逐步实现"强起来"的历史飞跃。据此,下文将以时间为序,分别梳理四个阶段党的经济理论及其实践探索,归纳中国共产党百年来的经济建设经验,为下一个百年征程提供理论支持。

一、1921—1949 年:新民主主义经济理论与中国革命道路探索

俄国十月革命为中国指引了马克思主义的思想路线和社会主义的建设路线,马克思主义政治经济学作为马克思主义的重要组

---

① 《十八大以来重要文献选编》(下),中央文献出版社 2018 年版,第 3—4 页。
② 习近平:《在庆祝中国共产党成立 95 周年大会上的讲话》,《人民日报》2016 年 7 月 2 日。

成部分，对中国革命道路与经济建设路线产生了深远的影响。1921年至1949年是马克思主义政治经济学中国化的第一阶段，是马克思主义基本原理同中国革命与建设的第一次结合，中国共产党主要围绕"如何将马克思主义理论与中国相结合，以实现中国新民主主义革命的胜利，带领人民摆脱资本主义和封建主义压迫"展开理论构建。

新民主主义经济理论兼具阶段性和人民性两大特征：第一，新民主主义时期的阶段特殊性决定了所有制结构中资本主义因素的过渡性；第二，土地革命实现了广大农民经济上和政治上的"翻身"，是中国共产党初心和使命的体现。

1. 新民主主义所有制理论：特殊性与过渡性

新民主主义革命是一场"新式的特殊的资产阶级民主主义的革命"①，是在无产阶级领导之下的人民大众的反帝反封建的革命，是发展到社会主义社会的必经革命，是终结殖民地、半殖民地、半封建社会和建立社会主义社会之间的过渡阶段。因此，"如何从封建社会向社会主义社会过渡"和"如何看待现阶段的资本主义经济成分"是此阶段中国经济革命的两大任务。

在1939年12月的《中国革命和中国共产党》一文中，毛泽东指出现阶段中国的革命在经济上要"把帝国主义者和汉奸反动派的大资本大企业收归国家经营，把地主阶级的土地分配给农民所有，同时保存一般的私人资本主义的企业，并不废除富农经济"②。此时，经济革命的重心放在大资本家和大地主，对一般的私人资本主

---

① 《毛泽东选集》第2卷，人民出版社1991年版，第647页。
② 同上。

义经济成分和富农经济成分采取了缓和的态度。

1940年1月,毛泽东在《新民主主义论》中提出了"节制资本"和"平均地权"①的道路,认为在中国建立的新民主主义共和国的经济构成应包括国营经济、私人资本主义经济、农村合作经济、农村个体经济等。可见,新民主主义经济不仅有社会主义经济成分,而且还包含资本主义经济要素。一方面,社会主义性质的经济主要包括国营经济和农村合作经济,其中,国营经济是整个国民经济的领导力量;另一方面,根据资本的控制力强弱和影响力大小对资本主义性质的经济采取不同的态度,严格节制可以"操纵国民生计"的大资本家的经营活动,如:大地主、大银行家、大买办,将大银行、大工业和大商业收归国有,但由于"中国经济还十分落后的缘故",不禁止"不能操纵国民生计"的其他资本主义经济,即包括中小资产阶级经济在内的一般资产阶级经济。

1945年,《在中国共产党第七次全国代表大会上的口头政治报告》中,毛泽东对资本主义政策问题作了进一步补充,充分肯定了在当前阶段发展资本主义的必要性和重要性,着重批评了"直接由封建经济发展到社会主义经济,中间不经过发展资本主义的阶段"的民粹主义思想。同时,以俄国的社会主义建设路线为例,说明了"不要怕发展资本主义"也不要急于消灭资本主义,在当前阶段,广泛地发展资本主义"只有好处,没有坏处"②。

1947年,毛泽东对新民主主义经济的所有制结构进行了更明确的说明:"总起来说,新中国的经济构成是:(1)国营经济,这是领导的成分;(2)由个体逐步地向着集体方向发展的农业经济;(3)独

---

① 《毛泽东选集》第2卷,人民出版社1991年版,第678页。
② 《毛泽东文集》第3卷,人民出版社1996年版,第322—323页。

立小工商业者的经济和小的、中等的私人资本经济。这些，就是新民主主义的全部国民经济。"①相较于《新民主主义论》中的论述，有了更明确的定义和分类，是对新民主主义经济结构更清晰的解构与剖析。

在1949年3月的七届二中全会中，毛泽东进一步阐释了现阶段中国的私人资本主义工业的作用和应持态度。立足于当时中国经济的落后状况和中国革命斗争的需要，毛泽东肯定了中国的私人资本主义工业在现代性工业中的地位，称其为"一个不可忽视的力量"，认为城乡资本主义成分在经济上是必要的，对于资本主义应"采取恰如其分的有伸缩性的限制政策"，不能"限制得太大太死"，必须"容许它们在人民共和国的经济政策和经济计划的轨道内有存在和发展的余地"，要"尽可能地利用城乡私人资本主义的积极性"，以利于国民经济的向前发展。② 同年9月，《中国人民政治协商会议共同纲领》明确规定，"中华人民共和国经济建设的根本方针，是以公私兼顾、劳资两利、城乡互助、内外交流的政策，达到发展生产、繁荣经济之目的"，指出中华人民共和国的经济成分包括：国营经济、合作社经济、农民和手工业者的个体经济、私人资本主义经济和国家资本主义经济，其中，国营经济起领导作用，领导各经济成分"各得其所"，以促进整个社会经济的发展。③

由此可见，面对生产力水平低下和半殖民地半封建社会的状况，中国共产党坚持理论与现实紧密结合，逐步探索出自己的过渡道路，对新民主主义经济结构的思想认识和政策安排更加明确，始终坚持以人民为中心，带领广大人民从封建主义向社会主义过渡。

---

① 《毛泽东选集》第4卷，人民出版社1991年版，第1255—1256页。
② 同上书，第1431—1432页。
③ 《中共中央文件选集》第18册，中共中央党校出版社1992年版，第589—590页。

第一,始终立足于中国现有的生产力状况,根据当前中国经济发展的特点和需要,在坚持国营经济领导地位的前提下,不但否定了全盘消灭资本主义经济的思想,而且多次强调资本主义经济成分对国民经济恢复和发展的重要性,尤其肯定了私人资本主义在现代性工业中的力量,将资本主义经济作为发展生产、繁荣经济的重要力量。第二,始终立足于新民主主义阶段的过渡性特点,中国共产党没有直接向社会主义跃进,充分认识到发展资本主义不仅对经济发展有益,而且对向社会主义过渡有益,以"恰如其分的有伸缩的"方式发展资本主义既是经济上的必需,也是历史上的必然,盲目全盘消灭资本主义是犯了"左"的错误。第三,始终立足于广大人民生产生活的需要,对操纵国计民生的大资产家、大地主等"特殊的资产阶级"严格节制,带领人民摆脱殖民压迫、摆脱封建压制、摆脱资本剥削,把生产和发展的权力还给人民,带领人民逐步向社会主义过渡。

2. 土地革命与新民主主义革命

在新民主主义经济理论中,土地革命理论是最重要的组成部分之一。没收封建阶级的土地归农民所有是新民主主义革命的三大经济纲领之一。[①] 中国共产党深刻认识到土地问题、农业问题对于人民生活和中国革命的重要意义。土地革命作为经济改革的一部分,激发了农民的生产积极性,推动了农业生产力的发展,同时,土地革命作为新民主主义革命的一部分,服务并服从于革命战争这一主要矛盾,不仅具有重要的经济意义,而且还具有深刻的革命意义,"如果我们能够普遍地彻底地解决土地问题,我们就获得了

---

① 《毛泽东选集》第 4 卷,人民出版社 1991 年版,第 1253 页。

足以战胜一切敌人的最基本的条件"①。

土地革命是中国共产党践行初心和使命的具体体现,党领导人民"打土豪、分田地",为人民根本利益而斗争,让广大农民翻身、解放。毛泽东曾尖锐地指出:"工农群众如果对于他们的生活发生不满意,这不是要影响到我们的扩大红军、动员群众参加革命战争的工作吗?"②因此,能否改良工农生活事关工农联盟这一基本路线,农民生计、农业生产与革命战争紧密相连,经济建设是革命战争的重要环节。对此,毛泽东在《必须注意经济工作》中具体阐述了当前阶段经济建设与革命战争的关系,提出"经济建设必须是环绕着革命战争这个中心任务的",明确指出,在当前阶段,经济建设要"为着""环绕着""服从于"革命战争。③可见,新民主主义经济探索不仅是经济领域的方针和思想,而且也是革命思想的一部分,经济建设不仅为了保障物质供给,而且还"为着改善人民群众的生活,由此更加激发人民群众参加革命战争的积极性;为着在经济战线上把广大人民群众组织起来,并且教育他们,使战争得着新的群众力量;为着从经济建设去巩固工人和农民的联盟,去巩固工农民主专政,去加强无产阶级的领导"④。

在土地革命实践中,中国共产党逐步形成了一套切实可行的土地革命路线、政策和方法,主要包括:在土地分配政策上,实行以乡为单位,按人口平均分配土地;在革命路线和方法上,依靠贫农、雇农,联合中农,限制富农,消灭地主阶级,变封建土地所有制为农民土

---

① 《毛泽东选集》第 4 卷,人民出版社 1991 年版,第 1252 页。
② 《毛泽东选集》第 1 卷,人民出版社 1991 年版,第 120 页。
③ 同上书,第 123 页。
④ 同上书,第 119 页。

地所有制;等等。① "耕者有其田"的土地所有制改革,改变了原有的封建土地所有制,使农民翻身当家作主,满足了农民阶级反贫困、反饥饿、反封建斗争的需要,极大调动起农民阶层的积极性,从而联合农民阶级加入民族统一战线中,扩大并稳固了民族统一战线,为新民主主义革命的胜利打下坚实的物质和社会基础。

正是由于中国共产党始终坚持以人民为中心,坚持为劳苦大众解决有所依的问题,极大地改善了贫困农民的生活,中国共产党领导的农村革命根据地呈现出生机勃勃的景象,与国民党统治区民不聊生的悲惨景象形成鲜明对比,使广大农民分清了国共两党和两个政权的优劣,极大地激发了他们的革命积极性,形成了鱼水相依、血肉相连的党群关系、军民关系。② 1947年,毛泽东在《目前形势和我们的任务》中对土地革命的革命意义给予了充分肯定,他指出,中国新民主主义革命的胜利,"没有一个包括全民族绝大多数人口的最广泛的统一战线,是不可能的"。由于采取了彻底的土地革命,使中国共产党获得了"比较抗日战争时期广大得多的农民群众的衷心拥护"。在保护群众利益的正确方针下,中国共产党还获得了"蒋介石统治区域工人阶级、农民阶级、城市小资产阶级和中等资产阶级的广大群众的同情",从而建立起"比过去任何时期都要广大""比过去任何时期都要巩固"的新民主主义的革命的统一战线。③

综上所言,面对新民主主义时期特殊的社会背景,改革既要解决封建、半封建的社会形态,又要改变普遍贫穷和饥饿的社会状况,还要兼顾战争时期的物质需求。三方面的现实背景要求改革

---

① 《中国共产党简史》,人民出版社2021年版,第50页。
② 同上书,第50—52页。
③ 《毛泽东选集》第4卷,人民出版社1991年版,第1257页。

既要触及封建、半封建制度，又要兼顾战争，还不能忘记人民。土地革命是一条符合中国现实的、独特的革命道路，既与中国革命斗争的现实相符合，又满足了广大人民对改善生活的需要。土地革命通过土地所有制的变革，在政治上，动摇了封建地主阶级的经济基础——土地，从土地所有制角度改变半封建、封建状态，让农民在政治上"翻身"；在经济上，将土地还给人民，保障贫苦大众生产和生活的平等权利，实现了农民经济上的"翻身"，改善了农民生活，从而激发了农民生产积极性，不仅推动了农业发展，而且改变了贫困、饥饿的生活状态；在革命斗争上，土地革命极大激发了广大农民的革命热情，扩大并巩固了民族统一战线，为新民主主义革命的胜利打下物质和社会基础。

二、1949—1978年：计划经济理论与中国工业化道路

新中国成立后，中国进入社会主义革命和建设阶段，这是马克思列宁主义理论同中国革命和建设的具体实际相结合的第二次实现，是计划经济理论指导下的社会主义经济建设，其中，工业化是具有代表性的缩影。"如何将马克思主义理论与中国相结合，以复苏中国经济并稳固新中国政权，逐步改善人民生活"是本阶段中国共产党经济理论的主题。

中国的工业化道路是计划经济理论指导下的社会主义经济实践，以"一五计划"为标志，中国开启了工业化建设与探索。从国家经济发展角度来看，社会主义工业是我国整个国民经济发展中起决定作用的领导力量；从社会主义建设角度来看，社会主义工业是对整个国民经济实行社会主义改造的物质基础。因此，一方面，中国的工业化进程具有鲜明的计划经济特征，既有集中力量办大事

的效率优势,也有片面性、单一性等弊端;另一方面,中国工业化道路同样也是中国特色社会主义道路探索进程的缩影,经历了从学习和效仿苏联模式,到反思苏联模式,再到逐步开辟"与苏联有所不同的中国工业化道路"①的过程,积累了"中国化"的经验与教训。

1. 以重工业为中心,建立起独立、完整的工业体系

毛泽东明确指出,实现国家的社会主义工业化的中心环节是发展国家的重工业,以建立国家工业化和国防现代化的基础。只有建立了重工业,才能使全部工业、运输业以及农业获得发展和改造所必需的装备。②

"如何复苏中国经济并稳固新中国政权"是本阶段中国共产党经济理论的主要议题之一。以重工业开启工业化进程,既是苏联模式的成功经验,也是新中国成立初期的历史需要。一方面,战后中国经济复苏需要依托重工业加速工业化进程。从各国工业化道路来看,以英国为代表的资本主义国家选择了轻工业开启工业化的道路,经历了百年的工业革命。相较之下,苏联以重工业为起点,以重工业拉动农业、轻工业等产业部门的机械化和工业化,在第二个五年计划便实现了国家的工业化。苏联模式为中国实现工业赶超、建立独立完整的工业体系提供了成功经验。另一方面,优先发展重工业是加强国防、巩固新中国政权的需要。在冷战格局下,中国面临着西方国家的封锁禁运,以及周边战争的安全威胁,加快国防建设是巩固新中国政权、保护人民安全的当务之急。然而,在新中国成立初期,生产力有限,工业基础薄弱,中国"能造桌

---

① 《中国共产党简史》,人民出版社 2021 年版,第 186 页。
② 《建国以来重要文献选编》第 4 册,中央文献出版社 1993 年版,第 705 页。

子椅子,能造茶壶茶碗,能种粮食,还能磨成面粉,还能造纸",但"一辆汽车、一架飞机、一辆坦克、一辆拖拉机都不能造"①。因此,需要以重工业为抓手,大力推进国防工业建设,吸取近代中国"落后就要挨打"的教训,避免再次陷入战争,为国内经济恢复和建设提供稳定的社会环境。

2. 平衡产业结构,建立起全面、协调的国民经济体系

在优先发展重工业的同时,中国共产党也强调经济均衡发展的必要性和重要性,提出要妥善处理好工业、农业、轻工业等产业部门的关系。1953年,毛泽东明确指出,"在集中力量发展重工业的同时,必须相应地、有计划地发展交通运输业、轻工业、农业、商业和文化教育事业。如果没有这些事业的相应发展,不但人民的生活不能够改善,人民的许多需要不能够满足,就是重工业的发展和工业化的实现也是不可能的"②。可见,产业均衡发展是经济建设的需要,也是改善人民生活的必要。在社会主义事业建设过程中,中国共产党结合中国实际与反思苏联模式的问题,不断调整工业化道路与社会主义建设布局。

在1956年的《论十大关系》中,毛泽东论述了重工业与农业、轻工业的关系。他提出,重工业是我国建设的重点,必须优先发展生产资料的生产,但是决不可以因此忽视生活资料尤其是粮食的生产,重工业与轻工业、农业的关系必须处理好。要适当地调整重工业和农业、轻工业的投资比例,更多地发展农业、轻工业,可以更好地供给人民的需要,更快地增加资金的积累,因而可以更多、更

---

① 《毛泽东文集》第6卷,人民出版社1999年版,第329页。
② 《建国以来重要文献选编》第4册,中央文献出版社1993年版,第707页。

好地发展重工业。① 在中国的社会主义建设实践中,毛泽东首先肯定了中国在处理产业关系上的政策,"我们没有犯原则性的错误",同时也指出仍需"适当地调整重工业和农业、轻工业的投资比例,更多地发展农业、轻工业"。1957年,在《关于正确处理人民内部矛盾的问题》一文中,毛泽东专门论述了中国工业化的道路,再次阐明了农业、轻工业、重工业发展之间的关系。他指出,在农村人口占全国人口80%以上的大农业国中国,发展工业必须和发展农业同时并举,以此为工业发展提供原料和市场、为重工业积累较多的资金,从而使工业化更好、更快发展,有益于整个国民经济发展。②

可见,中国的农轻重协同发展战略将农业、轻工业、重工业的发展看作整体,从产业布局内部论述了三产业间的协同关系,从社会主义建设全局将人民生活与发展生产结合起来,构建了全面、协调的国民经济发展方针,是对苏联模式的超越与创新,也是对社会主义建设理论的丰富与发展。

3. 加强内陆经济建设,建立起均衡的区域发展格局

长期以来,我国工业主要集中在东部沿海地区。新中国成立之初,我国全部轻工业和重工业仅有30%在内陆,区域间经济发展呈现极端不平衡的状态。因此,为了平衡工业发展的布局,同时防备战争威胁,中国共产党提出要大力发展内陆地区的工业,构建均衡的区域发展格局。

在《论十大关系》中,毛泽东专门讨论了沿海工业和内陆工业的关系问题,提出了改变不合理的工业分布的议题。一方面,要充

---

① 《毛泽东文集》第7卷,人民出版社1999年版,第24—25页。
② 同上书,第241页。

分利用沿海工业的设备能力和技术力量,鼓励和支持沿海原有的轻重工业的扩建和改建,巩固和利用好沿海的"工业老底子"来发展和支持内地工业。同时,依靠轻工业投资周期短、回报率高的优势,提高经济效益。另一方面,要加大新项目在内陆地区的政策倾斜,"新的工业大部分应当摆在内地,使工业布局逐步平衡,并且利于备战"①,充分利用好内陆地区的资源,挖掘内陆地区的发展潜力,逐步改善工业分布的不平衡,推动全国范围内工业化整体化发展。

1964年,根据各省份工业发展情况和特点,毛泽东将全国划分为一、二、三线,提出了"三线建设"问题。三线建设推动了沿海地区工业向内陆大规模迁移,同时,三线建设工程也大规模启动,修建了成昆铁路等铁路线路、贵州六盘水等大型煤矿企业、刘家峡等大中型水电站、四川攀枝花钢铁基地等,很大程度上改变了工业布局不平衡的状况。这些措施不仅改变了西南地区交通闭塞的状况,而且还引进了顶尖的企业、科研院所,为西部地区提供了难得的发展机会,推动了经济建设和国防建设。②

综上所述,中国的工业化道路从学习苏联起步,具有计划经济共同的特点,即,依靠指令性命令等方式,国家是工业化唯一规划者和推动力量,工业发展布局和生产规划都以国家计划为依据,是计划经济管理体制下的工业化建设。随着理论的发展和实践的深入,中国在实践中不断突破苏联模式的框架,传承与发展了马克思主义理论,探索出中国特色的工业化道路。

不可否认,计划经济体制带来了中国工业化和社会主义建设

---

① 《毛泽东文集》第7卷,人民出版社1999年版,第26页。
② 《中国共产党简史》,人民出版社2021年版,第208页。

的飞速发展,但也留下了问题。第一,在社会主义建设过程中,出现了理论与实践相脱节的现象,对马克思主义经典作家的应用超越了中国经济发展的阶段。在所有制方面,过早地消灭了非公有制经济,公有制的单一布局降低了经济发展的活力和效率;在经济体制方面,将商品经济与社会主义相对立,高度集中的计划经济体制降低了经济发展的灵活性,虽然短期内提高了工业化效率,但是长期来看不利于国民经济的健康、可持续发展,为经济发展埋下隐患。第二,背离了以人民为中心,人民生活水平的改善收效有限,短缺经济成为经济的常态。以重工业为中心的工业布局虽然在国防工业、基础设施建设等方面取得了显著成效,但是相较之下,缺乏服务人民的工程,是为了工业化而工业化的发展。1964年,在三五计划初步设想中,中央部署了以农业为基础、以工业为主导的发展国民经济的总方针,目标是基本上解决人民的吃穿用问题。但在"三五"和"四五"的实际计划中,还是转变为"备战第一"的工业发展战略,向建设国防工业和"三线建设"倾斜。因此,"如何将马克思主义理论与中国社会主义建设实践相结合"和"如何将推动经济发展与改善人民生活相结合"是计划经济理论的两大遗留问题。

三、1978—2012年:中国特色社会主义市场经济理论与经济体制改革

在马克思主义与中国实践相结合的过程中,第一次飞跃发生在新民主主义革命,形成了关于中国革命与建设的正确理论和经验总结,找到了有中国特色的革命道路,取得了革命胜利。第二次飞跃发生在十一届三中全会后,形成了关于建设中国特色社会主义的理论,开辟了社会主义建设的新阶段。1978—2012年间,中国

共产党以构建充满生机的社会主义经济体制为目标,总结过往的经验和教训,反思已有的马克思主义政治经济学经典理论,审视现有的国际社会主义经济建设经验,在社会主义和资本主义的判断标准、商品经济与社会主义的相容性、公平与效率的关系等问题上有了新的理论认识,逐步走出中国特色社会主义道路,提出了"发展中国特色社会主义市场经济"的崭新命题,丰富和发展了马克思主义政治经济学。"如何将马克思主义理论与中国相结合,以经济体制改革解放和发展生产力,发展中国特色社会主义市场经济",是这一时期中国共产党经济理论的核心议题。

在回顾和反思过去的基础上,中国共产党认识到,计划经济体制虽然在短期内成效显著,但是,长期来看,单一、僵化的经济体制不利于中国经济的可持续、健康发展,"一大二公三纯四平均"的政策导向阻碍了生产力的发展,不利于改善人民生活。1981年6月,十一届六中全会深刻指出:"社会主义生产关系的发展并不存在一套固定的模式,我们的任务是要根据我国生产力发展的要求,在每一个阶段上创造出与之相适应和便于继续前进的生产关系的具体形式。"[1]同时,明确提出我国的社会主义制度还是处于初级的阶段。[2] 这意味着:第一,我国的经济体制改革和经济制度创新要坚持社会主义原则,不能超越社会主义这一根本制度;第二,我国目前仍处于社会主义的初级阶段,是低级的、未成熟的社会主义,在制度建设和经济实践中,不能超越初级阶段这一基本国情,经济建设必须遵循客观经济规律和自然规律,循序渐进,走出符合国情、符合经济建设规律、有助于改善人民生活的建设道路;第三,现阶

---

[1]《三中全会以来重要文献选编》(下),人民出版社1982年版,第841页。
[2] 同上书,第838页。

段我国所要解决的主要矛盾是人民日益增长的物质文化需要同落后的社会生产之间的矛盾,要以解放和发展生产力为主要任务,为迈向更高阶段的社会主义积累物质基础。因此,构建适合中国国情、适应社会主义初级阶段基本情况、符合经济发展客观规律的经济体制和经济制度,是发展生产力的要求,也是社会主义初级阶段的重要任务。

中国特色社会主义经济制度的构建是对传统社会主义经济制度的重新认识,是对传统社会主义理论的扬弃,也是对市场经济的再理解。传统的社会主义理论将公有制、计划经济、按劳分配作为社会主义经济的三大基本特征,并以此作为社会主义与资本主义的判断标准。1978年以来,中国共产党主要围绕非公有制经济与社会主义经济的关系、公平与效率的关系、价值规律与社会主义的关系三方面,打破对生产资料公有制、计划经济和按劳分配的传统认识,开始了经济体制改革,构建了中国特色社会主义基本经济制度,以更科学、更完善的制度体系引导经济健康发展。

第一,改革所有制制度,打破公有制的教条。中国共产党从肯定和支持非公有制经济入手,逐步突破单一公有制的所有制格局,并将多种所有制经济共同发展的所有制格局制度化。一方面,肯定了非公有制经济的地位和作用。1984年十二届三中全会指出要"积极发展多种经济形式",提出个体经济是和"社会主义公有制相联系的",肯定了个体经济是社会主义经济必要的有益的补充,从属于社会主义经济,同时,明确指出坚持多种经济形式和经营方式的共同发展是我国的长期方针[①];党的十三大针对各经济成分发展状况指出"目前全民所有制以外的其他经济成分,不是发展得太多

---

① 《十二大以来重要文献选编》(中),人民出版社1986年版,第579—580页。

了,而是还很不够"①,强调私营经济是公有制经济必要的和有益的补充。基于此,党的十四大更加肯定了非公有制经济的作用,将非公有制经济提升为社会主义经济的重要组成部分。另一方面,以制度构建公有制为主体、多种所有制经济共同发展的所有制格局。党的十五大将公有制为主体、多种所有制经济共同发展作为我国社会主义初级阶段的基本经济制度,以制度的形式肯定了非公有制经济的合法性,标志着多种所有制经济共同发展的所有制格局成为中国特色社会主义制度的一部分。在此基础上,党的十六大提出了两个"毫不动摇"的方针,进一步明确了处理公有制经济和非公有制经济的根本原则,为深化改革开放、激发非公有制经济活力和创造力提供了有力的制度保障。

第二,改革分配制度,打破平均主义的教条。如何兼顾公平与效率是中国共产党分配制度改革的重点。一方面,否定了平均主义的做法,承认并允许分配中因个人工作能力、地区发展能力等产生的收入差距。1978年12月,邓小平提出,要允许一部分地区、一部分企业、一部分工人农民,由于辛勤努力成绩大而收入先多一些,生活先好起来,由此产生示范力量,推动国民经济向前发展,带动全国各族人民都能较快地富裕起来。②其后,党的十二届三中全会提出建立多种形式的经济责任制,认真贯彻按劳分配原则,突出强调"社会主义不等于平均主义""共同富裕不等于同时富裕"。党的十四届三中全会更具体地阐明了打破平均主义的政策态度,提出劳动者的个人劳动报酬要引入竞争机制,实行多劳多得,合理拉开差距。另一方面,承认差异性的同时注意维护公平,平衡公平与

---

① 《十三大以来重要文献选编》(上),人民出版社1991年版,第31页。
② 《中国共产党简史》,人民出版社2021年版,第223—224页。

效率之间的关系。十三大报告中,中国共产党提出要在促进效率提高下体现社会公平;到党的十四届三中全会,处理公平与效率的原则调整为"效率优先、兼顾公平";再到党的十六大指出"更加注重社会公平"。可见,中国共产党对公平的重视程度日益提高。2003年,党的十六届三中全会通过的《中共中央关于完善社会主义市场经济体制若干问题的决定》中,提出要推进收入分配制度改革,整顿和规范分配秩序,加大收入分配调节力度,重视解决部分社会成员收入差距过分扩大问题,扩大中等收入者比重,提高低收入者收入水平,调节过高收入,取缔非法收入。其后,党的十七大,中国共产党进一步明确指出,初次分配和再分配都要处理好效率和公平的关系,再分配更加注重公平。由此可见,中国特色社会主义分配制度是马克思按劳分配构想的具体化和科学化,既坚持了共同富裕的社会主义原则,又打破了平均主义教条,探索出兼顾公平与效率、先富带动后富的中国特色共同富裕道路。

第三,在经济体制方面,打破了市场经济与社会主义对立的教条,构建起中国特色社会主义市场经济体制。一方面,修正了市场经济的性质。之前很长一段时间,主流观点将市场经济等同于资本主义,市场经济被作为社会主义的"禁忌",带有资本主义的色彩。随着经济的发展和对所有制认识的不断突破,市场经济从资本主义与社会主义的判别工具变为资源配置的手段,逐步与社会主义相结合。党的十一届三中全会指出"应该坚决实行按经济规律办事,重视价值规律的作用"[①],肯定了价值规律在中国经济发展中的作用和重要性;1984年,党的十二届三中全会通过的《中共中

---

① 《三中全会以来重要文献选编》(上),人民出版社1982年版,第6—7页。

央关于经济体制改革的决定》提出"有计划的商品经济"①,明确指出商品经济是社会经济发展的不可逾越的阶段,是实现我国经济现代化的必要条件;党的十三大上,中国共产党提出,新的经济体制"应该是计划与市场内在统一的体制"②,逐步打破了计划和市场的主辅结构,将二者统一于社会主义市场经济体制中。对此,邓小平深刻指出:"我们必须从理论上搞懂,资本主义与社会主义的区分不在于是计划还是市场这样的问题。社会主义也有市场经济,资本主义也有计划控制。"③1992年,党的十四大报告确定中国经济体制改革的目标是建立社会主义市场经济体制,指出"社会主义市场经济体制是同社会主义基本制度结合在一起的"④,从制度上将社会主义与市场经济作为统一的整体。可见,十一届三中全会后,中国共产党开始逐渐打破僵化、大一统的计划经济教条,逐步转变对市场的态度。市场经济从被批判、被排斥开始转变为被借鉴和被学习的对象,市场经济与社会主义的相容性被逐渐肯定。

另一方面,理顺了政府与市场的关系。党的十二大提出了以计划经济为主、市场调节为辅的"主辅论",并划定了指令性计划、指导性计划和市场调节的边界;党的十二届三中全会指出中国实行的不是完全由市场调节的市场经济,同时强调"社会主义计划经济必须自觉依据和运用价值规律,是在公有制基础上的有计划的商品经济",提出要"有步骤地适当缩小指令性计划的范围,适当扩大指导性计划的范围"⑤,逐步调整和完善政府干预经济的方式;党的十

---

① 《十二大以来重要文献选编》(中),人民出版社1986年版,第569页。
② 《十三大以来重要文献选编》(上),人民出版社1991年版,第26页。
③ 《邓小平年谱(1975—1997)》(下),中央文献出版社2004年版,第1323页。
④ 《十四大以来重要文献选编》(上),人民出版社1996年版,第19页。
⑤ 《十二大以来重要文献选编》(中),人民出版社1986年版,第568—569页。

三大明确提出要由国家来调节市场,由市场来引导企业,将市场作为中介嵌入社会主义初级阶段的经济运行机制中,其中,主体是企业,运行的基础是市场,运行的领导是国家;1992年,中国共产党在十四大上提出"我们要建立的社会主义市场经济体制,就是要使市场在社会主义国家宏观调控下对资源配置起基础性作用"[①],在肯定了市场对资源配置起基础性作用的同时,也规定了国家宏观调控作为其发挥作用的前提;党的十五大不再将国家宏观调控作为前提,而是将二者作为并列关系——既要发挥市场对资源配置的基础性作用,又要健全宏观调控体系。此后,市场在资源配置中的作用越来越突出,党的十六届三中全会强调要"更大程度地"发挥市场在资源配置中的基础性地位,为新时代将市场的作用提升为"决定性作用"奠定了制度和理论基础。

综上所言,中国共产党本阶段的经济理论及其实践探索与之前相比,具有以下特点。

1. 突破了社会主义与计划经济关系的认知,实现对苏联模式的超越

中国共产党逐渐破除社会主义与计划经济关系认识的教条,指明计划经济不是社会主义经济的本质特征,突破了社会主义与计划经济关系的认知。一方面,将社会主义与计划经济"解绑",承认计划经济体制和市场经济体制都是发展社会主义制度的具体实现形式,肯定了计划和市场都是发展社会主义经济的工具;另一方面,将资本主义与市场经济"解绑",破除了对"市场"的意识形态偏见,逐渐突破对苏联模式的盲目崇拜,明确提出"社会主义市场经

---

① 《十四大以来重要文献选编》(上),人民出版社1996年版,第19页。

济体制"这一概念。同时,理论的进步推动了改革的深化。在经济体制方面,我国实现了从传统计划经济,到计划经济为主、市场调节为辅,到有计划的商品经济,再到社会主义市场经济体制改革的转变。中国不仅在东欧剧变、苏联解体等动荡的国际环境中仍然坚持社会主义道路,而且还探索出新的社会主义经济发展模式,创造性地实现了社会主义与市场经济的有机融合。

2. 深化了市场与政府关系的认知,实现对西方模式的超越

在西方经济理论中,市场与政府是非此即彼的对立关系,而中国共产党实现了对西方模式的超越,打破了市场与政府关系的简单对立,实现了二者关系的新建构。一方面,中国共产党肯定了价值规律的作用,使市场在资源配置中的作用越来越突出;另一方面,中国共产党始终强调将"有效市场"和"有为政府"有机结合,保持二者的良性互动。基于此,中国在资源配置方面,既有社会主义"集中力量办大事"的制度优势,又弥补了市场配置资源的固有弊端,将"看不见的手"与"看得见的手"有机结合,使资源配置更高效、更公平、更合理。

可见,中国特色社会主义市场经济体制不是将社会主义与市场经济的简单相加,而是机制体制的重构与再造,突破了社会主义只能实行计划经济的教条认识,同时也保持了坚持公有制主体地位、坚持共同富裕等社会主义原则和政策,实现了政府与市场关系的新建构,既超越了传统的计划经济模式,又超越了资本主义市场经济模式。[①]

[①] 周文、程广明:《新中国 70 年中国政治经济学的理论演进与实践发展》,《经济学家》2020 年第 2 期。

诚然,相较于第一、第二阶段的经济理论,中国共产党对于"社会主义与资本主义的判断标准""如何发展中国特色社会主义经济"等问题有了诸多新的认识,在思想指导、方针政策、实际工作上有很大差别。但是,改革开放前与改革开放后的历史、理论不是彼此割裂、根本对立的,中国特色社会主义市场经济理论更不是对新民主主义经济理论和计划经济理论的推翻与重建。相反,改革开放前的社会主义实践探索为改革开放后的社会主义实践探索积累了条件,改革开放后的社会主义实践探索是对前一个时期的坚持、改革、发展。习近平强调:"对改革开放前的社会主义实践探索,要坚持实事求是的思想路线,分清主流和支流,坚持真理,修正错误,发扬经验,吸取教训,在这个基础上把党和人民事业继续推向前进。"①

四、2012 年至今:新发展理念与现代化经济体系建设

改革开放以来,中国经济得到了飞速发展,解决了社会生产力落后的问题,成为世界第二大经济体。然而,在取得辉煌成就的同时,粗放式的发展模式也遗留了诸多问题。新时代,中国经济进入了经济发展的新常态,带来了新速度、新方式、新结构、新动力——经济增速放缓,发展方式向质量效率型转化,经济结构向调整存量、做优增量转化,发展动力向创新驱动转化。这意味着,新时代中国共产党要致力于构建更高质量、更高水平、更高形态的现代化经济体系。因此,"如何将马克思主义理论与中国所处的新发展阶段相结合,以新发展理念实现高质量发展,建设现代化经济体系,

---

① 习近平:《论中国共产党历史》,中央文献出版社 2021 年版,第 4 页。

不断满足人民对美好生活的需要",是新时代中国共产党经济理论需要解答的中心问题。

党的十八届五中全会明确提出了以人民为中心的发展思想,提出了创新、协调、绿色、开放、共享的"五大发展理念",在科学发展观基础上进一步提出并回答了发展动力(创新)、发展方式(协调和开放)、发展性质(绿色)和发展价值(共享)问题,其问题导向就是我国当前发展的结构和质量。① 中国共产党在深刻总结国内外发展经验教训、剖析国际国内发展趋势的基础上,立足于新时代中国发展的新常态,科学地回答了在由高速发展转向高质量发展阶段,中国的现代化经济体系"建设什么""如何建设""为谁建设"三个问题,标志着中国共产党对中国经济发展规律的认识达到了新高度,为把握新发展阶段、构建新发展格局提供了理论依据。

第一,现代化经济体系要以创新为发展动力。党的十九大提出我国社会主要矛盾已经从人民日益增长的物质文化需要同落后的社会生产之间的矛盾转化到人民日益增长的美好生活需要和不平衡不充分的发展之间的矛盾。这意味着:一方面,我国经济在量的增长方面取得了显著成果,摆脱了落后的社会生产力的状况,从"量的增长"为中心转化到"质的增长"为中心的新发展阶段;另一方面,长期粗放式发展方式造成了经济发展的不平衡和不充分,因此,发展方式的转型升级成为急需解决的问题,要加快从要素驱动、投资规模驱动发展向以创新驱动发展为主转变。创新发展是包含制度创新、文化创新、管理创新、知识创新等在内的全面创新,

---

① 周文、包炜杰:《中国特色社会主义政治经济学研究》,复旦大学出版社 2020 年版,第 45 页。

其中,科技创新是核心。① 习近平认为,我国创新能力不强,科技发展水平总体不高,科技对经济社会发展的支撑能力不足,科技对经济增长的贡献率远低于发达国家水平,这是"我国这个经济大个头的'阿喀琉斯之踵'"②。为此,他强调,加快科技创新是推动高质量发展、实现人民高品质生活、构建新发展格局和顺利开启全面建设社会主义现代化国家新征程的需要。建设现代化经济体系,推动质量变革、效率变革、动力变革,都需要强大科技支撑。③ 因此,在构建现代化经济体系的过程中,要坚持以创新为引领发展的第一动力,同时,加快转变政府职能,推进产学研用一体化,完善创新投入机制和科技金融政策,给予科技发展有利的政策环境,将创新作为我国建设现代化经济体系、转变发展方式、转换增长动力的重要驱动力量。

第二,现代化经济体系要坚持协调的发展方式,保持经济发展的整体性和平衡性。一方面,调整产业结构,构建协调的现代化产业体系。现代化产业体系是现代化经济体系的物质基础。如前所述,在新中国成立初期,计划经济理论将现代化与工业化相等同,片面强调工业化的发展,诚然,工业化为现代化提供了坚实的物质基础,但是也带来了产业结构失衡、环境污染等问题,违背了现代化的本质要求。④ 因此,工业化不等于现代化,社会主义现代化是一个内涵丰富的整体。党的十八大明确提出工业化、信息化、城镇化、农业现代化"四化"同步发展,可见,中国共产党对现代化的认

---

① 周文、包炜杰:《中国特色社会主义政治经济学研究》,复旦大学出版社 2020 年版,第 46 页。
② 《十八大以来重要文献选编》(中),中央文献出版社 2016 年版,第 825 页。
③ 习近平:《在科学家座谈会上的讲话》,人民出版社 2020 年版,第 3 页。
④ 周文、程广明:《新中国 70 年中国政治经济学的理论演进与实践发展》,《经济学家》2020 年第 2 期。

识不断深化和全面,从单一的、局部的现代化逐步走向统一的、全局的现代化。另一方面,调整改革路径,深化供给侧结构性改革。在改革开放初期,改革主要集中在需求侧,通过引入市场机制、强化竞争机制等方式,推行市场化改革,强调消费在"三驾马车"的突出作用,而供给侧的改革相对较少。当前,制约经济发展的既有需求因素,也有供给因素,但主要矛盾在供给侧的不平衡和不充分,建设现代化经济体系需要解决好供给相对不足和供给结构性失衡的问题。对此,中国共产党指出,建设现代化经济体系要将改革重点集中在供给侧,最终目的是满足需求,根本途径是深化改革;要以发展实体经济为着力点,提高全要素生产率;要以提高供给体系质量为主攻方向,增强我国经济的质量优势。

第三,现代化经济体系要坚持全面的发展布局,构建新发展格局。在新中国成立初期,中国共产党将发展重心集中在国内大循环,构建起以工业化为主体的资本原始积累。随着改革开放政策的深入,依靠中国的劳动力、资源、市场等优势,逐渐建立起以出口为导向的外向型经济。现在,中国国内经济中的不平衡不充分发展成为主要矛盾,国际经济中不确定性增强、摩擦增多,因此,面对新时代国内外的新背景,现代化经济体系需要构建新的发展格局。党的十九届五中全会作出了加快构建以国内大循环为主体、国内国际双循环相互促进的新发展格局的战略抉择,将构建新发展格局作为应对新发展阶段机遇和挑战、建设现代化经济体系的战略选择。具体来说,新发展格局的主体是以国内统一大市场为基础的国内大循环,通过激发内需的潜力来拉动国际循环,利用好国内国际两个市场、两种资源,以国际循环提升国内大循环的效率和水平,使国内循环和国际循环统筹起来、联通起来,形成中国经济新的国际经济竞争优势,增强中国经济体系的内外联动性、稳定性和独立自主性。同时,要以"一带一路"建设为重点,推动形成全面开放新格局,通过加强政策沟通、道路联通、贸易畅通、货币流通等方式,与"一带一路"沿线国家共商、共建、共享,持续深化要素流动型开放、稳步拓展制度型开放。

第四,现代化经济体系要求可持续的绿色发展。环境问题既是发展所导致的问题,又要在发展的过程中得以解决。党的十八大指出,建设中国特色社会主义,总布局是社会主义经济建设、政治建设、文化建设、社会建设、生态文明建设"五位一体",将生态文明建设与经济建设等其他建设方面统筹起来,实现可持续的绿色经济现代化。一方面,中国共产党提出了"绿水青山就是金山银山"的发展理念,指出人与自然是"生命共同体"。习近平强调,保护环境就是保护生产力,改善环境就是发展生产力,在生态环境保护上,一定要树立大局观、长远观、整体观[①]。因此,在发展的同时要尊重自然、顺应自然、保护自然,与自然和谐共生,走生产发展、生活富裕、生态良好的文明发展道路。另一方面,中国共产党坚持在发展中解决发展所带来的问题,通过转变经济发展方式推动可持续发展。在经济发展初期,我国存在以牺牲自然环境换取经济发展的现象,环境污染严重、生态系统退化。因此,生态环境问题,归根到底是生产方式和生活方式的问题。绿色发展既是现代化经济体系的要求,又是建设现代化经济体系的途径。十八大以来,中国共产党通过能源革命,推动能源结构调整,提高新能源和可再生能源比重;通过提高生态环保标准,倒逼企业改造升级,淘汰落后企业;通过大力发展绿色金融,为绿色产业吸引和积累资金支持;通过"限塑令""光盘行动"等政策引导,逐渐改变消费者消费习惯,

---

① 《十八大以来重要文献选编》(下),中央文献出版社 2018 年版,第 165 页。

构建国家、企业、人民一体的生态环境"治理共同体"。将制度约束与法律约束并行、将约束性政策与鼓励性政策并行、将供给侧管理与需求侧管理并行,加快建设绿色、可持续的现代化经济体系,共建美丽中国。

第五,现代化经济体系要以人民为中心,坚持共享发展理念。让广大人民群众共享中国的发展成果,是社会主义的本质要求,是社会主义制度优越性的集中体现,也是中国共产党坚持全心全意为人民服务根本宗旨的重要体现。中国共产党坚持发展成果全民共享,强调全面建成小康社会的核心要义不仅是"小康",更重要的是"全面",没有覆盖全民的小康社会,不能被称为"全面小康"。为此,中国共产党坚持实施区域协调发展战略和乡村振兴战略,始终把解决绝对贫困问题作为国家治理的重点。党的十八届五中全会把农村贫困人口脱贫作为全面建成小康社会的基本标志,确保到2020年我国现行标准下农村贫困人口实现脱贫、贫困县全部摘帽、解决区域性整体贫困。同时,提出了"精准扶贫"理念,坚持实事求是的原则,对脱贫攻坚工作实施因地制宜、分类指导、精准扶贫,这标志着我国扶贫方式的重大转变。2021年2月,习近平庄严宣告我国脱贫攻坚战取得了全面胜利,现行标准下9899万农村贫困人口全部脱贫,832个贫困县全部摘帽,12.8万个贫困村全部出列,区域性整体贫困得到解决,完成了消除绝对贫困的艰巨任务①。

综上所言,新发展理念是我国现代化建设的指导原则和行动指南,集中体现了新时代我国经济发展的思路、方向和着力点,集中回答了构建现代化经济体系的动力、方式、路径和目的,集中反映了党对经济社会发展规律认识的深化,将中国共产党经济理论

---

① 习近平:《在全国脱贫攻坚总结表彰大会上的讲话》,人民出版社2021年版,第1页。

发展到了新的高度。

坚持理论与现实相结合的基本原则,中国共产党逐渐探索出中国特色社会主义经济发展道路,构建起中国特色社会主义市场经济体制。在新民主主义时期,立足于中国革命需要和社会发展情况,中国共产党以新民主主义经济理论为指导,对资本主义经济实施"恰如其分的有伸缩的"发展政策,并带领人民开展了土地革命,为新民主主义革命奠定了经济和社会基础;新中国成立后,面对百废待兴的国内经济状况和危机四伏的国际环境,中国共产党以计划经济理论为依据,大力发展工业化,加快步伐恢复经济、维护国防安全;改革开放后,中国共产党提出了"中国特色社会主义市场经济体制"这一全新概念,构建起中国特色社会主义所有制制度、分配制度等,实现对苏联模式和西方资本主义模式的超越;进入新时代后,在反思中国发展成就和存在问题的基础之上,中国共产党提出了新发展理念,推动经济发展动力、目标、方式的变革,推动建设现代化经济体系。

坚持以人民为中心的根本原则。"中国共产党人的初心和使命,就是为中国人民谋幸福,为中华民族谋复兴。这个初心和使命是激励中国共产党人不断前进的根本动力。"[①]新民主主义时期,中国共产党通过土地革命将土地归还给人民,实现人民对基本生活资料——土地的需要,使人民得到经济上和政治上的解放;新中国成立初期,中国共产党通过加强工业化和国防建设,保障和平、稳定的建设环境,并通过协调农轻重发展逐步改善人民生活;1978年后,改革开放使社会生产力得到了解放和发展,中国共产党带领中

---

① 习近平:《决胜全面建成小康社会 夺取新时代中国特色社会主义伟大胜利——在中国共产党第十九次全国代表大会上的报告》,人民出版社2017年版,第1页。

国逐步摆脱短缺经济的状态,使人民收入大幅提高,为改善人民生活提供了物质保障;到了新时代,在中国共产党的领导下,中国告别了千年绝对贫困,带领全体人民迈入小康社会,同时,中国共产党把"共享"写入发展理念,将改善人民生活和经济发展看作统一的整体,致力于在发展中不断满足人民日益增长的美好生活需要。

第五章 大国之魂：中国共产党百年初心使命与中国奇迹

[本章核心观点]

百年来，中国共产党牢记"为中国人民谋幸福，为中华民族谋复兴"初心和使命，将其凝结为中国国家治理的"大国之魂"。站在两个一百年目标的历史交汇点，回顾百年来中国在中国共产党领导下进行经济建设的历程，可以清晰地发现，中国共产党始终站在维护最广大人民群众利益的立场，坚持以人民为中心，在社会主义革命和建设的不同历史时期与时俱进，相继推进和完成土地革命、社会主义经济建设探索、改革开放以及全面建成小康社会，创造了世所罕见的经济快速发展奇迹和社会长期稳定奇迹。通过本章分析，可以看到中国共产党的百年初心使命作为"大国之魂"，是取得中国奇迹的关键，党的领导保障了人民的利益在各个阶段的实现。同时也反映出，百年来政治经济学中国化取得的伟大成就。

1921年，在马克思主义经典理论和俄国十月革命的实践经验指导下，中国共产党在上海召开了第一次全国代表大会，宣告了中国共产党的正式成立。这是中国历史上第一个以共产主义为目的的工人阶级政党，它的诞生为中国革命带来了新的希望，开启了中国历史的新篇章。习近平总书记在十九大报告中提出，中国共产党人的初心和使命，就是为中国人民谋幸福，为中华民族谋复兴。这个初心和使命是激励中国共产党人不断前进的根本动力。一百年来，中国共产党牢记初心和使命，团结带领中国人民顽强奋进，创造了世所罕见的经济快速发展奇迹和社会长期稳定奇迹。站在两个一百年目标的历史交汇点，回顾百年来中国在中国共产党领导下进行经济建设的历程，感悟不同历史时期党如何践行初心和使命，探索百年来政治经济学中国化取得伟大成就的关键因素，可以更加深刻地理解中国共产党在中国经济发展历史上的伟大作用。

一、土地改革与新民主主义革命的胜利

自近代以来，中华民族苦难深重，中国逐渐沦为半殖民地半封建的国家。旧中国是一个贫困而落后的国家，中国共产党正是在民族危难之际诞生的。我们党深刻地认识到解决农民问题是中国革命的根本问题，而农民问题的关键就是土地问题，旧中国的封建

土地制度导致广大农民长期受到地主阶级的压迫和剥削,要实现人民解放就必须推翻封建土地制度,对土地制度进行彻底改革。因此,新民主主义革命在经济领域最重要的内容就是土地改革。革命时期的土地政策导向由争取土地经济权利、部分废除封建土地所有制转向彻底废除封建土地所有制,主要经历了三个阶段:土地革命时期、抗日战争时期和解放战争时期,每一阶段的成功都离不开中国共产党的领导,可以说,没有中国共产党就没有新民主主义革命的胜利。

1. 土地革命建立农民土地所有制

中国土地革命时期的土地政策是中国共产党将马克思主义理论与中国革命实践相结合的产物,并在具体实践中不断修改和调整。中国共产党自1921年成立以来就十分重视农民问题。第一次国内革命战争时期,由于受到党内右倾机会主义的影响,轰轰烈烈的大革命失败了,中国革命随之陷入低潮。中国共产党吸取了大革命失败的经验教训,逐渐意识到要取得革命的胜利就必须依靠广大农民群众的力量,而解决农民的土地所有权问题是赢得农民支持的关键。1927年的八七会议纠正了右倾的错误路线,毛泽东提出农村包围城市、武装夺取政权的道路,并在井冈山建立了中国革命的第一块农村革命根据地,从此中国进入土地革命时期。1928年,中国共产党历史上第一部土地法《井冈山土地法》颁布,其中规定了"没收一切土地"的政策,旨在从根本上瓦解封建土地制度的束缚。随着土地改革的推进,党的六大结合《井冈山土地法》的实践经验,进一步讨论了土地问题并通过了《土地问题议决案》,明确规定了中农是巩固的同盟者,过去反对富农的斗争是不对的,由此全党对土地问题的认识有了一次大的跨越。1929年4月颁布的《兴国土地法》将"没收一切土地"改为"没收一切公共土地及地主阶级的土地",区别对待地主富农,更正了土地革命的没收对象,并且将没收的土地分给无田地及少田地的农民耕种使用。

经过几年的实践,虽然各根据地在土地革命中曾出现过重打击富农的"左"倾现象,但中国共产党及时纠正错误,几十万贫苦农民在这场土地革命中获得了土地。一方面,通过立法建立的农民土地所有制调动了农民的生产积极性,发展了革命根据地的农村经济;另一方面,中国共产党在这场土地革命中赢得了广大农民的支持,为革命注入了坚实的力量,为进一步扩大革命根据地发挥了重要作用。

2. "减租减息"取得抗日战争胜利

20世纪30年代,日本帝国主义加紧了对中国的侵略,使得中华民族与日本帝国主义的矛盾上升为中国社会主要矛盾,国内的阶级矛盾降到了次要地位。1937年"七七事变"发生后,全国性的抗日战争正式爆发,这一时期,中国共产党最重要的使命是领导人民抵御外族侵略,捍卫国家完整。在危难之际,中国共产党必须团结一切可以团结的人和力量来对抗日本帝国主义的侵略。为建立和巩固抗日民族统一战线,我们党对土地政策做出了重大调整,中共陕北洛川会议正式决定以"减租减息"作为抗日战争时期的土地政策。"减租减息"政策一方面削弱了地主对农民的剥削,使农民阶级得到经济利益,在一定程度上改善了生活,另一方面在对地主实行减租减息后,同时也实行交租交息,保障地主对土地的所有权和财产权。抗日战争时期"减租减息"政策的推行既发动了广大农民阶级的抗战热情,又联合了地主阶级,有效地团结了全国的力量,巩固和扩大了抗日民族统一战线,为赢得抗战的胜利积蓄了革命力量。

中国共产党在抗日战争时期的土地政策反映出我们党对主要矛盾的变化作出了及时且正确的判断,只有保卫国家完整才能够为人民谋幸福。在特殊时期,减租减息的政策虽然放慢了消灭封建土地制度的步伐,但有效地团结了各个阶级的抗日力量,为抗日战争取得胜利奠定了经济基础。

3. 实行"耕者有其田"促进解放战争胜利

抗日战争结束后,中国社会的主要矛盾再次发生变化,国内阶级矛盾取代民族矛盾成为新的主要矛盾。在解放战争时期,农民要求进一步消除封建剥削的土地制度,获得耕种土地。为满足农民对土地的迫切要求,1946年,中共中央发出《关于土地问题的指示》,即"五四指示",改变了抗战时期"减租减息"的土地政策,推行没收地主土地分配给农民的土地政策。"五四指示"下达后,各解放区根据指示精神,组织大量干部深入农村,按照各地区实际情况积极开展土地改革,大大激发了农民革命的热情。为进一步取得解放战争的胜利,调动广大农民的生产积极性,中国共产党于1947年公布了《中国土地法大纲》,在肯定"五四指示"精神的基础上明确规定"废除封建性及半封建性剥削的土地制度,实行耕者有其田的土地制度"[①]。1948年4月,毛泽东完整地提出"依靠贫农,团结中农,有步骤、有分别地消灭封建剥削制度,发展农业生产"的土地革命总路线,解放区的土地改革运动由此推向高潮,为了巩固土地改革的胜利果实,农民踊跃参军,有力地保障了人民解放战争迅速

[①]《建党以来重要文献选编(一九二一——一九四九)》第24册,中央文献出版社2011年版,第417页。

取得胜利。

解放战争时期,中国共产党通过实行"耕者有其田"的土地政策把广大农民的切身利益与革命事业联系在一起,农民群众为了保卫土地改革的胜利果实,支持中国共产党并参与革命,为促进解放战争的胜利提供了雄厚的人力和物力。

4. 中国共产党始终维护最广大人民群众的利益

1921年至1949年间的旧中国战乱频繁,国力贫弱,新民主主义革命的伟大胜利离不开中国共产党的领导。中国共产党团结带领全国人民经过了28年的浴血奋战,终于推翻了帝国主义、封建主义、官僚资本主义的反动统治,战胜了日本帝国主义侵略者,取得了解放战争的节节胜利。我们党在新民主主义革命期间发展壮大,得益于以人民为中心的土地改革深得民心。在不同的历史阶段,我党根据形势的变化制定相适应的土地政策,在实践中日益完善和发展土地制度,无论是土地革命时期"没收一切土地",或是抗日战争时期"减租减息",还是解放战争时期"耕者有其田",中国共产党在每一个阶段制定的土地政策始终是为了维护最广大人民群众的利益,从因此赢得了人民群众的广泛支持。

为中国人民谋幸福、为中华民族谋复兴是中国共产党的初心和使命。在新民主主义革命时期,初心使命阶段性地表现为推翻压在中国人民头上的三座大山,建立民族独立、人民解放的新中国。1949年中华人民共和国的成立证明,中国共产党没有辜负人民,在一代代共产党人的艰苦奋斗下,人民群众终于迎来了新中国。新中国的成立标志着中国人民从此以崭新的姿态屹立于世界民族之林,开启了中国历史的新纪元,为新中国未来的经济建设奠定了基础。

二、恢复国民经济与初步探索社会主义经济建设

新中国成立初期,由于长期战乱,国民经济受到了严重的破坏,中国共产党面临的是一个一穷二白、百废待兴的中国。领导中华民族在世界之林站起来,改善中国人民的生活水平是我们党在这一历史阶段的首要任务。改善人民的生活水平最重要的是发展生产力,在中国共产党的带领下,新中国逐渐恢复了国民经济。为了进一步解放和发展生产力,我们党以马克思主义的理论和苏联的实践为指导,积极探索政治经济学中国化的道路,团结带领人民创造性地进行社会主义改造,确立社会主义基本制度,大规模开展社会主义经济、文化建设,实现了从社会主义革命到社会主义建设的历史性跨越。实践证明,政治经济学的中国化为社会主义实践提供了正确的理论指导。

1. 恢复国民经济生机活力

1949年10月中华人民共和国成立,建立了新民主主义经济制度。新民主主义革命在政治上已经取得了胜利,但是在经济方面还没有完成任务。可以说,是从中华人民共和国成立以后,新中国才开始有计划、有规模地进行国民经济建设。

首先,农村的土地改革在全国范围内尚未完成,封建剥削制度仍有遗留,解决农民的土地问题依然是我们党的工作重点。1950年,中央人民政府公布了《中华人民共和国土地改革法》,明确规定了土地改革的目的是废除地主阶级封建剥削土地所有制,实行农民土地所有制。以毛泽东为代表的共产党人继承了革命时期土地改革的经验,有计划有组织地在全国开展了中国历史上规模最大

的一次土地改革。到 1952 年底,全国土地改革的任务基本完成,彻底摧毁半殖民地半封建的经济制度,实现了"耕者有其田"的目标。将封建地主阶级的土地分给农民所有,调动了广大农民的生产积极性,极大地解放了农村的生产力,农业生产得到迅速的恢复和发展,农民生活水平有了明显提高。"如以 1949 年粮食与棉花的总收获量各为 100,则三年来增长的百分比为:1950 年粮食 117,棉花 160;1951 年粮食 128,棉花 235;1952 年粮食 145,棉花 291。"[①]

其次,中国共产党在接管城市时,没收以四大家族为首的垄断资本归国家所有。这些官僚垄断资本于是成为了新中国初期的国有经济,由国家统一经营,社会主义经济力量迅速壮大。党和国家掌控了国营经济也就掌握了国民经济的命脉。同时,保护民族资本主义经济,包括保护地主、富农经营的工商业,私人经济是允许存在的,并且国家鼓励和支持发展资本主义经济。因此,新民主主义社会时期,我国的经济结构是五大经济成分并存,即国营经济、合作社经济、个体经济、私人资本主义经济和国家资本主义经济分工合作,各得其所。据统计,1952 年底国营经济在国民收入中占 19.1%,合作社经济占 1.5%,个体经济占 71.8%;私人资本主义经济占 6.9%,国家资本主义经济占 0.7%。

在这一阶段,我国经济得到了全面恢复和初步发展,1952 年,全国工农业总产值 810 亿元,比 1949 年增长 77.6%,按可比价格计算,1952 年的国民收入比 1949 年增长 69.8%[②]。国民经济重新

[①] 《中央人民政府国家统计局关于一九五二年国民经济和文化教育恢复与发展情况的公报》,《山西政报》1953 年第 19 期。
[②] 《中国共产党的九十年(社会主义革命和建设时期)》,中共党史出版社、党建读物出版社 2016 年版,第 414 页。

恢复生机活力是实现人民生活改善的第一步,也是开始探索社会主义经济建设的前提条件。

2. 社会主义经济建设的初步探索

1952年底,个体经济在国民经济中占据优势地位,也是最活跃的经济成分。然而我国的农民和手工业者个体经济具有分散落后、劳动生产率低下等特点,以生产资料私有制为基础的生产关系已经不能适应我国生产力发展的要求,严重束缚了劳动者生活的改善。为了推动社会主义经济进一步发展,毛泽东于1953年正式提出党在过渡时期的总路线和总任务,要在10到15年或者更多一些时间内,基本完成国家工业化,对农业、手工业、资本主义工商业的社会主义改造,即"一化三改造"。

由于中国是一个落后的农业大国,工业基础非常薄弱,而苏联的工业化模式能够帮助中国迅速建立起工业化基础,因此党中央决定学习苏联高度集中统一的计划经济模式,制定了"一五"计划,确定了优先发展重工业的战略目标。我国开始大规模经济建设,兴建大批大型工业企业。为了与社会主义工业化相适应,我们党也加快了对各经济领域的社会主义改造。我们党延续了在新民主主义时期对民族资产阶级和农民作为革命同盟军的认识,不走其他国家的强制道路,在保护和促进生产力的前提下推进社会主义改造①。对农业和手工业都采取合作化的方式进行社会主义改造,将农民、手工业者从个体经济转变为相互合作的集体经济;对民族资产采用和平赎买的方式,将民族资本主义私有制企业转变

---

① 洪银兴:《中国共产党百年经济思想述评》,《东南学术》2021年第3期。

为社会主义国营企业。到 1956 年底，我国基本完成了三大改造，五大经济成分并存的经济制度转变成了单一的公有制经济，这是一次重大的经济制度变革，我国由此建立了社会主义的经济制度。

社会主义改造的本意是为了促进社会社会生产力发展，从而改善人民生活，然而在实施的过程中求之过急，脱离了生产力发展的实际情况，追求"一大二公三纯"的标准，因此导致社会主义经济丧失活力，在一定程度上制约了国民经济的发展。中共八大明确指出："我们国内的主要矛盾，已经是人民对于建立先进的工业国的要求同落后的农业国的现实之间的矛盾，已经是人民对于经济文化迅速发展的需要同当前经济文化不能满足人民需要的状况之间的矛盾。"根据主要矛盾的变化，中国共产党在这一阶段的初心使命就调整为使中国在世界站稳脚跟，改善中国人民的生活水平。然而后来由于党内出现了一些"左"的倾向，从而使党对社会主要矛盾的认识出现偏误，社会主义经济建设走上曲折的道路。1958 年的"大跃进"和人民公社化运动造成了国民经济比例严重失调。为了纠正这一时期的"左"倾错误，党中央提出"调整、巩固、充实、提高"的方针，对恢复国民经济起到了积极作用。然而 1966 年开始的"文化大革命"使得中国社会主义建设走了大弯路，导致在很长一段时间里，中国的国民经济发展缓慢，人民生活水平未见明显提高。

3. 社会主义经济建设的初步成果

从新中国成立到改革开放前，中国共产党带领全国人民对社会主义经济建设进行了曲折的探索，"我们尽管犯过一些错误，但我们还是在三十年间取得了旧中国几百年、几千年所没有取得过的进步"①。在这一阶段,马克思主义政治经济学中国化取得了阶段性的成果,我们国家确立了社会主义基本制度,推进社会主义经济建设,实现了中华民族有史以来最广泛而深刻的社会变革。中国共产党团结带领中国人民自力更生,集中力量办大事,建立起完整的工业体系和国民经济体系。

1952年我国国内生产总值为679.1亿元,1978年已经达到3678.7亿元,虽然期间有些年份的经济增长出现了下降,但整体来看,1952年至1978年我国GDP年均增长率仍高达6.71%②。就人均水平来说,1952年我国人均GDP为119元,1978年人均GDP为385元,是1952年的三倍有余。数据表明,1961—1978年间,无论是实际GDP增长速度还是人均GDP增长速度,中国的发展速度均远远高于美、英、法、澳、加等国,只低于日本的水平③。从经济结构来看,新中国成立至改革开放前,我国已经完成了从农业大国向工业大国的转型。1952年我国国内生产总值中,第一产业的占比为50.5%,第二产业的占比为20.8%,到了1978年,第一产业的占比下降为27.7%,而第二产业的占比上升为47.7%④。我国主要工业制成品产出、主要农产品产出在计划经济时期都取得了惊人的增长。1978年,我国钢产量跃居为全球第四位,也成为了世界第八产油大国,粮食产量世界第二,棉花产量世界第三⑤。正是计划经济时期的物质积累和生产力的发展为中国之后的发展奠定了坚实的基础。

---

① 《邓小平文选》第2卷,人民出版社1994年版,第167页。
② 数据来源:国家统计局,https://data.stats.gov.cn/easyquery.htm?cn=C01。
③ 陈波:《应客观评价社会主义前30年的经济成就》,《海派经济学》2019年第3期。
④ 数据来源:国家统计局,https://data.stats.gov.cn/easyquery.htm?cn=C01。
⑤ 江宇:《大国新路:中国道路的历史和未来》,中信出版社2019年版,第135页。

三、改革开放与中国奇迹

1978年,党的十一届三中全会召开,会议作出实行改革开放的历史性决策,这是自新中国成立以来,我们党历史上一次意义深远的伟大转折。在邓小平的领导下,我们党和国家的工作重心从以阶级斗争为纲转移到以经济建设为中心。在这一阶段,我们党对"什么是社会主义"以及"如何建设社会主义"的问题有了认识上的突破,邓小平指出"贫穷不是社会主义,更不是共产主义",并且提出建设社会主义的中心任务就是发展社会生产力。我们党在实践中作出了社会主义初级阶段的重要论断,这是马克思主义政治经济学中国化的一次历史性突破,明确了这个阶段的社会主要矛盾是"人民日益增长的物质文化需要同落后的社会生产之间的矛盾"。为了解放和发展生产力,我国以经济体制改革为主线,对所有制结构、分配制度进行了大胆探索和创新,明确提出社会主义初级阶段的基本经济制度,建立了社会主义市场经济体制,并在改革中不断完善。改革开放是决定当代中国前途命运的关键一招[①]。

1. 所有制改革

改革首先从农村的土地开始,突破了传统的公有制形式。在过去政社合一的人民公社体制下,农业生产发展缓慢。党中央总结了经验教训,在土地公有制的基础上实行家庭联产承包责任制,将土地的所有权和经营权分离,极大地调动了农民的生产积极性,

---

[①] 习近平:《在庆祝中国共产党成立100周年大会上的讲话》,人民出版社2021年版,第6页。

推动了农村经济的发展。

党的十一届六中全会首次提出"个体经济是公有制经济必要补充"。党的十二大在肯定十一届六中全会的基础上,提出"在农村和城市,都要鼓励劳动者个体经济在国家规定的范围内和工商行政管理下适当发展,作为公有制经济的必要的、有益的补充"。党的十三大对社会主义初级阶段理论作出了系统的阐释,并指出,"社会主义初级阶段的所有制结构应以公有制为主体,鼓励城乡合作经济、个体经济、私营经济和外资经济的发展"。党的十四大更加明确地提出,"在所有制结构上,以公有制包括全民所有制和集体所有制经济为主体,个体经济、私营经济、外资经济为补充,多种经济成分长期共同发展"。这一阶段,我国的非公有制经济在国民经济中的占比迅速上升,其地位虽不及公有制经济,但其作用已经得到了充分的肯定。党的十五大确定了"公有制为主体、多种所有制经济共同发展,是我国社会主义初级阶段的一项基本经济制度"。并且强调非公有制经济是"重要组成部分",将非公有制经济的地位进一步提升,使其在社会主义经济建设中发挥更大的作用。党的十六大在坚持我国基本经济制度的基础上,提出两个"毫不动摇"的方针,强调公有制经济和非公有制经济具有同等重要的地位。党的十八届三中全会审议通过了《中共中央关于全面深化改革若干重大问题的决定》,提出了"公有制经济和非公有制经济都是社会主义市场经济的重要组成部分,都是我国经济社会发展的重要基础",更加突出了公有制经济和非公有制经济同等的重要性。

改革开放以来,从我国所有制结构的改革历程中可以看到,我国对所有制经济与非公有制经济之间关系的认识是随着社会主义实践逐渐深化的。改革开放前,我们完全排斥非公有制经济成分,实行单一的公有制,随着改革的进行,我们党逐渐认识到非公有制经济对于发展国民经济的重要作用,一步一步摆正非公有制经济的地位,才得出了公有制经济和非公有制经济同等重要的论断。中国共产党在实践中不断突破对所有制问题的传统认知,不断丰富和发展中国特色社会主义经济理论。以公有制为主体、多种所有制共同发展的基本经济制度,是中国经济发展最重要的制度基础。

2. 分配制度改革

党的十一届三中全会后,我们党在正确认识和处理好分配关系的问题上给予了高度重视。一方面,重点要打破平均主义。邓小平说:"我们坚持走社会主义道路,根本目标是实现共同富裕,然而平均发展是不可能的,过去搞平均主义,吃'大锅饭',实际上是共同落后,共同贫穷,我们就是吃了这个亏。"另一方面,要激发劳动者生产的积极性。我们党结合中国的实际情况,提出允许一部分人或一部分地区通过诚实劳动和合法经营先富起来,先富起来的带动后富的,最终达到共同富裕。

1978年5月,国务院发出《关于实行奖励和计件工资制度的通知》,正式恢复已停止十多年的奖励制度和计件工资制度,拉开了我国分配制度改革的序幕。在农村推行家庭联产承包责任制,提出"缴够国家的,留够集体的,剩下都是自己的",这是分配制度的重大改革。党的十二届三中全会提出深化分配制度改革,进一步贯彻落实按劳分配的社会主义原则,并作出了若干具体规定。党的十三大第一次在党的代表大会报告中提出"以按劳分配为主体、以其他分配方式为补充"的分配原则,允许合法的非劳动收入,在促进效率的前提下体现社会公平等政策主张。党的十四届三中全会首次提出"效率优先、兼顾公平"的原则,鼓励一部分地区一部分人先富起来,走共同富裕的道路。党的十五大对分配制度改革有重要突破,明确提出要"坚持按劳分配为主体、多种分配方式并存的制度,把按劳分配和按生产要素分配结合起来",肯定了资本、技术等生产要素参与收益分配的必要性和合法性。党的十六大解决了其他生产要素能否和如何参与收入分配的问题,提出"初次分配注重效率""再分配注重公平"。党的十七大进一步强调,"初次分配和再分配都要处理好效率与公平的关系,再分配更加注重公平"。党的十九届四中全会把"按劳分配为主体,多种分配方式并存"的分配制度上升为社会主义基本经济制度,标志着我国分配制度的成熟定型。

我国的分配制度改革始终是与所有制改革相适应的。马克思主义理论向我们揭示了生产决定分配的原理,因此任何分配方式都必须与一定的所有制结构相适应。随着所有制结构从单一公有制改革成为公有制为主体、多种所有制经济共同发展,我国的分配制度也由按劳分配转向了按劳分配为主体、多种分配方式并存的形式。改革开放后分配制度的发展和完善,极大地调动了劳动者的生产积极性,国民收入大大提高,为推动我国经济的发展提供了有力保障。

3. 经济体制改革

我国经济体制改革的核心问题就是处理好政府与市场的关系。随着所有制改革的推进,非公有制经济在国民经济中的占比大幅上升,引发了人们对社会主义、计划经济、市场经济之间关系的困惑。1992年,邓小平同志南方谈话推动了人们思想大解放,他指出,计划多一点还是市场多一点,不是社会主义与资本主义的本质区别。计划经济不等于社会主义,资本主义也有计划;市场经济不等于资本主义,社会主义也有市场。计划和市场都是经济手段。这是中国共产党对市场经济与社会主义的关系在认识上的一次重大转变。我们党对政府与市场关系的认识在改革过程中不断深入,用理论指导实践,又在实践中校正和丰富理论。

我国社会主义市场经济体制改革历程主要分为三个阶段:第一阶段(1978—1983年)是"计划为主、市场为辅"的经济体制。党的十一届三中全会指出,"应该坚决实行按经济规律办事,重视价值规律的作用"。党的十二大提出的"以计划经济为主,市场调节为辅"原则,被正式确立为经济体制改革的指导思想。第二阶段(1984—1991年)实行有计划的商品经济体制。党的十二届三中全会提出"社会主义经济是公有制经济基础上的有计划的商品经济"。根据这一论断,我们党认识到计划经济与商品经济具有统一性。从1984年底开始,经济体制改革的中心从农村转移到城市,并进行了具有明显市场取向的改革。党的十三大强调"社会主义有计划商品经济的体制,应该是计划与市场内在统一的体制",总体上要建立"国家调节市场,市场引导企业"的经济运行模式。第三阶段(1992年至今)是社会主义市场经济体制。党的十四大在总结改革开放实践经验的基础上,正式提出社会主义经济体制改革的目标是建立社会主义市场经济体制,标志着我们党对政府与市场关系认识的一次重大突破。党的十五大到党的十七大都强调了使市场在资源配置中起基础性作用。党的十八届三中全会对市场的作用进行了重新定位,明确"使市场在资源配置中起决定性作用和更好发挥政府作用"。党的十九届四中全会将社会主义市场经济体制上升为基本经济制度,充分肯定了社会主义市场经济体制是我国必须长期坚持的改革方向,不但标志着具有中国特色的社会主义市场经济体制在实践中取得伟大成功,更是对社会主义市场经济在理论上的重大突破。

政府与市场的有机融合是中国经济体制改革最成功的经验之一,坚持党对经济工作的集中统一领导,破解了政府与市场关系的协调难题①。正如习近平总书记所说:"在社会主义条件下发展市场经济,是我们党的一个伟大创举。我国经济发展获得巨大成功的一个关键因素,就是我们既发挥了市场经济的长处,又发挥了社会主义制度的优越性。"②

4. 改革开放的中国经济发展奇迹

新中国成立以来,尤其是改革开放 40 多年来,我国从一个积贫积弱的落后农业大国蜕变成为世界第二大经济体、第一大工业国、第一大货物贸易国、第一大外汇储备国。70 多年的发展成就奠定了雄厚的物质基础,70 多年的奋斗历程积累了丰富的实践经验,70 多年的艰辛探索开辟了成功的发展道路。

从经济总量上来看,1978—2012 年,我国国内生产总值连上新台阶,1978 年我国 GDP 为 3 645 亿元,1986 年突破 1 万亿元,2000 年突破 10 万亿元大关,2012 年达到 52 万亿元③。尤其是进入 21 世纪以来,我国经济总量一路赶超欧洲发达国家,2005 年超过法国,2006 年超过英国,2007 年德国,2010 年超越日本之后,稳居世界第二。1979—2012 年,我国 GDP 年均增长 9.8%,远高于同期

---

① 周文、何雨晴:《国家治理现代化的政治经济学逻辑》,《财经问题研究》2020 年第 4 期。
② 《习近平关于社会主义经济建设论述摘编》,中央文献出版社 2017 年版,第 64 页。
③ 国家统计局:《改革开放铸辉煌 经济发展谱新篇——1978 年以来我国经济社会发展的巨大变化》,《人民日报》2013 年 11 月 6 日。

世界经济2.8%左右的年均增长率,我国国内生产总值占世界生产总值的比重从改革开放之初的1.8%上升至2012年的11.5%,2008—2012年对世界经济增长的年均贡献率超过20%[1]。同时,外汇储备随着对外经济的发展而大幅增长,实现从外汇短缺国到世界第一外汇储备大国的巨大转变。

改革开放使我国人民生活水平得到了快速的提高,实现了从温饱不足到总体小康的跨越。我国人均GDP从1978年的381元提高到2012年的3.8万元,实际年均增长8.7%,已经进入中高收入国家行列。随着收入分配制度改革的深入,城乡居民收入显著提高,1978年至2012年城镇居民和农村居民人均可支配收入实际年均增长率分别达到7.4%和7.5%[2],人民生活水平和质量极大改善。

改革开放以来,中国共产党践行为人民谋幸福、为中华谋复兴的初心使命,我国综合国力大幅提升,实现了从站起来到富起来的飞跃。在中国共产党的领导下,这场新的伟大革命极大地激发了广大人民群众的积极性、主动性与创造性,人民生活从温饱不足到总体小康,再到奔向全面小康,成功开辟了中国特色社会主义道路,政治经济学中国化的实践取得巨大成功。中国大踏步赶上时代,我们用几十年的时间走过了西方发达国家两百多年的现代化历程,经济实力、科技实力、综合国力、人民生活水平跃上新的台阶,创造了经济高速发展的奇迹和社会长期稳定的奇迹。

---

[1] 国家统计局:《改革开放铸辉煌 经济发展谱新篇——1978年以来我国经济社会发展的巨大变化》,《人民日报》2013年11月6日。
[2] 同上。

四、中国特色社会主义新时代与全面建成小康社会

2012年党的十八大以来,中国特色社会主义进入新时代,意味着"近代以来久经磨难的中华民族迎来了从站起来、富起来到强起来的伟大飞跃,迎来了实现中华民族伟大复兴的光明前景"①。习近平新时代中国特色社会主义经济思想是当代马克思主义政治经济学的最新理论成果,也是政治经济学中国化的又一次新的飞跃。在习近平新时代中国特色社会主义经济思想的指导下,我们解决了多年没有解决的难题,办成了很多过去想办而没有办成的大事,党和国家的事业取得了历史性的成就,在中华大地上全面建成了小康社会,历史性地解决了绝对贫困问题,实现了全面建成小康社会的目标,也开启了全面建设社会主义现代化国家的新征程。

1. 开启现代化新征程

中国特色社会主义进入新时代,我国经济逐渐从高速增长转向中高速增长,进入高质量发展阶段,党中央统筹推进"五位一体"总体布局,协调推进"四个全面"战略布局,开启了全面建设社会主义现代化国家的新征程。党的十八大以来,以习近平同志为核心的党中央对经济形势作出科学判断,对经济工作作出正确决策,成功驾驭了我国经济发展大局,在习近平新时代中国特色社会主义经济思想的引领下,中国经济实现了年均7%以上的增长速度,远高于同期美国、欧元区和日本三大发达经济体年均增速,也明显高

---

① 习近平:《决胜全面建成小康社会 夺取新时代中国特色社会主义伟大胜利——在中国共产党第十九次全国代表大会上的报告》,《人民日报》2017年10月28日。

于世界经济年均增速①。中国经济实现了量变到质变，2019年人均国内生产总值首次突破1万美元大关，成为世界上中等收入群体人口最多的国家。2020年全球经济受到新冠疫情的重大冲击，在世界大部分国家出现负增长的情况下，中国成为全球唯一实现正增长的主要经济体，并且经济总量首次突破100万亿元大关，比上年增长2.3%，中国持续成为全球经济复苏和世界经济增长的强大引擎。

为适应"五位一体"新的总体布局，就需要使经济增长从要素驱动转向创新驱动，从高速增长转向高质量发展，而转变发展方式首先需要树立新的发展理念，理念转化为实践需要实现机制，建设现代化经济体系就是贯彻新发展理念的途径和方式②。建设现代化经济体系是实现中华民族伟大复兴的必由之路。"必须坚持质量第一、效益优先，以供给侧结构性改革为主线，推动经济发展质量变革、效率变革、动力变革，提高全要素生产率，着力加快建设实体经济、科技创新、现代金融、人力资源协同发展的产业体系，着力构建市场机制有效、微观主体有活力、宏观调控有度的经济体制，不断增强我国经济创新力和竞争力。"③我国的现代化经济体系不同于西方现代化经济体系建设，强调"创新、协调、绿色、开放、共享"的新发展理念，不再单纯追求经济增长，而是更注重科技引领发展的能力、产业结构的不断优化、经济体制的改革完善、高水平的开放格局，以及发展成果的共享，实现经济高质量的发展。现代化经济

---

① 周文、冯文韬：《习近平新时代中国特色社会主义经济思想的时代价值与经济学理论贡献》，《财经智库》2019年第6期。
② 刘伟：《中国特色社会主义基本经济制度是解放和发展生产力的历史要求》，《政治经济学评论》2020年第2期。
③ 习近平：《决胜全面建成小康社会 夺取新时代中国特色社会主义伟大胜利——在中国共产党第十九次全国代表大会上的报告》，《人民日报》2017年10月28日。

体系是吻合并服务于中国现代化进程,并成为跨越发展的关口①。

2. 全面建成小康社会

进入新时代以来,我国的社会主要矛盾已经转化为人民日益增长的美好生活需要和不平衡不充分的发展之间的矛盾。改革开放以来,我国的社会生产力水平已经得到了显著的提高,人民生活水平大幅改善,已经达到总体小康,脱贫工作取得了显著成效。然而贫困问题是历史性的难题,我国的贫困问题还没有得到根本性的解决,形势依然严峻,截至 2014 年底,中国仍有 7 000 多万农村贫困人口,这些都是脱贫攻坚难啃的硬骨头。党的十八大以来,以习近平同志为核心的党中央高度重视脱贫攻坚工作,在十八大召开后不久就拉开了新时代脱贫攻坚的序幕。2015 年,习近平总书记在的中央扶贫开发工作会议上打响了精准扶贫脱贫攻坚战,并强调消除贫困、改善民生、逐步实现共同富裕,是社会主义的本质要求,是中国共产党的重要使命。摆脱贫困是实现中华民族伟大复兴的重要内容。

中国曾经是世界上贫困人口最多的国家,改革开放后的减贫实践让全中国 8 亿多人脱贫,尤其是十八大以来的精准脱贫,每年平均有 1 000 多万人脱贫,创造了人类减贫历史上的"中国奇迹"。在中国共产党成立一百周年之际,习近平总书记宣布我国脱贫攻坚战取得了全面胜利,现行标准下 9 899 万农村贫困人口全部脱贫,832 个贫困县全部摘帽,12.8 万个贫困村全部出列②。在我们党的带领下,中国人民历史性地摆脱了绝对贫困问题,中国的扶贫

---

① 周文:《建设现代化经济体系的几个重要理论问题》,《中国经济问题》2019 年第 5 期。
② 习近平:《在全国脱贫攻坚总结表彰大会上的讲话》,人民出版社 2021 年版,第 1 页。

实践取得了举世瞩目的历史性成就,中国人民从此迈入全面小康社会。中国辉煌的减贫成就不仅是中国的伟大光荣,同时也是对全球减贫事业的巨大贡献。二战以来,全世界除中国外的绝对贫困人口不但没有减少反而有所增加。也就是说,世界上除中国以外的其他地区,贫困和不平等的局势仍然在持续恶化。按照世界银行国际贫困标准,改革开放以来,中国减贫人口占同期全球减贫人口70%以上。

中国能够解决这样的历史性难题,最关键的是中国共产党的坚强领导。在马克思主义世界观和方法论的指导下,我们党始终以最广大人民的根本利益为一切工作的出发点和落脚点,开辟了一条中国特色的扶贫开发道路,为实现共同富裕的目标,攻克了一个又一个难关,不断满足人民对美好生活的向往。在中国共产党的领导下,我们创造了脱贫攻坚的奇迹。

五、中国经济伟大成就的密码:坚持中国共产党的领导

党的十八大以来,习近平总书记提出,中国特色社会主义最本质的特征和最大的优势是坚持中国共产党的领导,中国特色社会主义伟大事业取得现在这样辉煌的成就离不开中国共产党。如果没有我们党这一百年来对我国经济建设的领导,中国经济发展不可能有如此伟大的成功。在中国共产党的领导下,中国没有通过殖民和战争实现了全面复兴,在不损害他国的前提下实现了对自身的超越,是一种和平的崛起。可以说,只有坚持在中国共产党的领导之下,政治经济学中国化才能取得如此巨大的成就,我国才能够发挥社会主义的本质,最终建成社会主义现代化强国,实现全体人民共同富裕。

第五章
大国之魂：中国共产党百年初心使命与中国奇迹

1. 坚持中国共产党对经济工作的集中统一领导保障了国家长远利益的实现

我们党从长远角度出发，对国家经济发展的重大节点作出判断，对于不同经济发展时期的社会主要矛盾有深刻的认识。立足于中国几十年甚至百年的发展远景，全面统筹协调经济发展的战略方向和整体节奏。党的十三大提出分"三步走"实现现代化的战略部署，第一步要解决人民的温饱问题，第二步使人民生活水平达到小康水平，第三步要使人民过上比较富裕的生活。现如今我们已经实现了前两步战略目标。党的十五大提出"两个一百年"奋斗目标，在两个百年目标交汇之际，我国已经顺利完成了全面建成小康社会的第一个百年目标，正朝着第二个百年目标奋勇前行。实际上，"三步走"战略的第三步与第二个百年目标是一致的，为了实现社会主义现代化这个长远的目标，党的十九大提出全面建设现代化国家"两步走"战略，从 2020 年到 2035 年，在全面建成小康社会的基础上，再奋斗十五年，基本实现社会主义现代化；从 2035 年到本世纪中叶，在基本实现现代化的基础上，再奋斗十五年，把我国建成富强民主文明和谐美丽的社会主义现代化强国①。正是由于中国共产党的正确领导，才确保中国特色社会主义事业的发展朝着正确方向，并沿着这一方向砥砺前行。

2. 中国共产党在领导经济发展的实践中探索形成了党、政府、市场的"三维谱系"稳定结构

马克思曾说："一个单独的提琴手是自己指挥自己，一个乐队

---

① 习近平：《决胜全面建成小康社会 夺取新时代中国特色社会主义伟大胜利——在中国共产党第十九次全国代表大会上的报告》，《人民日报》2017 年 10 月 28 日。

就需要一个乐队指挥。"①中国共产党在这个三维谱系中,就承担着"指挥"的角色,起着领导全局的作用。如何处理好政府和市场的关系是长期以来经济学理论研究的重要命题,也是在经济发展中的重大实践命题。从国内外经济发展的历史经验来看,仅仅依靠市场的放任自由模式和传统的计划经济模式都是行不通的,必须将政府调控和市场配置有机结合起来,共同作用于经济发展才能推动经济长期向好、稳中有进。在认识和处理政府与市场关系时,我们党发挥着至关重要的引领作用,在党的指导下,一方面能够推动政府主动维护市场的有效性、完善市场监管、开展有效市场建设,发挥"看得见的手"的作用,另一方面可以克服由于市场的自发性、盲目性、不确定性等弊端,做到既让市场在资源配置中起决定性作用,同时又更好地发挥政府作用。这种"三维谱系"的结构既有利于发挥市场经济的生机与活力,保证经济发展的效率,又能够在面临外部冲击时降低宏观经济的波动,维护宏观经济结构平衡,使市场经济平稳运行。党、政府、市场的稳定结构是我们党对经济建设理论和实践的双重突破。

3. 坚持党对经济工作的集中统一领导保障了为人民谋幸福的初心使命

中国共产党代表最广大人民群众的根本利益,在领导我国经济发展的过程中始终坚持以人民为中心。人民是历史的创造者,新中国的成立、社会主义建设的成功、改革开放的成就都离不开广大人民群众的力量,因此我们党始终坚持为中国人民谋幸福、为中华民族谋复兴,确保经济发展成果能够更好地满足人民日益增长

---

① 《马克思恩格斯全集》第44卷,人民出版社2001年版,第384页。

的美好生活需要。中国共产党在领导我国经济工作的过程中,推翻了"三座大山",紧接着进行社会主义改造,而后建立起公有制为主的计划经济体制,再到以公有制经济为主体,多种所有制共同发展,都是为了促进生产力发展,保障人民最大程度享有劳动创造的剩余价值。分配方式从平均主义的按劳分配,到以按劳分配为主体,多种分配方式并存,使发展成果惠及全体人民,最终也是为了更好地解放和发展生产力,保障了全体人民朝着共同富裕的方向前进。苏联是世界上第一个社会主义国家,在上世纪取得过非常辉煌的成就,然而苏联共产党在发展社会主义的过程中脱离了人民,成为一个只维护自身利益的特权官僚集团,导致了苏联的解体。在中国共产党百年历程中,充分体现了以人民为中心的发展思想,坚持发展为了人民、发展依靠人民、发展成果由人民共享。

第六章 大国之本：乡村治理与乡村振兴的政治经济学阐释

[**本章核心观点**]

乡村兴则国家兴，乡村衰则国家衰。全面建设社会主义现代化国家，最艰巨最繁重的任务在农村，最广泛最深厚的基础在农村，最大的潜力和后劲也在农村，乡村振兴是解决新时代我国社会主要矛盾、实现第二个百年奋斗目标的必然要求，因此，乡村振兴是"大国之本"，而且离不开乡村治理。本章遵循理论与实际相结合的论述原则，首先剖析乡村治理与乡村振兴的耦合关系，解释为什么要在国家治理视角下通过乡村治理实现乡村振兴，即乡村振兴中乡村治理的必要性和重要性。在此基础之上，回归当下进一步探讨当前乡村振兴中存在的问题。由此指出，为实现乡村振兴，乡村治理需要完成完善治理体系、提升治理能力两大任务。国家发挥好"统"的作用、基层组织扮演好"枢"的角色，是破解乡村治理难题的关键。

党的十八大之后,国家治理蓝图逐渐展开,作为国家基层政权的"神经末梢"和最基本的治理单元,乡村的治理是否有效事关国家治理现代化的整体水平与质量,乡村治理现代化是国家治理体系和治理能力现代化的重要组成部分。没有乡村的有效治理,就没有乡村的全面振兴,因此,必须创新乡村治理体系,走乡村善治之路。

乡村振兴战略是新时代解决"三农"问题的重要战略规划和有效途径。乡村振兴自十九大报告首次提出以来,已在学界进行了广泛的探讨,并成为乡村问题研究的前沿热点。在国内现有研究中,主要集中在以下三个主题:(1)乡村振兴战略的内涵,包括其概念、总体要求、目标、意义等①;(2)乡村振兴的内容,即与以往"三农"发展战略相比,乡村振兴战略的新发展指向、新发展重点和难点等②;(3)实现乡村振兴的路径③,在探讨中国特色新农村模式的

---

① 魏后凯:《如何走好新时代乡村振兴之路》,《人民论坛·学术前沿》2018年第3期;廖彩荣、陈美球:《乡村振兴战略的理论逻辑、科学内涵与实现路径》,《农林经济管理学报》2017年第6期。
② 刘合光:《乡村振兴战略的关键点、发展路径与风险规避》,《新疆师范大学学报(哲学社会科学版)》2018年第3期;叶兴庆:《新时代中国乡村振兴战略论纲》,《改革》2018年第1期。
③ 陈丹、张越:《乡村振兴战略下城乡融合的逻辑、关键与路径》,《宏观经济管理》2019年第1期;郭晓鸣:《乡村振兴战略的若干维度观察》,《改革》2018年第3期。

第六章
大国之本：乡村治理与乡村振兴的政治经济学阐释

同时，还有部分学者分析了发达国家乡村发展、农业现代化道路及其对中国的借鉴意义①。当前对乡村振兴议题的讨论，主要着眼于乡村振兴战略本身，聚焦在如何理解乡村振兴战略和如何实现乡村振兴两大领域，论述内容更多是延续了以往的"三农"问题，继承有余而发展不足，在分析思路上缺乏高度和创新。可以说，现在虽然提出了乡村振兴的命题，但是还未能在全面深化改革当中得到很好的破题。笔者认为，乡村振兴是在国家治理框架下系统性的乡村治理改革。作为当今指导农村发展的国家战略，乡村治理的分析和研究视野不应该仅仅局限在乡村和乡村振兴战略本身，而是应该提高到国家治理的高度，在国家治理的宏大视野下探析乡村治理和乡村振兴战略、寻觅乡村振兴之路。

一、国家治理视角下乡村治理与乡村振兴的耦合关系

党的十九大报告明确提出，乡村振兴战略的总要求是"产业兴旺、生态宜居、乡风文明、治理有效、生活富裕"。可见，"治理有效"是整个乡村振兴战略的内在要求与重要保障。乡村是否"治理有效"与国家治理体系与治理能力现代化紧密相联，既关乎乡村是否真正振兴，又关乎建设现代化强国的大局。乡村治理既是国家治理的重要组成部分，同时又是实现乡村振兴的保障，二者统一于建设社会主义现代化强国的实践中。

一方面，乡村振兴是国家治理现代化的有机组成部分，是国家治理在乡村层级的表现。在政治经济学逻辑下，国家治理能力主

---

① 张军：《乡村价值定位与乡村振兴》，《中国农村经济》2018 年第 1 期；王锋：《制度变迁与我国农业现代化的实现》，《经济学家》2015 年第 7 期。

要包含在资源动员能力、创新引领能力和风险控制能力三方面;而国家治理体系是国家治理的运行规则和制度保障,反映了对发展规律的总结和经验提炼,包括治理的制度、结构、方式、条件等,是一系列体系化的治理要素的总和。据此,在国家治理视阈下,乡村振兴主要表现在以下几个方面。

(1) 如何在村民自治的前提下使乡村治理更有序、更高效

当前乡村治理结构以村民自治为主体,已暴露出宗族势力、强人治理等一系列问题,加之两委对村民自治的相对制衡,村民-两委的"治理共同体"关系越发敏感。① 因此,在治理体系方面,需要健全自治、法治、德治的乡村治理制度;在治理结构方面,需要完善多元共治的格局,建立人人有责、人人尽责、人人享有的治理共同体;在治理方法上,灵活运用协商手段、法治手段等,化解乡村内部矛盾,提高乡村治理的凝聚力。

(2) 如何在"小农户"基础上发展现代化农业

用占世界7%的耕地养活占世界20%的人口,是中国农业发展的客观国情。与现行农业现代化国家相比,中国的农业面临着人多地少、区域差异大、供需规模大的现实境况。中国既没有美国式大规模机械现代化的自然条件,又没有日本式土地节约型现代化的技术基础,加之14亿人口的国内需求量,这意味着,中国需要走出一条中国特色社会主义农业现代化道路。因此,如何实现小农户和现代农业发展的有机衔接是农业发展的重要议题。

---

① 马华、马池春:《乡村振兴战略与国家治理能力现代化的耦合机理》,《江苏行政学院学报》2018年第6期。

第六章
大国之本：乡村治理与乡村振兴的政治经济学阐释

（3）如何在保持乡村底色的原则下实现"四化同步"

从党的十六届四中全会提出"两个趋向"论断，到党的十九大明确提出了实施乡村振兴战略，目的是要从根本上改变目前农村、农民的发展现状，确立工农城乡的平等地位。习近平总书记强调"农村绝不能成为荒芜的农村、留守的农村、记忆中的故园"[①]，这明确了乡村振兴的战略指向——要在保持乡村底色的原则下实现农业强、农村美、农民富。在市场经济的进程中，在城镇化的浪潮下，各类资源愈发不可阻挡地向城市、向非农业部门聚集，使乡村中的人力资源、生产资料、生活资料等不断流出，为工业化、信息化、城镇化提供了生产要素。工业化、信息化、城镇化、农业现代化应是一个有机的整体，但相较之下，乡村的发展速度远落后于另三者，在发展方式、基础设施、人才储备等方面有明显的短板。可见，在国家治理进程中，乡村振兴意味着对工农关系、城乡关系的深刻调整。

以上三个"如何"既是国家治理的表现，也是乡村振兴亟需解决的问题，是国家治理在乡村问题上的具体指向。另一方面，国家治理能力和治理体系现代化的建设为乡村振兴提供了保障。我国国家治理具有四大特征，也是国家治理在乡村治理中"统"的作用。

（1）国家的发展领航作用

党和国家始终对"三农"工作高度重视，改革开放40多年来，始终坚持与时俱进，不断调整"三农"发展战略及其重点，引领乡村发展。改革开放初期，我们党将活跃农村经济作为乡村治理的重点，肯定了"大包干"的做法，允许并鼓励农民因时因地制宜，经营

[①] 习近平：《农村绝不能成为荒芜的农村》（2013年7月23日），中国共产党新闻网，http://cpc.people.com.cn/n/2013/0723/c64094-22297499.html，最后浏览日期：2021年5月2日。

自主;党的十六届四中全会提出"两个趋向"论断,党的十六届五中全会提出建设社会主义新农村的重大历史任务和统筹城乡经济社会发展的新要求,将乡村和城市发展有机结合,致力于改变原有的城乡矛盾关系;党的十七大提出要把解决好"三农"问题作为全党工作的重中之重;在此基础上,党的十八大进一步明确城乡发展一体化是解决"三农"问题的根本途径;党的十九大提出的乡村振兴战略是对既往"三农"战略的继承与发展,既保持了党和国家对"三农"问题的一贯重视,又结合农村发展的新问题,提出了"产业兴旺、生态宜居、乡风文明、治理有效、生活富裕"的新发展目标。

(2) 国家的资源动员作用

如前所述,资源动员能力是国家治理能力的重要组成部分。市场和政府"两只手"是中国特色社会主义市场经济的独特优势,正是由于国家对资源的调配和集中,才能高效地集合资源,优化资源配置,为乡村振兴提供坚实的物质基础。具体来说,首先,基础设施支持。改革开放40多年来,乡村的农田水利设备、道路交通设施、电力和能源系统等基础设施建设取得了长足进步,农业生产条件得到不断改善。其次,人才支持。国家通过政策引导,可以鼓励和吸引优秀人才加入乡村振兴的事业中,打造一支懂农业、爱农村、爱农民的"三农"工作队伍,为乡村带来先进的管理技术和治理方式,不断提高乡村治理主体的能力和水平。最后,资金支持。相较于其他生产部门,农业生产的周期较长、受气候等外部因素影响大、利润率低,因此,需要中央和地方财政的有力支持,为乡村发展提供财力保障。

(3) 国家的风险调控作用

农业是人类生存之源、国家发展之本。因此,农业生产的持续稳定发展是一切发展的必要前提。新冠疫情爆发初期，全国范围的农产品都出现了严重的滞销，供应端的乡村产品积压，易腐易烂的农副产品损失最为严重，而由于道路封阻、物流运输困难、疾病防控和检测不完善等原因，消费市场中的农副产品价格一路飙升，供需严重不平衡。不仅中国，世界各国在疫情期间都是如此，在美国，"倒牛奶"事件再次上演。面对疫情这一突发状况，党和国家作为风险的"调控者"，迅速作出反应，及时把粮油、蔬菜、肉蛋奶、水产品等农产品纳入疫情防控期间生活必需品保障范围，明确指出不得拦截蔬菜种苗、仔畜雏禽及种畜禽、水产种苗、饲料、化肥等农资运输车辆。[①] 除此之外，地方政府也出台了助农补贴政策，利用网上平台，将线上销售作为新的销售路径。

（4）国家的公平保障作用

国家在乡村振兴中承担着公平"保障者"的角色，这也是在中国国家治理中国家最重要的角色之一，是中国特色社会主义制度所特有的角色。其一，国家致力于实现城乡间公平，统筹城乡发展，推动城乡要素自由流动、平等交换，以城乡平等构建乡村振兴新格局；其二，国家致力于推动乡村间公平，以精准帮扶、产业带动为主要抓手，加快脱贫攻坚的步伐，力争带领所有人共同奔向小康社会；其三，国家致力于维护乡村内公平，加强对乡村干部、资金的监督，加大扫黑除恶力度，让村民真正能有效地行使自己的自治权利，营造和谐、友善、文明的乡村治理环境。

---

① 《国务院联防联控机制：做好农产品稳产保供工作》（2020年2月13日），中国政府网，http://www.gov.cn/xinwen/2020-02/13/content_5477940.htm，最后浏览日期：2021年6月11日。

二、乡村治理与乡村振兴的困境和改革

习近平总书记强调,没有农业农村现代化,就没有整个国家现代化。在现代化进程中,如何处理好工农关系、城乡关系,在一定程度上决定着现代化的成败。[①] 乡村振兴、乡村治理现代化关系着国家治理现代化目标的实现,是关乎整个国家现代化建设全局的大事。

从国家治理的角度来看,当下乡村振兴需要突破治理主体、治理体系、治理效能三大问题。三者是相互影响、有机联系的系统性问题,其中,治理主体问题是基础,决定了乡村治理由谁带头、由谁负责;治理体系问题是关键,决定了治理主体如何开展治理工作,从而影响着治理的效能;治理效能问题是核心,呈现出的是治理主体在治理体系下发挥其治理能力的最终结果,同样,想要解决治理效能的问题,也是一个系统性的工程,需要从治理主体、治理体系、治理能力等方面多管齐下。

1. 乡村治理的主体能力有限

治理能力是治理主体运用国家治理体系管理社会各方面事务的能力,是对制度的实践、对规律的驾驭。在客观环境上,社会关系的松动增加了治理的难度;在治理主体内部,基层组织统筹、引导、创新等能力有限,主客观两方面导致乡村的治理能力有限。

新中国70多年来,乡村治理经历了人民公社、乡政村治和"三

---

① 《习近平主持中共中央政治局第八次集体学习》(2018年9月22日),新华网,http://www.xinhuanet.com/politics/leaders/2018-09/22/c_1123470956.htm,最后浏览日期:2021年6月11日。

治"(自治、法治、德治)结合的三种治理模式,治理主体逐渐多元,由全能的政治机构转向基层政权、村级组织。在"三治"结合的乡村治理新体系中,不仅乡镇党委政府和村两委是乡村治理的主体,各类社会组织也将是乡村治理的重要力量。[①] 也就是说,不仅乡镇党委政府和村两委是乡村治理的主体,而且还加入了社会组织这一新的治理力量。但是,治理主体的相对分散性也带来了一系列问题。

首先,权责不一致导致的治理动力有限。当前,我国乡级实行乡镇政府的行政管理,在其之下实行村民委员会的村民自治。在该结构下,县有治理乡村社会之权,却不直接参与治理实践,乡长负责但不决策,县政府决策却不负责,乡级政府在治理结构上突出表现为权小、责大、能弱,权责严重分离。[②] 长此以往,村级基层组织成为了乡镇政府的"跑腿工",行政化色彩越来越重,导致农村基层组织治理的动力不足,大大降低了治理的效能。此外,基层组织的角色不断累积,不仅要承担社会治理的职能,又要引领乡村经济治理的进程。然而,在实际治理实践中,"全能的"基层组织并不是"万能的",基层组织理应是国家治理在乡村的有力抓手,但由于权责的分离和结构的不完善,基层组织很容易出现职能异化的现象,造成在治理过程中的越位和缺位。主要表现在:一是引导农业现代化上的缺位。这不仅是基层组织的缺位,而且是三个治理主体共同的问题。农业现代化需要良好的经济发展环境和政策支持,需要治理主体集中力量引导土地流转、转型传统模式、引进专业人才等。二是创新治理模式上的缺位。当前国内发展环境已发生深

---

① 吕德文:《乡村治理70年:国家治理现代化的视角》,《南京农业大学学报(社会科学版)》2019年第4期。
② 徐勇:《县政、乡派、村治:乡村治理的结构性转换》,《江苏社会科学》2002年第2期。

刻的变化,转入高质量发展阶段,但是,与不断发展着的时代相比,乡村的发展模式、治理机制却远远落后,乡村治理的成本不断增加,乡村人才流失的状况不断加剧。三是在自治事务上的越位。基层组织和村民之间不是领导关系,而是服务关系,个别工作人员、领导干部不作为和乱作为,加之行政化和官僚化的作风,让乡村的公共服务得不到保障,出现了诸如强拆强建等一系列问题,激化乡村内部的矛盾。

其次,治理能力有限,甚至落后于乡村社会的新变化。习近平总书记深刻指出,我国社会结构正在发生深刻变化,互联网深刻改变人类交往方式,社会观念、社会心理、社会行为发生深刻变化。[①] 传统的乡村社会以宗族、血缘关系为纽带。随着中国特色社会主义民主政治和中国特色社会主义市场经济的深入发展,村民的个体意识不断觉醒,公民意识不断提升。在日常生活中便可清晰地感知到,乡村关系正逐步在改变,乡村社会的离散化程度不断加深,个人、家庭、村落间的联系愈加松散,原有的宗族关系、人际关系基础在一定程度上被淡化,固有的乡村秩序也逐渐分化。不难看出,乡村治理的社会基础发生了很大变化,对治理主体提出了更高的要求,也提高了治理的难度。以往"大锅饭式"的管理方式、"一刀切式"的工作方式等治理方式已远落后于新的治理需求,需要治理主体与时俱进,不断提升自己的治理能力,以适应新的乡村治理现状。

最后,尚未与村民共建起治理的共同体。治理不是单向管理,更不是上对下的统治,而是多元主体共同治理。据此,村民应是乡

[①] 习近平:《在经济社会领域专家座谈会上的讲话》,人民出版社2020年版,第8—9页。

村治理的主力和动力源泉。在乡村振兴的过程中,村民不只是见证者,更要成为参与者和决策者,打造多元主体参与下的共治结构是乡村治理的不二之选。一方面,畅通民主渠道,保护村民的参与、议事、决策等民主权利。当前,乡村的县、乡、村自上而下的治理结构不仅增加了治理成本,而且造成了行政化、官僚化等问题,阻隔了村民与政府的互动,导致"下情难以上传,上令难以下达"。① 因此,完善共建共治共享的社会治理制度、保障村民在治理结构中的作用至关重要。近几年来,党和国家在农村大力推行村务公开,用法律和制度工具规范和保障治理秩序,扫清民主监督的制度障碍,营造透明、公正、公平的治理环境,使基层群众自治制度真正成为一条群众主体作用与国家主导作用有机统一的治理道路。另一方面,加强引导,鼓励和支持村民加入到乡村振兴、乡村治理的过程中来。村民是乡村的主人,见证了乡村的发展历程,亲身感受到了乡村发展面临的问题。从这一层面来说,真正懂农业、爱农村、爱农民的人,是村民自己,而不是刚走出校园的大学生,也不是海外归来的高级精英。但目前一些地区,村民参与乡村振兴的意愿不高,"等、靠、要"的思想较为严重,甚至出现了"钉子户"等不愿配合的状况,乡村治理过于依仗上层行政力量。习近平总书记指出"要加强和创新基层社会治理,使每个社会细胞都健康活跃"②。因此,唤醒村民的主人翁意识,号召村民共建治理的共同体,就是要激发乡村治理的内生力量,让乡村振兴不仅是自上而下的战略,更是自下而上的行动,上下一盘棋,从而加速乡村振兴的进程。

---

① 徐勇:《县政、乡派、村治:乡村治理的结构性转换》,《江苏社会科学》2002 年第 2 期。
② 习近平:《在经济社会领域专家座谈会上的讲话》,人民出版社 2020 年版,第 9 页。

2. 乡村治理体系与农业现代化发展问题

产业兴旺是实现乡村振兴的基石。当前,我国农业治理体系主要为分散的"小农户"制,土地归集体所有,农民可以承包、经营土地,形成了"家家都有土地、但家家都不多"的局面。党的十九大报告肯定了"小农户"在我国农业现代化进程中的客观存在,提出"健全农业社会化服务体系,实现小农户和现代农业发展有机衔接",是农业现代化的重点推进方向。

与传统农业相比,现代化农业具有机械化、集约化、规模化、市场化和社会化等特征,其内部兼具分工与协作。据此,包产到户在一定程度上是一个逆经济现象。由于土地的碎片化,劳动生产积极性边际递减,劳动生产率固化很难提高。而适度规模化经营可以进一步发展成为规模化大农业,继而在其内部形成专业化的分工,有助于改变粗放型经营的现状。具体来说,包产到户与农业现代化的矛盾主要表现在以下几个方面。

(1) "小农户"与规模化农场的矛盾

一直以来,农业的规模报酬、中国是否适合规模化农场的问题都是学界争论的热点。诸多学者通过实证研究的方式,认为规模报酬主要存在于制造业,揭示了农业在本质上并不是一个有显著规模效率的产业,论证了农地家庭经营的规模有效性。[①] 对此,经济研究应回归现实、立足现实、应用现实,任何经济现象的分析都需要综合其社会背景、经济背景等,不能简单地用数据和模型来论证,更不能把数学结果当作经济规律。这也是当前经济问题研究普遍存在的现象。对于该问题,首先需要认清中国农业规模化的

---

① 罗必良:《农地经营规模的效率决定》,《中国农村观察》2000 年第 5 期

必要性，理解为什么要在中国劳多地少的状况下依然推行规模化，然后才能理解中国农业的规模化道路。

首先，"小农户"制下的农业生产现状问题。农业家庭经营的最大优势之一是收益直接归农户，无雇工、成本低。相应的正是因为既无监督，又无激励，农户种植的积极性和主动性都有限，各类生产要素并未"物尽其用"，出现了土地闲置、抛荒的现象。同时，以家庭为单位的生产的持续性也值得反思。在市场经济的巨浪下，越来越多的农村青壮年被非农业生产部门吸收，留下来坚守农田的往往是家中的长辈。据国家统计局数据显示，35岁及以下的农业生产经营人员仅占全国农业生产经营人员总人数的19.2%[①]，形成了"以代际分工为基础的半工半耕"的小农经济结构[②]。在此结构下，农业的"老龄化""兼业化"等现象持续加重，使生产方式日益僵化，农业发展缺少发展与创新的支持力量。因此，种种现象均表明，"小农户"制不是长久之计，鼓励由分散粗放逐步向适度规模转变，形成专业合作社、农业企业等新型农业经营体系，不仅是当前农村现实的客观需要，也是农业可持续发展的必然选择。

其次，推行农业规模化生产要解决的问题和实现的效果问题。在现有研究中，学界往往将规模和利润挂钩，认为若要提高粮食产量，推进适度规模经营可能会适得其反。[③] 值得注意的是，农业与制造业不同，农业不仅是一个经济部门，而且还兼具社会价值；土

---

① 《第三次全国农业普查主要数据公报（第五号）》（2017年12月16日），国家统计局，http://www.stats.gov.cn/tjsj/tjgb/nypcgb/qgnypcgb/201712/t20171215_1563599.htm，最后浏览日期：2020年12月8日。
② 贺雪峰、印子：《"小农经济"与农业现代化的路径选择——兼评农业现代化激进主义》，《政治经济学评论》2015年第2期。
③ 许庆等：《规模经济、规模报酬与农业适度规模经营——基于我国粮食生产的实证研究》，《经济研究》2011年第3期。

地不仅是生产资料,而且还兼具社会保障功能。所以,农业生产不能仅关注其经济效益,还要看其社会效益。农户在农业现代化过程中的基本诉求主要是增加家庭收入和减少农业劳作。① 推行规模经营并不是从农户手中"强取豪夺",而是鼓励将符合条件的、闲置抛荒的土地交由其他农户或经济组织来经营,从而提高土地利用率,将本来就无力、无心亲自种植的农户解放出来。对于农户家庭来说,既有耕地、宅基地和住房作为社会保障,又可以安心从事其他生产劳动,提高经济收入,实现个人"全面发展",迈向小康生活。

最后,中国特色的农业规模化道路问题。中国的人地矛盾决定了单个经营主体的经营规模不可能太大,在此背景下,我国坚持走中国特色社会主义农业现代化道路,始终强调"适度规模经营"。一方面,"适度"意味着防止片面追求经营规模而忽视当前"小农户"的客观现实,要在生产能力和自然条件允许的范围内适度发展规模化生产,不能以违背生产规律和破坏生态环境为代价;另一方面,"适度规模化"也不是仅仅指面积大,扩大面积只是表象,其本质是提高农民、农业的组织化程度和更好发挥乡镇层次的统筹作用,在尊重"家户"为基本单位的客观现实基础之上,探索新的农村集体经济形式。引导"小农户"进入整个社会化大生产体系中,使之成为社会化大生产链条中的一个环节。②

(2)"全能"农民与专业化农户的矛盾

生产的专业化,要依靠内部的分工与协作。亚当·斯密在《国富论》中提出国民财富增长源于分工化与专业化生产,并明确指出

---

① 张海鹏、曲婷婷:《农业现代化与农业家庭经营模式创新》,《经济学家》2014 年第 8 期。
② 徐勇:《乡村治理的中国根基与变迁》,中国社会科学出版社 2018 年版,第 96 页。

了农业生产力进步慢于制造业,是因为农业不能采用完全的分工制度。① 同样,马克思在《资本论》中也提出,分工与协作是提高相对剩余价值的重要方式,指出"局部工人及其工具构成工场手工业的简单要素"②,分工与协作相辅相成,在分工的基础上产生协作,协作助于发挥分工的优越性。可见,分工和专业化是提高生产效率的重要途径。

反观当前"小农户"制下,从产前、产中到产后,从播种到收割,农民是"全能"的,是整个农业生产过程的第一责任人,也是唯一责任人。据统计,在全国农业生产经营人员中,接受过大专及以上高等教育的仅占 1.2%。③ 不难看出,在我国,农业被当作一个"低门槛""低技术型"的产业,鲜有专业技术人才的支持和引导,主要靠农户单枪匹马或邻里互助完成。所以,农业现代化的滞后,不能全部归结为农业本身的弱质属性,更需要反思当前落后的农业生产关系和乡村治理体系。

无论是学理上,还是历史经验都说明,专业化是经济现代化的必然趋势,递增报酬有赖于劳动分工的演进。推动"全能"农民向专业化农户转变,就是新型农业经营主体的培育过程,也是优化乡村治理体系的过程。一方面,不管生产规模大与小,"全能"的生产方式都"主观地"将大量劳动力束缚在农业生产领域,不仅损害了农业生产的效率,而且阻碍了整个社会分工的深化与演进,不利于

---

① 亚当·斯密:《国富论》,郭大力、王亚南译,商务印书馆 2015 年版,第 5 页。
② 《资本论(纪念版)》第 1 卷,人民出版社 2018 年版,第 396 页。
③ 《第三次全国农业普查主要数据公报(第五号)》(2017 年 12 月 16 日),国家统计局,http://www.stats.gov.cn/tjsj/tjgb/nypcgb/qgnypcgb/201712/t20171215_1563599.htm,最后浏览日期:2020 年 12 月 8 日。

经济现代化的发展。① 另一方面,如前所述,当前我国农户老龄化、兼业化现象严重,虽然在工业化、城镇化深度发展过程中,农业劳动力的转移是一个长期、必然的趋势。在此背景下,更需要懂农业、掌技术的"职业农户"来作为农业生产的稳定器,以稳定的劳动力供应来稳定农业生产,辅之以专业的生产性服务和先进的技术设备,实现人才、技术、资本、土地的良性循环,进而提高农业的社会生产力。

因此,乡村振兴、农业现代化最根本的还需要以专业化为基础、以机械化为抓手的规模经济。

(3) 碎片化生产与机械化生产的矛盾

中国的农业家庭经营主体具有数量众多、经济实力弱、组织性较差的特点②。"小农户"既缺少更新换代机器这类不变资本的主观动力,也没有承担先进机械设备费用的客观财力,使得当前我国农业机械化程度远低于西方发达国家。

与规模化的研究相似,目前学界对机械化的认识同样也禁锢在数字和模型中,往往使用大型机械化设备的成本压力来驳斥农业机械化。然而,实际上,机械化的目的并不仅仅是为了增加产量、解放农户的"双手"。

机械化首先是生产工具的变革,然后引起了农业生产力的革命,在此基础上,推动了生产关系的变革。因此,从更深层次来看,机械化也是治理体系的革命。马克思在关于大工业和农业关系的

---

① 黄云鹏:《农业经营体制和专业化分工——兼论家庭经营与规模经济之争》,《农业经济问题》2003 年第 6 期。
② 张海鹏、曲婷婷:《农业现代化与农业家庭经营模式创新》,《经济学家》2014 年第 8 期。

论述中,称大工业具有"最革命的作用"①。大工业在农业中的应用所引起的最重要的变革是加速了以小块土地所有制和小生产为主要特征的小农经济的解体过程,从而引发了现代大农业取代小农经济的农业革命。② 所以,农业机械化的主要目的包括两个方面。

第一,为提高农业深度、广度提供可能。机械化用物化劳动来替代活劳动,最直接的影响便是提高了农民的劳动生产率,继而,被节约下来的农业劳动力有条件、有机会向农业生产的深度和广度进军,或者从事其他生产劳动,以此推动农业产业的深化与拓展。③

第二,为生产要素有效组合提供可能。正如规模化不是单纯扩大土地种植面积,同样,机械化也不是一味增加大型机械化生产工具,农业工业化的本质是农业部门要素组合的连续性、突破性变化。④ 在机械化的过程中,刺激资本、人力、技术等要素流动,也推动着土地流转制度、土地配置制度等不断完善来适应农业的新业态,由此带来农业产业的变革与创新。

一言以蔽之,机械化与农业之间不是简单的成本-收益关系,而是小农经济-现代大农业、传统农业-农业现代化的变革关系。

由此可见,规模化、专业化和机械化三者之间不是孤立的或冲突的,而是一体三面的有机关系:专业化推动着机器的采用和推广,从而加深了机械化的程度;规模化为专业化和机械化提供物质

---

① 《资本论(纪念版)》第1卷,人民出版社2018年版,第578页。
② 何增科:《马克思、恩格斯关于农业和农民问题的基本观点述要》,《马克思主义与现实》2005年第5期。
③ 薛暮桥:《中国社会主义经济问题研究》,人民出版社2012年版,第195页。
④ 刘守英、王瑞民:《农业工业化与服务规模化:理论与经验》,《国际经济评论》2019年第6期。

条件和客观基础;专业化和机械化又反作用于规模化,使规模报酬得以实现。三者相结合,逐渐改变传统的"小农户"制治理体系,不断推动乡村治理体系的现代化,激发农业产业革命的诞生,以农业生产关系的革新实现乡村振兴。

最后,需要说明的是,从"小农户"走向规模化、专业化、机械化的现代农业并不是一蹴而就的,需要足够的历史耐心,"当前和今后很长一个时期,小农户家庭经营将是我国农业的主要经营方式"①。与此同时,"小农户"也不是落后的生产关系,而是向大规模机械化过渡的必然阶段。倡导适度规模经营的目的不是消灭"小农户",乡村振兴也不是"去小农化",而是在新时代发展背景下,重新审视"小农户"在我国特色农业发展道路中的地位和作用,使"小农户"更好地与现代农业发展有机衔接,以实现乡村振兴的治理目标。

3. 乡村治理效能与治理目标相脱节

治理体系和治理能力相辅相成、相互支撑,共同实现治理效能的转化。就当前乡村振兴的治理效能来看,呈现出"'统'不足,'分'有余"的状态。国家离散于乡村发展,由村民自治与包产到户构成的理想中的"自主性的乡村治理",异化为分散的、碎片的乡村治理,同时,基层组织未承担好对接国家治理的责任,使国家政策悬浮于乡村之上,与治理目标相脱节。

第一,乡村与国家的离散性——国家在乡村治理中"统"的作用不足。离散性是指乡村发展呈现出的脱离于国家治理的框架,

---

① 《中共中央办公厅、国务院办公厅印发〈关于促进小农户和现代农业发展有机衔接的意见〉》(2019 年 2 月 21 日),中国政府网,http://www.gov.cn/zhengce/2019-02/21/content_5367487.htm,最后浏览日期:2020 年 12 月 9 日。

是国家在乡村发展过程中的"统"的作用的缺失,这是当前乡村治理效能低下的根本原因。村民自治和包产到户所要求的自主性并不是指脱离国家治理、无需国家统筹的"无限的自主性",而是在国家"统"的前提下,鼓励村民结合本村情况、自身状况走出特色的乡村振兴道路。因此,乡村振兴要着眼于乡村,更要在更高的视野上走出乡村看乡村,需要国家从顶层设计的角度制定乡村治理的目标,统筹城乡、工农、区域发展,从而实现资源的合理集中和调配,为缩小城乡差距、区域差距、工农差距提供完善的制度框架,引导各类生产要素有效地支持农村、农业、农民发展,发挥好国家在乡村治理中的统领、统筹作用。

第二,乡村振兴国家政策的悬浮性——基层组织在乡村治理里"枢"的作用弱化。从国家投入和国家政策的供给端到村民需求端这条治理链条中,单纯依靠国家是不足够的,基层组织是连接二者的枢纽,也是国家政策落地的中枢。在国家投入和村民需求之间存在着"最后一公里"的问题,使国家政策悬浮在乡村之上,村民无法真正享受到惠民工程和政策的好处。[①] 因此,乡村振兴不是简单的"资本下乡""人才下乡"等,最根本的是"治理下乡",解决基层组织"治理的空壳"的问题。一方面,"枢"是轴,联动着国家与乡村,需要基层组织发挥好"枢"的作用,实现国家治理由顶层到基层的对接,使国家的政策和投入能够真正落实到乡村;另一方面,"枢"是关键部位,关系到乡村治理的末梢在何处,基层组织有力则乡村治理能够直达村民,填补从国家到村民的治理悬浮,否则将悬浮在"最后一公里"。

---

① 贺雪峰:《最后一公里村庄》,中信出版社 2017 年版,第 305—309 页。

三、乡村振兴战略下乡村治理创新的路径探析

在新时代乡村振兴战略背景下，实现治理有效必须坚持党的领导核心作用，通过党的领导发展壮大集体经济，将分散的、原子化的村庄重新组织起来；通过党的制度性嵌入提供公共产品，缩小城乡二元分割；通过党的领导与村民自治的合力效应、非正式治理规则与正式治理规则的协同效应，推动乡村治理体系、治理能力现代化。当前，我国城乡发展不平衡、农村发展不充分是乡村振兴实现的突出短板，集体经济弱化和基层治理能力差导致党的路线方针政策无法有效落实，进而影响乡村振兴目标的实现。为此，必须坚持和加强党对乡村治理的集中统一领导，发展壮大集体经济，走乡村治理振兴之路。

1. 坚持和加强党对乡村治理的集中统一领导

中国的乡村治理是一种政府主导的治理模式，坚持中国共产党的领导是乡村治理的政治基础。党对乡村治理的集中统一领导是中国特色乡村治理体系的最本质特征和最大政治优势，把党领导乡村治理的制度优势更好地转化为治理效能，是实现乡村振兴的根本保障。党政军民学，东西南北中，党是领导一切的。要坚持党管农村工作，充分发挥党在农村工作中总揽全局、协调各方的领导核心作用。党的集中统一领导不是压缩了基层自治空间，而是强化了乡镇政府的治理能力和基层自治的自主权。当前，乡村自治功能没有得到很好建构，表现为行政化、官僚化趋向，部分农村基层党组织未能充分发挥作用，乡村治理结构失衡。为此，必须坚持和加强党对乡村治理的集中统一领导，发展党政治统领、组织动

员群众的优势,为乡村有效治理提供政治保障。

第一,坚持党的领导,必须加强党的组织建设,特别要注重农村基层党组织建设。党建引领意味着党组织直接面对乡村经济社会而不是借助某种中介机制,必须不断提高党领导乡村治理的水平和能力。第二,加强党领导下的政府体制改革,理清政府的权力边界,打造有限、服务型政府。加强行政法制建设,改善乡镇政府"错位"和"缺位"的问题,营造廉洁、高效的政府行政生态系统。第三,建立以党组织为核心的多元组织体系。当前党组织高度依赖政府发挥作用,难免造成基层治理的行政化和官僚化倾向,应将党的政治领导地位渗透到乡村治理各领域,形成一个良好的组织生态系统。第四,更好发挥农村基层党组织的战斗堡垒作用。基层党组织是贯彻执行党的农村政策的领导核心,具有统一协调、应对危机的显著优势。特别要充分发挥基层党组织在土地流转和土地整治中的重要作用,做好土地流转双方的协调、降低交易成本,做好土地整治的组织和动员、切实维护农民自身利益。第五,充分发挥农村党员在乡村治理中的先锋模范作用,着重提高基层党员干部的领导能力和思想素质,确保党的路线方针政策在农村有效落实。推进"党政一肩挑",村"两委"班子成员应当交叉任职,强化党在乡村治理的领导核心地位,提升治理能力和效能。

2. 在实施乡村振兴战略中,大力发展集体经济是农村改革深化的方向

社会主义公有制以集体经济为基础,壮大集体经济是走社会主义道路、实现共同富裕的制度保障,是乡村治理与乡村振兴的经济支撑。包产到户改革以来,我国农村出现治理能力弱化、基层组织内卷化、农村的原子化空心化等问题,都与农村集体经济衰弱相

关,核心问题是没能处理好农民与土地的关系。新时代,集体土地所有制仍是乡村治理的基础性制度,无论乡村治理结构和体系如何变化,党和政府都毫不动摇地坚持土地集体所有制这一根本制度,大力发展农村集体经济。早在1990年,邓小平就提出了"两个飞跃"①理论。邓小平的第二次飞跃思想不是回到过去,而是发展新型集体经济。党的十九大报告提出"深化农村集体产权制度改革,保障农民财产权益,壮大集体经济"②,同时将"产业兴旺"作为发展目标之一,其内在要求也是发展壮大农村集体经济。党的十九届四中全会进一步明确提出"发展农村集体经济"③。2020年中央"一号文件"又提出探索农村集体经济创新发展路径。农村集体经济是生产、生活、组织和利益共同体,农民可以通过入股、分红等方式分享收益,原子化农民通过利益纽带重新联结。马克思认为:"只有在共同体中,个人才能获得全面发展其才能的手段,也就是说,只有在共同体中才能有个人的自由。"④农村集体经济能够将原子化的农民重新组织起来,从而促进村庄公共性的生长,提升基层治理主体的治理能力,实现乡村治理体系和治理能力现代化。

当前,我国面临发展乡村集体经济很难和必须发展的矛盾困境。乡村振兴战略下集体经济是实现有效治理的经济基础,需要把传统集体经济共同富裕的发展目标向治理有效的方向转变。农村土地集体所有制度为公共治理提供了制度空间,乡镇基层政权组织仅仅依靠上级财政转移支付而没有收入自主权,容易造成资

---

① 《邓小平文选》第3卷,人民出版社1993年版,第355页。
② 《中国共产党第十九次全国代表大会文件汇编》,人民出版社2017年版,第26页。
③ 《中国共产党第十九届中央委员会第四次全体会议文件汇编》,人民出版社2019年版,第39页。
④ 《马克思恩格斯选集》第1卷,人民出版社2012年版,第199页。

第六章
大国之本：乡村治理与乡村振兴的政治经济学阐释

源配置效率低下或治理能力差的困境，应把财政自给能力与转移支付结合，不断创新集体经济的有效实现形式。

第一，加强党和政府的引导。壮大集体经济是未来农村经济发展的走向，部分地区的条件已经成熟，党和政府应积极予以鼓励、支持和引导，加大政策和资源倾向力度，强调因地制宜，推动集体经济健康发展。第二，明确农村土地集体所有权的主体，充分维护农民集体依法发包、调整、监督集体土地的权利。第三，实施新型农业经营主体培育工程，加快培育发展现代家庭农场、土地股份合作制、农业合作社等多种形式的农业规模化经营。第四，创新多元化的农村土地经营方式，实施集体土地确权登记制度、维护农户承包权、放活经营权。当前的农业政策向发展规模经营和特色农业方面倾斜，但应做好政策引导和制度保障，避免压力型体制下乡镇基层组织过分推动土地流转和整合，损害农民利益。第五，做好小农户与现代农业发展有机衔接，党的十九大肯定了发展小农经济的积极作用，应大力培育现代农民，提高农民思想道德素质和科学文化素质；大力推进农业机械化、产业化和智能化；依靠人工智能时代的技术、信息优势促进一二三产业融合发展。

3. 实施乡村振兴战略，推进乡村治理现代化

实施乡村振兴战略是一项巨大而复杂的系统工程，需要在党组织和政府的强力引导下走乡村振兴的治理路线。一方面，实施乡村振兴战略的目标是推动农业农村现代化，农业农村优先发展可以激活农村发展的内生动力、推动农村经济高质量发展，为乡村有效治理奠定坚实的物质基础。另一方面，乡村振兴的主要路径和内涵都是治理性的，应以乡村振兴为抓手推进乡村治理体系、治理能力现代化。当前，我国乡村发展现实、乡村治理主体和治理结构，

与乡村振兴目标不对接，存在治理体制机制不健全、治理主体不到位、治理能力弱化等突出问题，需要从以下几个方面进行改善。

第一，提升各级党委和政府对乡村治理重要性的认识，把乡村治理工作重点推进等纳入乡村振兴战略总体规划，将加强和改进乡村治理工作纳入乡村基层干部的政绩考核指标；同时建立各省（自治区、直辖市）党委和政府每年向党中央、国务院报告乡村治理情况的长效机制。第二，健全城乡融合发展机制。马克思指出："城乡关系一改变，整个社会也跟着改变。"[①]消除城乡分制的关键制度性壁垒，有利于城乡资本、人才双向流动，提高资源配置效率，缩小城乡差距，加快推进乡村基础设施建设，促进公共服务、社会保障供给的均等化。第三，加强乡村治理队伍建设。通过培育新型职业农民、农村专业人才队伍建设、科技人才引进机制创新等措施强化乡村振兴人才支撑，加大对村民的教育培训力度，提高其知识素质和综合素养，"培养造就一支懂农业、爱农村、爱农民的'三农'工作队伍"[②]。同时充分发挥新乡贤在乡村治理中的正效应，激发乡村社会内生力量的成长，促进治理主体多元化。第四，健全村级议事协商制度，重视农民的主体地位，充分发挥农民参与治理的主体作用。加强党组织领导的农村群众性自治组织建设，健全村党组织对重大问题的"一事一议制度"，全面落实"四议两公开"，同时健全监督考评机制。第五，加强传统文化治理和农村精神文明建设，提升乡村德治水平。通过宣传和教育提高人民对乡村传统优秀文化的认同，并将其纳入基层干部的政绩考评指标体系。第六，加大乡镇政府的财政倾斜力度，健全村级组织运转经费以财政

---

① 《马克思恩格斯选集》第 1 卷，人民出版社 2012 年版，第 237 页。
② 习近平：《决胜全面建成小康社会 夺取新时代中国特色社会主义伟大胜利——在中国共产党第十九次全国代表大会上的报告》，人民出版社 2017 年版，第 32 页。

第六章
大国之本：乡村治理与乡村振兴的政治经济学阐释

投入为主的保障制度，尽可能多地把资源、服务、管理下放到乡镇政府，提高乡村基层政权组织和村级组织的治理能力。

实施乡村振兴战略是解决城乡发展不平衡、实现"两个百年"奋斗目标的重大理论和实践课题。要把乡村振兴战略和"两个百年"奋斗目标有机结合起来，在2020年全面建成小康社会的基础上，使乡村治理体系更加完善，乡村振兴的制度框架和政策体系基本形成，乡村治理效能得到提升；到2035年，在基本实现社会主义现代化的基础上，农业农村现代化要基本实现；再到2050年建成社会主义现代化强国的基础上，实现乡村全面振兴。在新时代国家治理现代化的背景下，乡村治理现代化是乡村全面振兴和国家有效治理的基石，因此提升对乡村治理重要性的认识，既是一个重大理论问题，也是重要实践问题。在农村深化改革中，如何在乡村振兴战略下把乡村治理的作用贯穿经济发展全过程，如何把党的领导核心作用嵌入乡村振兴的实践，如何更好地发挥集体经济的优越性，都是未来不断完善乡村治理体系、提升乡村治理能力的重要方向。

第七章 大国之途：民营经济发展的政治经济学再审视

【 **本章核心观点** 】

改革开放40多年来，我国经济发展能够创造中国奇迹，民营经济功不可没。在公有制为主体、多种所有制经济共同发展的基本经济制度下，民营经济既是中国"富起来"的重要力量，也是"强起来"的重要途径。相较于民营经济的蓬勃实践，关于民营经济的理论和认识还很不充分，有明显的理论与实践相脱节的现象，人们对民营经济的理解存在误区，甚至是偏见。本章从民营经济概念争议、私营经济与个体经济、资本主义经济、私有化问题、个人财富问题、民营经济与国有经济关系、是否是社会主义初级阶段发展权宜之计等八个方面进行剖析，希望厘清对民营经济的认识，为更好地发展民营经济这一"大国之途"破除障碍。

40多年来,我国民营经济从小到大、从弱到强,不断发展壮大。截至2017年底,我国民营企业数量超过2 700万家,注册资本超过165万亿元。到2019年底,我国已有市场主体1.23亿户,其中企业3 858万户,个体工商户8 261万户,带动就业人口超过2亿。① 在世界500强企业中,我国民营企业由2010年的1家增加到2019年的26家。我国民营经济已经成为推动我国经济发展不可或缺的力量,成为创业就业的主要领域、技术创新的重要主体、国家税收的重要来源,在我国社会主义市场经济发展、政府职能转变、农村富余劳动力转移、国际市场开拓等方面发挥了重要作用。我国经济发展能够创造中国奇迹,民营经济功不可没。然而,在民营经济蓬勃发展的当今,关于民营经济的理论和认识还很不充分,人们对民营经济的理解和认识存在误区,甚至是偏见,出现了诸如"发展民营经济无异于发展资本主义经济""民营经济违背了马克思'消灭私有制'的阐述"等错误言论。

一、民营经济概念的争议与问题

对于"民营经济"一词,目前尚未有权威的定义,不同学者对民

---

① 习近平:《在企业家座谈会上的讲话》(2020年7月21日),中国政府网,www.gov.cn/xinwen/2020-07/21/content_5528791.htm,最后浏览日期:2021年2月9日。

第七章
大国之途：民营经济发展的政治经济学再审视

营经济的定义和内涵的理解也存在着差异。概括起来，主要有以下三种观点：其一，以所有制划分。该观点从生产资料所有权角度来划分，将"民"与"私"画上约等号，认为民营经济是回避意识形态的产物，用"民营经济"代替"私有经济"，以此打破发展非公有制经济的思想束缚。按照此观点，"民营经济＝国民经济－公有制经济＝非公有制经济"，又称"狭义民营经济"。其二，以经营方式划分。该观点强调民营的"营"字，认为民营经济不是所有制的范畴，而是经营方式上的划分，是民间资本、民间人士、民间方式办的经济，与之相对的是"官营经济"，即除了国有国营外的任何经济形式都是民营经济。该观点是目前多数学者所支持的。按照此观点，"民营经济＝国民经济－国营经济＝非国营经济"，又称"广义民营经济"。其三，二者相结合的划分方法。该观点认为，任何经营方式都是财产主体所决定和采取的，不能将所有制形式与经营方式分割开来。如果单方面强调以所有制划分，则无法突出与非公有制经济之间的差异，是一种"有多余之嫌"的经济成分；倘若仅仅从经营机制层面上理解民营经济，又有淡化所有制的嫌疑。唯有将所有制形式与经营方式结合起来，才能全面地认识民营经济，理解其定义和内涵。按照此观点，"民营经济＝国民经济－国有国营经济＝非国有非国营经济"。

"民营经济"一词的内涵争议主要在于"营"字的解读上。由于民营经济的概念产生于中国经济发展的实践，伴随着中国改革开放而成长、壮大，因此要立足中国实践全面地、客观地理解民营经济的内涵。在理论界，学者普遍认为，"民营"一词最早出现在1931年王春圃的《经济救国论》中，将民间私营经济的企业称为"民营"，与之相对的是国民党政府经营的"官营"企业——民营的"营"对应的是"经营"；在党的历史上，1942年毛泽东的《抗日时期的经济问题和财政问题》一文中,提出"实事求是地发展公营和民营的经济,才能保障财政的供给",他将国民经济分为"公营"和"民营"(或称"人民经济")两种,其中,民营经济指人民自发"负担"的农业、畜牧业、手工业、盐业和商业等①——民营的"营"含义是"负担";在国家官方文件中,1993年,国家科委、体改委发布了《关于大力发展民营科技型企业若干问题的决定》,将"民办科技机构"更名为"民营科技型企业"②,这也是"民营"概念首次出现在国家部委正式文件中,标志着"民营"这一概念的正式使用——民营的"营"承袭的是民办的"办"。由此可见,无论是在理论上、党的历史上还是官方文件中,民营经济都是按照经营方式、经营主体划分的结果,"民营"即指"民间经营",是与"官营""国营"相对的概念,不涉及所有权的范畴,把所有权与经营权相结合的划分方式更是过度解读了民营经济的内涵。

正是由于民营经济概念的分歧和争议,导致了一系列认识上的误区。因此,要更好地理解民营经济的概念和内涵,首要的是秉持科学和客观务实的认识态度。民营经济并非是一个模糊的概念,理解民营经济就要把握住"营"字的精髓,这才是理解和认识民营经济的关键,才能避免走入一系列"私营""私有"等"概念之争"。当前对民营经济理解的"乱象"主要是由于对民营经济认知上存在偏差所致,继而引发了一系列误解和歧视,也影响了民营企业家们发展民营经济的心理预期,从而阻碍了民营经济的有序、健康发展。

---

① 《毛泽东选集》第3卷,人民出版社1991年版,第891—895页。
② 科学技术部政策法规司编:《科技法律法规与政策选编(1985—2008年)》(上册),科学技术文献出版社2011年版,第416—418页。

二、民营经济不能简单等同于私营经济和个体经济

目前,许多人认为"民营就是私营,个体也是私营,因此民营经济就是私营经济和个体经济",不加区分地将三个概念简单等同。事实上,民营经济与私营经济、个体经济之间既有区别又有联系。首先,"民营"对应的是"官营","私营"对应的是"公营"。按照语义学,既然"官营"不等于"公营",那么"民营"也当然不同于"私营",民营经济和私营经济远非同一概念,把二者相混淆是犯了"想当然"的错误。其次,"民"与"个体"的社会性差异。"民"字指社会性质的人民,而不是个体的人;"民营"现象所描述的目标是生产的社会化,而不是生产的个人化;民营经济整体视角下应是社会生产力,而个体经济更着眼于个人生产力。所以,民营经济与强调"劳动者个人占有生产资料、个体劳动、个体经营"为基本特征的个体经济在内涵、外延上都有明显差异,个体经济属于民营经济的形式之一,而民营经济不等于个体经济。

从性质上来看,"民营"和"私营"虽只有一字之差,却是两个范畴的概念。如前所述,民营经济是个经营性的概念。而私营经济和个体经济是生产资料所有权的概念,二者是非公有制经济的重要组成部分,主要区别在于规模。具体来说,个体经济一般指自己生产、自己经营、没有雇工的经济形式,主要表现为家庭协作式经营;私营经济一般被看作是由个体经济发展壮大而来的,通过增加雇员(增长至大于8人)、扩大经营规模发展而来,是以生产资料私有为所有制形式、以雇佣关系为基础、以取得利润为目的经济形式,常被看作具有私有性、剥削性和营利性的特点。随着思想解放和经济改革的逐步推进和深入发展,个体经济"七上八下"和私营

经济是"资本主义"的认识禁锢逐步被打破。

现在,私营经济和个体经济都是非公有制经济的重要组成部分和中国特色社会主义市场经济的重要推动力量。民营经济、私营经济和个体经济都属于同一范畴,但是,民营经济的内涵更广、外延更宽。若按照所有权和经营权相结合的方式来划分,私营经济和个体经济同属于"民有民营经济"。但是,无论是根据前文所述的何种划分方法,将民营经济看作是"非国营经济""非公有制经济"亦或"非国有非国营经济",认为私营经济和个体经济都是民营经济的题中应有之义和重要组成部分,即私营经济和个体经济都同属于民营经济,将民营经济简单等同于私营和个体经济是以偏概全的不正确理解。

三、民营经济不是资本主义经济

民营经济是社会主义经济重要组成部分,也是推动社会主义市场经济发展的重要力量,更是推进供给侧结构性改革、推动高质量发展、建设现代化经济体系的重要主体。作为社会主义经济重要组成部分,不管其性质如何,在国家发展战略面前,各经济成分都是平等的,即在生产力面前不同经济成分是平等的,没有优劣之分,也不存在意识形态属性。无论何种经济形式都是经济发展的手段,都是国家发展的社会基础,都是党和政府治理的物质基础。现在,中国特色社会主义进入新时代,姓"资"还是姓"社"不能简单化、意识形态化。实践发展不止,理论也要创新不止,理论必须跟上时代,推动实践发展,实践也不断丰富理论。发展社会主义经济,既要完整、准确、充分地理解马克思主义经典论述,也要充分考虑发展的历史和现实的阶段性,将马克思主义基本原理更好地同

第七章
大国之途：民营经济发展的政治经济学再审视

中国实际相结合，推进马克思主义理论不断发展和创新。对于马克思主义经典作家论述的理解，既不能僵化、停滞，也不能教条、机械。

民营经济是社会主义市场经济的重要组成部分，同样具有社会主义性质。要明确民营企业不仅不是社会主义的"敌手"，还是社会主义的"帮手"①。改革开放40多年来，中国的民营经济从无到有、从小到大顽强生长起来，为中国成长为世界第二大经济体作出了不可磨灭的贡献。翻开改革开放的历史，"承包""下海""个体户""万元户""股份制合作""互联网创业"等关键词映入眼帘，透过一个个逐年变化的"热词"，可以感受到民营经济给中国发展带来的活力与动力。正是得益于无数民营企业的自主化、多元化发展，才能够创造出坐在"办公室"里想不出来的新产品、新业态、新商业模式，给中国经济带来新的可能性与想象力。

改革开放以来，党和国家十分重视民营经济的发展问题，不断为民营经济提供公平、有序、健康、稳定的发展环境。党的十八大提出"要保证各种所有制经济依法平等使用生产要素、公平参与市场竞争、同等受到法律保护"②；党的十九大指出"全面实施市场准入负面清单制度，清理废除妨碍统一市场和公平竞争的各种规定和做法"，强调要"支持民营企业发展，激发各类市场主体活力"③；党的十九届四中全会再次重申"健全支持民营经济、外商投资企业发展的法治环境""营造各种所有制主体依法平等使用资

---

① 吴端玲：《关于大力促进民营经济发展的若干思考》，《生产力研究》2003年第2期。
② 胡锦涛：《坚定不移沿着中国特色社会主义道路前进 为全面建成小康社会而奋斗——在中国共产党第十八次全国代表大会上的报告》，人民出版社2012年版，第21页。
③ 《习近平谈治国理政》第3卷，外文出版社2020年版，第26页。

源要素、公开公平公正参与竞争、同等受到法律保护的市场环境"①。

毋庸置疑,民营经济正越来越受到重视,全社会都在不断为民营经济营造更好的发展环境,帮助民营经济解决发展中的困难。那种以"民营经济是资本主义经济"为名否定民营经济的言论,提出民营经济应该退出历史舞台,既否定了民营经济对社会主义经济的历史贡献,也不符合社会主义经济发展的现实需要。民营经济不仅仅是社会主义经济的补充和附属,更是社会主义市场经济的重要组成部分。民营经济是中国经济社会发展的重要基础,越是在经济发展的关键时期,越是需要发挥民营经济的作用。"民营经济不符合马克思主义""民营经济是资本主义经济"的质疑言论既不符合实际,也不符合党的大政方针。

四、发展民营经济不等于主张"私有化"

现在,社会上有一种错误观念,就是想当然地认为"民营＝私有制＝私有化"。受陈旧思想和错误理论的束缚,民营经济仍然面临着"所有制歧视",被看作是"私有化"的经济,发展民营经济也被看作是主张"私有化"。

首先,需要厘清"民营"和"私有""私有制"三个概念。如前所述,"民营"是经营方式的范畴,而"私有"是所有制上的概念,二者不可相混淆。从我国民营经济的诞生来看,民营经济是与官营经济相应产生的,改革的突出任务就是要改变公有制一统天下的所

---

① 《十九大以来重要文献选编》(中),中央文献出版社2021年版,第281页。

第七章
大国之途：民营经济发展的政治经济学再审视

有制结构和政府集权经营的官营模式。① 从国际经济范围来看也是如此，西方国家从20世纪80年代开始国有企业民营化浪潮，改革的措施十分多样，但绝大多数形式都与所有制改革无关，都是生产主体、经营方式上的变化。所以，民营经济作为非公有制经济不是所谓的私有化经济，私有经济与私有化经济是两个不同概念，发展民营经济也不是鼓励和推动私有化浪潮，更不能对民营经济进行"所有制歧视"。

其次，"私有"和"私有化"不是同一范畴。需要着重强调的是，研究经济问题时，一定要慎用"某某化"来给经济概念"扣帽子"。"私有"和"私有化"虽只有一字之差，但却有着根本性区别："私有"是一种经济现象，而"私有化"却是一种经济性质。加了"化"字，就表示转变成某种性质或状态，带有属性和价值的判断。据此，使"市场在资源配置中起决定作用"不等于全面"市场化"，同理，支持和鼓励民营经济发展也不是鼓吹"私有化"。民营经济既然不是"私有经济"，那便更不存在"私有化"的性质。所以，要以理性、客观的眼光看待民营经济，不要总戴着"有色眼镜"敌视、丑化民营经济，随意给其扣上"私有化"的帽子。

习近平总书记在民营企业座谈会上讲道："不断为民营经济营造更好发展环境，帮助民营经济解决发展中的困难，支持民营企业改革发展，变压力为动力，让民营经济创新源泉充分涌流，让民营经济创造活力充分迸发。"② 改革开放以来，我国经济建设取得了巨大成就，包括民营经济在内的各经济成分都作出了重要贡献，从而创造出巨大的社会财富。也正是因为经济形式多元化带来了生产

---

① 木志荣：《对民营经济概念的修正》，《云南财贸学院学报》2002年第5期。
② 《习近平谈治国理政》第3卷，外文出版社2020年版，第264页。

关系的多元并存,从而带动了生产力的蓬勃发展。民营经济是社会主义市场经济改革和创新的产物,是社会主义基本经济制度重要构成部分,大大激发了社会主义经济的活力和生机,推动着社会主义市场经济更好、更快地发展。因此将鼓励支持引导民营经济发展等同于鼓吹"私有化",是对民营经济内涵的理解偏差。

五、民营经济不是落后经济

改革开放40多年来,中国能够创造经济快速发展奇迹和社会长期稳定奇迹"两大奇迹",民营经济功不可没,民营经济的重要地位和作用有目共睹。但是,现在社会上一部分人对民营经济的认识仍然受陈旧观念影响,认为只有公有制经济才是先进的社会主义经济,而民营经济是落后的、陈旧的经济形式。民营企业规模小、效益差、抗风险能力弱,有些人觉得民营经济拖了国民经济的"后腿",增加了国家经济运行的不稳定性,是典型的"落后经济",随着社会主义经济不断发展和壮大,应该逐步淘汰民营经济。

民营经济"落后论"主要源于民营经济的现存问题。第一,起步晚。党的十一届三中全会以后,中国才开始逐步破除所有制问题上的传统观念束缚,为非公有制经济发展打开了大门,初步创造了民营经济发展的政策环境。20世纪80年代形成了第一批"下海"的民营经济先行者。1992年邓小平"南方谈话"之后,兴起了新一轮创业兴业、发展民营经济的热潮,诞生了一批"九二派"民营企业家。可以说,大多数民营企业于20世纪90年代才起步,与同时期的国有经济相比,存在规模小、企业制度不健全、管理不规范等问题,再加上党和国家对民营经济的指导和帮助也是"摸着石头过

第七章
大国之途：民营经济发展的政治经济学再审视

河"，从民营经济的起步环境来说，存在"先天不足"的状态，给人"落后"的印象。第二，利润率不均。民营经济的内涵十分丰富，包含了从个体到民营等各种形式，而目前国有企业大部分都是大型企业或特大型企业，这也就意味着，相较于国有经济，民营经济内部发展状况更加参差不齐，小型、微型民营企业在产值、工业增加值等指标上更是无法与国有企业相提并论。因此，单纯以利润来评价民营企业的价值既不全面，也不科学，更不能以其中一个民营企业利润来概括整体民营经济的效益。第三，粗放式经营模式。民营企业在技术和管理方面的问题是制约民营经济发展的重要因素。当前，民营企业的平均技术水平有限，在企业管理方面偏于传统，缺乏现代企业制度的支持，出现了融资难、负债过高、信用低、任人唯亲、产权封闭等现象，导致民营企业的波动大、生命周期短。从外部环境和内部因素来看，民营经济正面临着"市场的冰山""融资的高山""转型的火山"，使得民营经济的发展之路坎坷崎岖。

民营经济在初期有"先天不足"的样貌，但是承认民营经济现在仍然存在诸多问题，并不意味着要否定其当今价值，更不能就此取缔其未来发展，如何理解"落后"与"先进"，是破解这一价值论误区的关键。当今，民营经济在发展社会生产力、增强综合国力、提高人民生活水平上的作用斐然。

第一，民营经济[①]是经济发展的助推器。民营经济虽然起步晚，但发展势头猛、发展活力足，总体规模呈几何级数扩大。1996年，全国共有私营企业总计44.3万个，仅占国内全部企业数量的

---

① 由于民营经济概念暂无定论，不同文件、统计报告对民营经济的划分和称呼略有差异。受数据索取限制，除源数据已明确列出"民营经济"或"民营企业"项以外，本文有关民营经济的统计数据均选取狭义民营经济的数据，即私营经济和个体经济，以便更好地进行数据比较和分析。特此说明。

16.9%,截至 2017 年,私营企业的数量增加到 1 436.9 万个,较 1996 年数量相比增长了 31.4 倍,年均增长率 18.0%,占全部企业数量的比重高达 79.4%。① 民营经济规模的扩大随之带来了效益和质量的显著提高,规模经济是民营企业发展壮大的显著标志。1989 年,民营经济在 GDP 中的产值比重仅为 3.86%,如今(截至 2018 年——笔者注)民营经济对 GDP 的贡献已超过 60%,是不容小觑的国民经济重要推动力量。②

第二,民营经济是对外贸易的新生力量。2019 年,民营企业首次超过外商投资企业,成为我国第一大外贸主体,民营企业进出口总额达 13.48 万亿元,较前一年增长 11.4%,占我国外贸总值的 42.7%,比 2018 年提升 3.1 个百分点,拉动外贸增长 4.5 个百分点③,在中美贸易摩擦等不利国际环境下仍保持良好的发展势头,逐步成长为对外开放的中坚力量。此外,得益于"一带一路"倡议,中西部民营企业获得了绝佳发展机遇,正在快速成长,2019 年中部、西部民营企业进出口增速分别达到 28.3%和 22.4%,比东部地区高了 19.5 个百分点和 13.6 个百分点。④ 与此同时,民营企业也带来了对外贸易的格局更新和扩展,据海关总署数据统计显示,民营企业对新兴市场的开拓力度不断增强,形成了以东盟、拉美和非

---

① 《单位数量快速增长 市场活力不断激发——新中国成立 70 周年经济社会发展成就系列报告之二十一》(2019 年 8 月 26 日),国家统计局,http://www.stats.gov.cn/tjsj/zxfb/201908/t20190826_1693395.html,最后浏览日期:2021 年 2 月 10 日。
② 数据转引自王海兵、杨蕙馨:《中国民营经济改革与发展 40 年:回顾与展望》,《经济与管理研究》2018 年第 4 期。
③ 《新闻办就 2019 年全年进出口情况举行发布会》(2020 年 1 月 14 日),中华人民共和国中央人民政府网,http://www.gov.cn/xinwen/2020-01/14/content_5468996.htm,最后浏览日期:2021 年 2 月 10 日。
④ 同上。

洲为代表的新兴市场,成为新的对外贸易增长点,塑造了对外开放的新格局。

第三,民营经济是转型创新的先锋。中国在从高速度型增长到高质量转型的过程中,需要以民营企业的高质量发展来创造新的人口红利、资源红利和改革红利。① 现在,世界正处在第四次工业革命中,企业是我国技术创新体系的主体,以华为为代表的中国民营企业是中国在此次革命中的先锋队伍,带领中国争夺 5G 技术、AI 技术、云计算等核心技术的世界领先地位。当代大型民营企业,如阿里巴巴、腾讯、小米、顺丰速运等,在技术和人才上具有明显的优势,并且企业对研发和创新愈发重视。民营企业大力推动了传统技术、传统产品、传统经营方式的转型和升级,诞生了一系列新产业、新业态,如电子商务、共享经济和直播经济等。

现在,党和国家特别提出要支持民营企业参与关键领域核心技术创新攻关。② 可见,民营企业在强化国家战略科技力量中发挥的作用有目共睹,是推动经济转型和技术创新的先锋。一个个鲜活的例子和铁铮铮的数据告诉我们,民营经济"落后论"是不攻便可自破的不实言论。民营经济充满着朝气和生气,毫无疑问符合了邓小平提出的"三个有利于"标准,是兼具实力、活力、竞争力和潜力的灵活经济形式。

六、民营经济不仅仅是企业家的个人财富

对民营企业家的评价,社会上不乏"他们是资本家"的讽刺言

---

① 厉以宁:《中国道路与民营企业高质量发展》,《宏观质量研究》2020 年第 2 期。
② 《中共中央、国务院关于新时代加快完善社会主义市场经济体制的意见》(2020 年 5 月 11 日),《人民日报》2020 年 5 月 19 日。

论,把民营经济当作仅仅为企业家服务的"印钞机",将民营企业内的职员看作是"民营资本家"的"私家印钞工"。更有甚者,对"先富带动后富"的政策和"先富"企业家们抱有不理解的偏见。

正如前述,社会主义市场经济中的民营经济在本质上与资本主义经济有着截然不同。本质上,资本主义的经济是仅仅产生个人财富的经济,资本主义企业上不对国家负责,下不对本企业的职工负责,仅仅对资本家负责,只负责保护资本家或资本家集团的利益。[①] 而中国的民营经济不仅仅是企业家的个人财富,更是社会财富的基础;"先富"的企业家也不是剥削人民的"资本家",而是可以带动后富、最终达到共同富裕的带头人。非公有制经济与公有制经济、民营经济与国有经济共同肩负着社会主义初级阶段要完成的工业化、市场化、城市化和现代化的历史任务,都是社会财富的创造者,二者共同服务于实现共同富裕的历史任务。

一方面,公有制经济、国有经济是社会财富的主体。公有制经济是国民经济的重要支柱,对国民经济起着重要主导作用。公有制经济的作用主要体现在控制力、竞争力、创新力、影响力和抗风险力上,特别是在关系国民经济命脉的重要行业和关键领域中,国有经济必须占支配地位。相较于民营经济而言,国有经济能够更好地直接服务于国家重大发展战略,起到调整经济结构、引导产业发展、提供公共产品的作用,并在经济不景气的条件下发生逆经济周期的行为。

另一方面,非公有制经济、民营经济是社会财富的基础。现在,我们仍处于并将长期处于社会主义初级阶段,国家重大发展战略、国家基础设施建设仍然亟需投资和发展,涉及公共产品、自然

---

① 薛暮桥:《中国社会主义经济问题研究》,人民出版社 2012 年版,第 50—51 页。

垄断和有关国家安全、战略性意义的经济领域主要由国有（营）企业承担，而这些大都属于投资周期长、投资回报率低的领域和行业。新中国成立初期，我国通过工农业的"剪刀差"来补贴国有企业，虽然在较短时间内初步建立了国家工业体系，但是为此付出的代价也是巨大的，在一定程度上，该管理政策扩大了城乡居民收入差距。可见，如果只有国有企业的"举国体制"而没有民营经济创造社会财富作为"体制支撑"的话，那么国民经济的良序运行是难以想象的。

在最新发布的《中共中央、国务院关于新时代加快完善社会主义市场经济体制的意见》中明确提出要"鼓励民营企业参与实施重大国家战略"[①]，这不仅肯定了民营经济是经济运行的重要推动力量，而且越来越重视民营经济在国家发展战略中的地位。在过去的40多年，民营经济取得的"五六七八九"的成就，彰显了它在国家财力积累、社会生产力升级和人民生活改善上的分量，是推动中国工业化、现代化，改变城乡二元结构，缩小东西部差距不可替代的重要因素，在改善民生、促进就业、满足市场需求等领域发挥了不可替代的作用。

可见，在社会主义基本经济制度下，各种经济形式统一到一个共同的时代主题中——发展和壮大中国特色社会主义经济。民营经济是民族复兴的重要力量，是党执政的重要社会基础，与国有经济一并统一于中国特色社会主义的全部理论与实践主题。把民营经济与社会财富相对立、把民营企业家与广大劳动者相对立的言论是偏激的，是对民营经济和民营企业家的曲解。

---

① 《中共中央、国务院关于新时代加快完善社会主义市场经济体制的意见》（2020年5月11日），《人民日报》2020年5月19日。

七、民营经济与国有经济不是对立的

十九届四中全会将公有制为主体、多种所有制经济共同发展的所有制制度由原来的"社会主义初级阶段基本经济制度"上升为"社会主义基本经济制度"。这意味着,多种所有制经济共同发展的格局不仅是社会主义初级阶段的要求,而是贯穿于社会主义的全过程,因而,发展民营经济自然是社会主义建设事业的题中应有之义。然而,尽管党和国家频频强调"两个毫不动摇",社会上仍有"民营经济离场论""国进民退"等争论,否定民营经济的发展未来,企图动摇民营企业的发展信心。

当前,"国"与"民"的关系争论主要有三种类型,即"国进民退论""国退民进论"和"国民共进论",其中,前面两种强调的是替代和对抗关系,后一种则指共生关系。顾名思义,"国进民退论"就是国有经济进入市场、民营经济就只能退出市场,隐含了国有经济挤占民营经济的意思。与之相对应,"国进民退"的反对者大多主张"国退民进"。该观点认为,国有企业依赖政府行政力量垄断资源,规模过大、发展过快、干预过多,导致市场竞争不公平,因此主张国有企业应当退出竞争性或营利性领域,专门从事私有企业不愿或无法经营的公共产品,避免"与民争利"。[①]

关于民营经济的发展问题不仅仅在于民营经济本身,更在于其与国有经济、与公有制经济的关系上。长期以来,民营经济与国有经济、公有制经济与非公有制经济的关系在我国舆论场中往往表现得微妙而敏感。从命题局限来看,所谓"国退民进"

---

① 周文、包炜杰:《再论中国特色社会主义市场经济体制》,《经济学家》2019年第3期。

和"国进民退"都是错误的。其实质是把"国"与"民"、"公"与"非公"摆在相互对立的位置,其目的是想把公有制经济否定掉或者把非公有制经济否定掉。社会主义经济的发展壮大,其最终效果便是"国民共进",即国有资产保值增值、民营经济发展壮大。民营经济与国有经济的关系看似复杂,争论纷纷,实际上,万"辩"不离其宗——"两个毫不动摇"和中国特色社会主义基本经济制度是我们在所有制结构问题上判断的唯一标准。无论是"国进民退"还是"国退民进",都是指所有制结构的变化以及我们在这个问题上的具体政策。[①] 站在整个改革开放的历程中,"国退民进"只是特定历史阶段的产物,而"国进民退"也只是局部现象而非客观趋势。

因此,无论是从理论上还是实践上,"国"与"民"的关系都既不是"国进民退",也不是"民进国退",而是"国民共进"。本质上,民营经济和国有经济并不是对立的关系。相反,二者是互补和共生的关系,"国"与"民"、"公"与"非公"在公有制为主体条件下,相互共生、相得益彰、良性互动。从经济分工上来看,二者同为经济发展的形式和途径,共同服务于社会主义建设,相得益彰;从社会分工来看,民营经济同样是社会主义经济的建设者,是社会财富的创造者,国有经济则更致力于实现国家和社会利益的最大化,二者缺一不可,共同满足人民日益增长的美好生活需要,实现人民"吃得更好""穿得更暖"。一言以蔽之,只有"国民共进"才能充分调动市场主体创造财富的积极性,真正促进社会主义市场经济的繁荣发展。

---

① 周新成:《毫不动摇地坚持公有制为主体、多种所有制经济共同发展——兼评"国进民退"、"国退民进"的争论》,《当代经济研究》2010 年第 4 期。

八、发展民营经济不是社会主义初级阶段经济发展的权宜之计

2018年一篇题为《中国私营经济已完成协助公有经济发展的任务,应逐渐离场》的文章在舆论上引起轩然大波。该文的支持者认为民营经济、非公有制经济只是社会主义初级阶段的权宜之计,是特定历史阶段的特殊产物,在社会主义市场经济稳步发展的当今,应逐步"离场"。

习近平总书记在民营企业座谈会上对"民营经济离场论""新公私合营论"等错误言论予以坚决驳斥,他强调:"我国民营经济只能壮大、不能弱化,不仅不能'离场',而且要走向更加广阔的舞台。"①这为新时代不同经济形式公平竞争、共同发展奠定了总基调。发展民营经济不是社会主义初级阶段经济发展的权宜之计,而是社会主义经济发展的长期方针。从理论上来看,民营经济是马克思主义中国化的优秀成果,是中国特色社会主义市场经济的产物。民营经济的反对者时常拿马克思在《共产党宣言》中的"消灭私有制"作为"挡箭牌",该做法不仅是对经典著作文本的误读,更是对马克思主义理解的僵化和教条。首先,马克思所说的"消灭私有制"不是消灭任何形式的私有制、消灭一切民营经济。回溯原著便可知:"共产主义的特征并不是要废除一般的所有制,而是要废除资产阶级的所有制。"②马克思提出要消灭的是资本主义私有制,即消灭的对象不是别的私有制、也不是指一般的私有制,而是

---

① 习近平:《在民营企业座谈会上的讲话》,《人民日报》2018年11月2日。
② 《马克思恩格斯选集》第1卷,人民出版社2012年版,第414页。

特指资本主义私有制。所以,中国的民营经济不是要"消灭"的对象。其次,"消灭私有制"不是为了追求生产资料所有制上的"公",而是为了消灭生产资料私人占有导致的不公平状态和利用"占有"去"奴役"他人劳动的权力,从而使劳动摆脱异化,让劳动回归劳动本身,最终实现每个人的自由发展和一切人的自由发展。① 但是,在当今新时代依旧用"消灭私有制"来否定民营经济,是对马克思主义的教条和僵化。随着社会主义市场经济的不断完善,民营经济、非公有制经济在社会主义市场经济中日益明确自身定位,通过在增加就业、提供服务等方面的优势得到了社会的广泛认可,民营经济不但不应被"消灭",反而是"重新建立个人所有制"的重要途径之一,这也是"两个毫不动摇"的现实依据。

从历史观的整体视域来看,发展民营经济、非公有制经济是社会主义初级阶段的客观现实决定的。在实现共产主义的最高目标前,我们应认识到社会主义的长期性和阶段性,马克思在《哥达纲领批判》中将共产主义分为低级阶段和高级阶段,低级阶段即实现生产资料的全社会公有制和按劳分配,高级阶段即按需分配。当前我们仍然处于并将长期处于社会主义初级阶段,距离生产资料全社会公有制还有相当远的距离。1981年,《中共中央、国务院关于广开门路,搞活经济,解决城镇就业问题的若干决定》提出:"在社会主义公有制经济占优势的根本前提下,实行多种经济形式和多种经营方式长期并存,是我党的一项战略决策,决不是一种权宜之计。"②今天来看,这一论述仍然充满预见性。

对民营经济的认识和理解要紧紧围绕"什么是民营经济""如

---

① 包炜杰、周文:《整体性视域下"消灭私有制"的内涵及其中国化指向》,《江汉论坛》2019年第6期。
② 《改革开放三十年重要文献选编》(上),中央文献出版社2008年版,第223页。

何理解民营经济在国民经济中的价值"和"应怎样发展民营经济"三大核心问题,从内涵论到价值论再到发展论三个维度层层递进。内涵论是理解和把握民营经济的认识基础,基于此,才能对民营经济做出客观的价值论判断,再在科学地认识和理性地价值判断之上正确地处理民营经济的发展问题。与此同时,对于民营经济的认识不能停留在"机械论"和"教条主义",重要的是在理解民营经济内涵和价值的基础上,为民营经济更好地发展做实事,为民营企业纾难解困,改善民营经济的市场环境、制度环境、竞争环境和舆论环境等,坚定不移地支持、鼓励和引导民营经济发展,坚持"两个毫不动摇",加快完善新时代社会主义市场经济体制,更好地推进和实现经济高质量发展。

第八章 大国之翼：平台经济反垄断的政治经济学审视

[**本章核心观点**]

对于中国这一个庞大的发展中经济体而言，要实现民族复兴、经济腾飞，需要强大的动力支撑，在数字经济蓬勃发展的大背景下，平台经济已经成为新时代中国经济高质量发展的重要新兴业态，是助力中国经济腾飞的强大"羽翼"。近年来，平台经济新业态的迅速崛起使其逐渐成为推动中国经济高质量发展和现代化产业体系建设的重要驱动力。但与此同时，平台经济的垄断化趋势日益加速，引发了诸多严重、复杂的社会问题和法律问题。本章从政治经济学的垄断理论出发，挖掘垄断产生的原因和垄断的危害性。在此基础上，进一步从马克思主义政治经济学的角度分析平台反垄断治理的本质内涵和实践要求，为"大国之翼"发挥支撑作用、助力中国经济破除障碍。

近年来,随着互联网对传统产业的数字化改造不断推进,数字化技术在各行各业得到了全方位的运用,从而催生了平台经济新业态的迅速崛起。平台经济是一种基于数字技术,由数据驱动、平台支撑、网络协同的经济活动单元所构成的新经济系统,是基于数字平台的各种经济关系的总称。① 在经济全球化的推动下,世界经济发展呈现信息化、数字化的趋势,在这样的时代背景下,平台经济作为一种新的经济形态快速崛起。如今,平台经济在国民经济发展的各个方面都发挥着重要的作用,不仅有利于稳定宏观经济增长,而且从产业升级、创造就业等方面来看也具有不可忽视的作用,可以说,平台经济已经成为最能体现时代特色的新经济形态。但与此同时,由于平台经济的规模效应和网络效应,市场的集中度也越来越高,平台经济的垄断化趋势日益加速,引发了诸多严重、复杂的社会问题和法律问题。

2020年12月14日,市场监管总局对阿里巴巴收购银泰商业股权等三起未依法申报、违法实施经营者集中案进行了调查,并依据《中华人民共和国反垄断法》相关条例作出了行政处罚决定。12月24日,新华社连续发布两条有关阿里巴巴集团的消息,第一条是"近日,市场监管总局根据举报,依法对阿里巴巴集团控股有限

---

① 赵昌文:《高度重视平台经济健康发展》,《学习时报》2019年8月14日。

公司实施'二选一'等涉嫌垄断行为立案调查"①。第二条是"中国人民银行、中国银保监会、中国证监会、国家外汇管理局将于近日约谈蚂蚁集团,督促指导蚂蚁集团按照市场化、法治化原则,落实金融监管、公平竞争和保护消费者合法权益等要求,规范金融业务经营与发展"②。阿里巴巴集团是中国影响力最大的互联网巨头,市场监管总局对其进行反垄断调查的举措一经公布就引起了社会各界的高度关注,也引发了人们对平台经济发展的广泛讨论。对阿里巴巴集团实施"二选一"等涉嫌垄断行为立案调查,《人民日报》刊发评论文章称,"这是我国在互联网领域加强反垄断监管的一项重要举措,有利于规范行业秩序、促进平台经济长远健康发展"③。

面对平台经济发展过程中不断暴露的新问题,规范平台经济发展已刻不容缓。2019年8月,国务院办公厅印发《关于促进平台经济规范健康发展的指导意见》;2020年1月,国家市场监督管理总局发布了就《〈反垄断法〉修订草案(公开征求意见稿)》,首次增设互联网经营者市场支配地位认定依据的规定;2020年11月,国家市场监督管理总局起草的《关于平台经济领域的反垄断指南(征求意见稿)》,明确指出该指南是为预防和制止互联网平台经济领域的垄断行为,降低行政执法和经营者合规成本,加强和改进平台经济领域反垄断监管,保护市场公平竞争,维护消费者利益和社会

---

① 《市场监管总局依法对阿里巴巴集团涉嫌垄断行为立案调查》(2020年12月24日),新华网,http://www.gd.xinhuanet.com/newscenter/2020-12/24/c_1126900260.htm,最后浏览日期:2021年10月30日。
② 《金融管理部门将于近日约谈蚂蚁集团》(2020年12月24日),新华网,http://www.xinhuanet.com/enterprise/2020-12/24/c_1126900017.htm,最后浏览日期:2021年10月30日。
③ 余超:《加强反垄断监管是为了更好发展》,《人民日报》2020年12月24日。

公共利益，促进平台经济持续健康发展而起草的。2020年12月11日，中共中央政治局召开会议，在部署2021年的工作时提出多项要求，其中明确要求强化反垄断和防止资本无序扩张，得到社会热烈反响和广泛支持。

国家相关部门相继出台与平台经济反垄断相关的法规、政策，充分表明了国家对平台经济发展的高度重视，反垄断不仅仅只是单纯的产业发展问题，甚至已经成为一个社会问题。本章将从经济学的垄断理论出发，挖掘垄断的产生原因，明确垄断的危害性，在此基础上，进一步分析垄断对平台经济健康发展的制约问题，以及垄断对社会经济各个方面产生的危害性，最后运用马克思主义政治经济学原理分析反垄断治理的本质内涵和重要意义。

一、垄断产生的原因与危害性：基于两大理论范式的比较

垄断涉及经济社会发展历程中很多重要的议题，包括市场竞争、资源配置、公平与效率问题等。目前对于垄断问题的研究主要分为两大范式：西方经济学垄断理论和马克思主义政治经济学垄断理论。作为长时间占据主流经济学地位的西方经济学垄断理论最早始于重商主义的商业垄断思想；新古典经济学时期，以张伯伦和罗宾逊代表的经济学家对垄断理论进行了深入的研究探讨，熊彼特的创新理论则进一步完善和发展了垄断理论。而马克思主义政治经济学垄断理论与西方经济学垄断理论有着显著的差异，马克思主义政治经济学垄断理论最早源于马克思的资本积累理论，在马克思之后经过恩格斯等理论家的发展和补充，马克思主义政治经济学垄断理论体系逐渐丰富完善起来，列宁对马克思主义政

治经济学垄断理论进行了系统阐述。

长期以来,由于西方经济学在经济学理论中占据话语权,很多人在对垄断理论的认知上也大多受西方垄断理论影响,而忽视了马克思主义政治经济学垄断理论。这两种垄断理论由于研究背景、研究目的、研究方法的不同,属于两种不同的研究范式,两者对垄断的本质内涵、产生原因的认识及研究结论也存在较大区别。综合比照两种垄断理论,多角度探究垄断产生的原因及其危害性,更有利于科学分析探索平台反垄断治理的本质内涵和实践要求。

1. 西方经济学与马克思主义政治经济学关于垄断产生原因的不同认识

由于流派众多和所处时代背景的不同,西方经济学垄断理论对垄断产生的原因存在很多不同的观点。在共同性上,资本主义社会现存的经济现象通常是其进行研究的出发点,经济学家倾向于对垄断问题进行抽象分析,主要认为,传统经济中的垄断现象是在资本主义社会的大前提下产生的,其核心是资本,金融市场的发展进一步加剧了垄断的扩张,而在垄断扩张的过程中,技术进步是关键的影响因素。张伯伦指出,产品差别是形成垄断的一个决定性因素,"有差别就有垄断,随着差别的程度越大,垄断的成分就越大。只要有任何某种程度的差别,那么每一个销售者都对其产品拥有绝对的垄断"①。而萨缪尔森和诺德豪斯从企业生产规模和成本控制方面来分析垄断的产生,"当大规模生产出现规模效益并降低成本时,一个产业中的竞争者就会越来越少。在这些条件下,大企业就可以比小企业以更低的成本进行生产,并将不能生存的小

---

① 爱德华·张伯伦:《垄断竞争理论》,周文译,华夏出版社2017年版,第6页。

企业廉价出售"①。大企业的竞争力不断提升,致使该产业中竞争者不断减少,由此产生垄断。

而马克思认为,资本主义生产方式本身造成垄断②。在《资本论》中,马克思运用辩证唯物主义和历史唯物主义的世界观和方法论阐述了自由竞争走向垄断的必然趋势,垄断是社会经济活动发展到一定历史阶段的产物。按照马克思主义政治经济学基本原理,一方面,资本生产的目的就是追求利润,资本主义市场的自由竞争迫使资本家通过资本集中和资本积累的方式来扩大资本和生产规模,以满足其获得资本增值的欲望。正是资本家这种追求利润的内生动力为生产和资本的集中创造了有利的驱动条件。另一方面,资本主义生产方式下优胜劣汰的市场规律,造成了普遍的大资本吞并小资本、先进企业兼并落后企业的现象,在竞争中取得优势是资本家确保自己不被市场淘汰的关键。资本家为了巩固其市场地位就会加剧竞争的激烈程度,进一步推动生产和资本的集中,从而使规模巨大的企业得以迅速建立起来。

另外,信用制度的出现加速了生产和资本的集中,股份公司的形式由此产生并成为资本主义生产的重要组成,为垄断提供了载体。当资本主义社会化大生产及资本集中到一定程度后,必然导致垄断:大资本家为了保证企业的生产顺利进行,在原料供给和产品销售等环节形成结盟,从而形成垄断组织,对市场形成主要控制。列宁在继承马克思的垄断思想后,对马克思主义政治经济学的垄断理论进行了系统的阐述,进一步揭示了垄断的产生是生产和资本集中的必然结果。列宁指出:"集中发展到一定阶段,可以

---

① 保罗·萨缪尔森、威廉·诺德豪斯:《经济学(第 16 版)》,萧琛等译,华夏出版社 1999 年版,第 128 页。
② 《马克思恩格斯全集》第 46 卷,人民出版社 2003 年版,第 218 页。

说就自然而然地走到垄断。因为几十个大型企业彼此之间容易达成协议;另一方面,正是企业的规模巨大造成了竞争的困难,产生了垄断的趋势。"①

相比之下,西方经济学的垄断理论倾向于以经济现象作为垄断的本质,主要是从技术层面对垄断进行分析和描述,而马克思主义政治经济学的垄断理论为了揭示垄断现象背后所掩盖的深刻的经济关系,研究的是垄断的本质。在阐释垄断产生的原因这一问题上,马克思主义政治经济学垄断理论显然更具有解释力和科学性。因此,在中国特色社会主义制度下研究垄断问题,要坚持以马克思主义政治经济学的垄断理论为指导。

2. 西方经济学与马克思主义政治经济学关于垄断危害性的不同判断

在西方经济学垄断理论中,垄断的危害性表现在以下三个方面。一是效率的损失,在新古典经济学框架中,垄断会阻碍资源自由流动和合理配置,致使价格机制出现失灵,引发生产效率低下和成本扭曲,进而产生一系列社会成本。二是社会福利的损失,垄断企业凭借垄断地位制定高于均衡价格的价格,原本属于消费者的一部分剩余被企业攫取,同时由于垄断价格高于均衡价格会导致产量的减少,社会总福利产生了损失。三是技术进步的迟缓,垄断资本家为了持续获得垄断利润,垄断资本家会阻碍潜在竞争者进入,从而维护其垄断地位。于是,行业内部的潜在竞争力急剧削弱,垄断者进行创新的动力也就大大减弱。

马克思主义政治经济学垄断理论认为,垄断效应有其双重性。

---

① 《列宁选集》第 2 卷,人民出版社 2012 年版,第 585 页。

一方面,资本集中形成的垄断可以带来规模效应,对生产有一定的积极作用,"生产规模惊人地扩大了,个别资本不可能建立的企业出现了""在每个国家里,一定部门的大工业家会联合成一个卡特尔,以便调节生产"①;另一方面,马克思着重分析了垄断产生的负面效应,在垄断的条件下,自由竞争会受到约束和抑制,资本家被赋予采用垄断价格的权力并获得垄断利润,资本家进行技术改革创新的动力降低。为了维持垄断价格,避免原有技术的贬值,垄断资本家产生了阻碍技术进步的激励,垄断就成了生产力发展的障碍。这就是列宁所说的停滞和腐朽的趋势。从劳动者的角度来看,垄断资本的扩张无疑会加强对劳动者的控制和剥削,当垄断扩大到一定程度,不仅劳动者的利益被损害,还可能对整个国民经济造成威胁。这就是资本主义生产方式的腐朽性,垄断问题的不断扩张最终会导致资本主义制度的加速灭亡。

无论是马克思主义政治经济学垄断理论还是西方经济学垄断理论,关于垄断导致资本家降低技术创新的激励,从而阻碍经济增长的观点,基本是一致的,区别在于西方经济学更关注短期微观的效率和社会福利,而马克思主义政治经济学以长期宏观的视角揭示了资本主义生产方式下垄断导致劳动者进一步被剥削的本质。

二、平台经济的垄断问题及危害性

1. 平台经济的兴起及其特征

平台经济作为现代社会生产力新的组织形式,对中国生产、分配、交换和消费各个环节带来了深远的影响。平台经济在运用互

---

① 《资本论》第 3 卷,人民出版社 2004 年版,第 494—496 页。

联网技术的基础上,整合不同主体之间的资源和关系,使得消费者和生产者之间的价值交易更为便利,通过降低交易成本从而达到消费者和生产者利益最大化的目标。事实上,平台不生产任何产品,而是创造了连接不同市场参与者的手段。这种新经济形态颠覆了传统市场的经济形态,平台兼具传统企业和市场的双重属性,具体来说,平台经济的运行依托于平台企业,只是平台企业投资的不再是产品,而是平台基础设施和工具,从而支持并拓展网络化的市场或社群①,平台企业实际上承担了市场的作用。正是由于平台的这种属性,有学者认为,平台的本质是市场的具化。② 基于平台经济的特殊价值创造模式,平台企业在近十年里飞速成长。放眼全球,市值最大的十家上市公司里,平台企业已经从2009年的2家上升到2019年的8家,并且这十年来平台企业在"十大企业"的市值占比从20%左右扩张到90%,远远超过传统企业的成长速度。

近年来,中国高度重视数字经济的发展并取得了积极成效。2019年,中国互联网综合实力前百家企业的总体营收规模创历史新高,互联网业务收入高达3.5万亿元;总体盈利规模迈上新的台阶,营业利润总额达3174.9亿元;员工数量达146.8万,同比增长18.3%。③ 中国已成为第二大数字经济体,平台经济成为经济发展的新引擎。

平台经济之所以可以迅速崛起且规模越来越壮大,是因为与

---

① 亚历克斯·莫塞德、尼古拉斯 L. 约翰逊:《平台垄断:主导21世纪经济的力量》,杨菲译,机械工业出版社2017年版,第63页。
② 徐晋:《平台经济学:平台竞争的理论与实践》,上海交通大学出版社2007年版,第1—5页。
③ 《中国互联网企业综合实力研究报告(2020)》(2020年10月29日),中国互联网协会,https://www.isc.org.cn/resource/editor/attached/file/20201029.pdf,最后浏览日期:2021年10月30日。

传统经济相比,平台经济在技术特征、产业特征、市场结构等方面均发生了明显转变,呈现出新的特征和优势。

第一,最显著的特征是网络效应,即单个用户获得的效用与使用该产品或服务的用户总数相关。平台的用户越多,该平台对每一个用户就越有价值。网络效应使得平台在生态系统中链接越来越多的用户,从而创造价值,实现规模扩张。

第二,伴随着网络效应产生的是规模经济效应。虽然规模经济也存在于传统经济活动中,但平台所创造的规模经济要远远大于传统经济。由于数字技术的高度抽象性和流动性,产品的供给不受资源稀缺性的约束,边际成本趋于零,用户的增加意味着初始投入成本的直接摊薄,所以对平台经济来说规模经济效应可以无穷大。

第三,平台经济还具有较强的用户黏性。用户更熟悉早期进入市场的产品,包括操作方式、产品特点等,并且已经形成一定的使用习惯,而转向新产品时需要付出相应的转移成本,平台的用户黏性较强。这种锁定用户的黏性给平台企业带来了稳定的市场和巨大的利润空间,形成一种"先发优势"。随着数据的累积及平台自主学习技术的不断优化,平台对用户偏好把握的精准程度不断提升,为用户创造的价值越多,用户黏性就越强。

2. 平台经济的垄断问题

平台企业规模的迅速扩张得益于网络效应、规模经济和用户黏性,但也正是由于这些特性,导致平台经济生态中更容易出现巨头独大、赢者通吃的局面,平台经济呈现天然垄断的倾向。2019年,中国独角兽企业榜单中,排名前10位的企业都是平台企业,百度、支付宝、微信、美团、滴滴等平台都在各自的产业领域取得了绝对优势的市场份额,具有了垄断地位。近年来,涉及平台的垄断案件层出不穷,如某些平台的"二选一"行为,以及平台企业横向合并和数据争夺战等。由于平台涉及的用户非常庞大,与社会的很多行业都有着密切的联系,因垄断而产生的反竞争问题、侵害同行及消费者利益的问题不仅仅涉及企业之间的竞争,而且对整个社会造成了严重的负面影响。

第一,企业纵向流动性降低,抑制中小企业创新。创新性是数字经济最显著的行业特征之一,可以说创新是互联网平台企业的命脉,决定了平台经济的发展前景,甚至存亡。一旦大型平台企业在行业范围内占据巨大的市场份额,那么市场强势地位也会随之而来,大型平台利用其在该行业内的压倒性竞争优势,可以较容易地操纵市场,从而导致有序市场结构被损坏、效率与公平的平衡被打破等后果。资本借助平台企业的垄断优势可以轻易且迅速地进入各个行业领域,使得中小企业频繁被吞并或退出市场,严重压缩中小企业的发展机会,强化了"一家独大"的格局,不利于行业良性生态和多元发展。另外,大型平台由于其巨大的市场影响力,通过排他性的准入标准形成进入壁垒,抑制新进竞争者,从而构建只追求自身利益最大化的生态"闭环"。垄断平台设立进入壁垒的行为,不仅可能扼杀众多中小企业的创新行为,也可能损害消费者和其他市场参与主体的利益,小企业成长为大企业将越来越难,企业的纵向流动性大大降低。

第二,竞争秩序遭破坏,损害了社会福利。具有垄断地位的大型平台企业凭借其拥有的巨大市场影响力可能实施不正当的竞争行为。数字经济时代的科技便利和社会福利本应由生产者和消费者共享,但平台借助其垄断地位往往迫使消费者只能集中选择少数平台,甚至是单一平台,这实质上是对消费者选择权的损害。在新业态下,电子商务平台强制经营者"二选一"的行为屡屡发生,平台以不合理的商业手段压制竞争对手以谋求自身利益最大化,是一种破坏竞争秩序的行为。由于垄断平台的不正当竞争行为,平台企业在无形中掠夺了社会剩余价值中本该由消费者、生产者获取的那一部分,损害了平台生态中的众多利益相关者的利益。

第三,形成数据垄断风险,扼制数字技术创新。新业态下,互联网平台的数据成为推动生产力发展的关键生产要素,使得数据的价值愈发凸显,相应地,数据垄断带来的负面影响也愈发受到社会的关注。一方面,数据作为平台提供服务的副产品而被记录下来,但用户通常不了解平台对消费者信息数据的收集和使用情况,存在个人信息与数据的安全问题。平台常常以各种隐蔽手段来收集相关数据,过度收集、过度开发消费者行为数据的现象屡见不鲜,用户利益有受到损害的风险。另一方面,数据成为平台巨头的核心资产,一些平台企业将数据视为私产,试图建立数据壁垒。数据的垄断可以从源头上巩固平台企业的垄断地位,因而在一定程度上削弱了数字技术创新的激励。为了达到数据和流量利益最大化,垄断平台企业可能使用分析锁定、市场支配地位、用户分类歧视性定价等手段,进而产生无序扩张的冲动,甚至影响经济安全和网络安全。

三、基于政治经济学的平台经济反垄断治理

在新经济新业态的背景下,平台经济发展中出现的垄断问题更加复杂,形式隐蔽,影响范围更广,使得一些传统的法律法规、治理方式及监管手段难以适应。平台经济的特殊性对政府的反垄断治理提出了更高的要求。

第八章

大国之翼：平台经济反垄断的政治经济学审视

1. 平台经济反垄断治理的政治经济学逻辑

平台经济以互联网平台作为重要载体，实现供需对接和资源共享，这既是数字经济领域理论和实践的发展与创新，也是数字经济新的表现形态。从生产力方面看，数据已经成为一种新的生产要素，对国民经济发展有着重要的作用。在数字经济中，数据的重要性更加凸显，是数字化生产方式的核心生产要素。随着信息技术的发展，数字技术越来越成为生产力发展的决定性因素。在2019年新经济大会上，阿里云中国区副总裁陈斌提出"数据是新的生产资料，算力是新的生产力"①。马克思主义政治经济学揭示了生产力决定生产关系的规律，从这一角度来看，数字经济的快速发展是数字化生产方式发展的结果，本质上是数字生产力催动平台经济成为新经济业态。具体来说，是数据的收集、分析和使用的需要，决定了企业从传统经济模式转向平台经济的发展模式。

而生产关系对生产力也有反作用。平台经济本身的发展状况也影响着数字经济的发展。平台经济生态系统有序、健康地运行，可以促使数字经济更加蓬勃发展，数字生产力得到进一步提高。然而，由于平台经济的天然垄断倾向，巨型平台在各个行业崛起，不断暴露出的平台垄断弊端制约了数字经济的发展。正如前文所述，巨型平台的市场强势地位压缩了中小企业的发展空间，形成市场进入壁垒，抑制中小企业创新；垄断平台之间不正当的竞争行为，如电商平台的"二选一""大数据杀熟"等，会侵蚀创新原本可以带给消费者和生产者的社会福利；巨型平台对数据进行垄断，不仅

---

① 陈斌：《算力时代新经济的本质是数字和平台经济》，《华西都市报》2019年6月17日。

可能损害用户、中小企业利益,还可能威胁国家安全。

马克思主义政治经济学的基本原理揭示了任何生产关系都必须适应生产力发展水平。因此,良好的治理就是确保生产关系不断适应生产力发展的内在要求。① 平台经济因垄断带来的最大问题是阻碍了数字经济的核心技术创新,从根本上说是阻碍了生产力的发展,因而平台经济的反垄断治理就是要通过政府的宏观调控,调整平台经济生态系统运行的模式,打破资本无序扩张的陷阱,更好地规范和发展规模经济,使之更好地推动数字经济有序、良性地发展,推动促进数字经济的核心技术创新,使生产关系对生产力的发展产生积极作用。

2. 平台经济反垄断治理体现了有效市场和有为政府的有机结合

得益于中国超大市场规模的天然优势,中国的互联网平台经济作为新业态呈现出蓬勃发展的态势,平台经济的市场影响力也越来越大。在这样的大趋势下,放任平台企业自由发展的风险性开始逐渐显现。目前,平台经济呈现出无序、低价的不良竞争,既不利于实体经济的发展,也无助于提升平台本身的内在竞争力。为避免垄断造成的经济低层次竞争,政府需要发挥"有形之手"的作用,通过反垄断治理改善平台经济发展的生态系统。有效市场和有为政府有机结合,既可实现资源的有效配置,保持市场经济的生机和活力,又可维持宏观经济发展和市场秩序的双重稳定②,两

---

① 周文、何雨晴:《国家治理现代化的政治经济学逻辑》,《财经问题研究》2020 年第 4 期。

② 周文、何雨晴:《社会主义基本经济制度与国家治理现代化》,《经济纵横》2020 年第 9 期。

者共同作用,推动平台经济从自由、无序的发展阶段过渡到有序、良性的发展阶段。

第一,创新反垄断治理方式,形成有效的政府监管模式。平台经济的垄断不同于传统经济的垄断,因而对政府的监管模式也提出了新的、更高的要求。需要明确的是,我们反对的不是平台的垄断地位,而是反对不正当垄断行为。[①] 这是因为,平台经济具有不同于传统经济的特性,具有数字技术创新能力的企业会自然形成垄断,但这种垄断地位不一定排斥竞争和抑制创新,所以判断平台企业是否具有市场垄断力量不能照搬传统经济模式下的标准,单纯考虑市场份额和进入壁垒,而是应该更加多元地综合考虑,尤其要重点考量技术创新的可行性,以及平台企业竞争行为对社会总福利的影响。特别要注意的是,政府的"规制之手"需要明确合理限度和边界,如果实行"一刀切"的方法,反而可能造成抑制平台经济技术进步和创新的后果。因此,在反垄断治理时要突破传统的监管模式,推动建设私人监管和公共监管双重监管的模式。一方面,政府需要采取包容审慎的监管模式,针对的不是具有垄断地位的大型平台,而是针对任何利用垄断地位采取的不正当垄断行为加以严格管理处罚;另一方面,不同于传统经济,互联网平台本身要扮演好"守门人"的角色,严格控制经营者资质信息的审核,做好数据信息规制和数据安全建设,在此基础上与政府监管部门实现信息共享。

第二,维护平台生态系统,促进平台经济有序、良性竞争。具有较强市场势力的大型平台通过收购潜在的竞争对手,或通过使

---

① 姜琪、王璐:《平台经济市场结构决定因素、最优形式与规制启示》,《上海经济研究》2019 年第 11 期。

用压制竞争的策略将竞争对手排除在市场之外,影响了平台经济正常的竞争秩序。在市场本身无法解决竞争失序的情况下,政府应当积极作为,主动出手维护平台生态系统的健康发展。政府需要对平台经济生态系统中出现的不正当竞争行为实行多元化的监管机制,对利用市场势力压制竞争对手的行为,要建立明确的惩戒制度,严格限制平台的不正当竞争行为。政府的有效干预可以为市场发挥作用提供基础条件,只有在有序的自由竞争中,市场对资源配置的效率优势才能得到充分发挥。政府和市场的有机结合是推动平台经济生态系统有序、健康发展的重要保障。需要注意的是,维护平台生态的反垄断治理应当是动态的,而不是静止的、一劳永逸的。数字技术的迭代发展非常快,平台经济的竞争同样具有强烈的动态特征。平台经济新业态的发展日新月异,政府的反垄断治理也需要有动态视野,要根据平台经济发展变化的趋势适时地调整治理模式,保证治理的有效性。此外,反垄断治理的目标也应当是多元的。政府的反垄断治理既有促进平台生态良性发展的目标,也有针对市场参与者利益的目标,不仅要维护消费者的利益,还要兼顾劳动者、企业等其他市场主体的利益。政府需要整体考量,在治理过程中权衡取舍,实现治理效能的最大化。

第三,推动平台经济创新,实现经济的高质量发展。当下中国的平台经济创新看似声势浩大,实际上各大平台企业的创新更多的是商业模式创新而不是技术创新。提高市场竞争力的方式不是单一的,企业不仅可以依靠技术创新路径实现发展,还可以通过管理创新、商业模式创新等路径来提高市场占有率和经济效率。中国平台企业主要依靠商业模式创新的现象也从侧面反映了中国数字经济发展过程中技术创新的不足,而技术创新才是推动数字生产力发展的核心要素。首先,政府要打破平台经济行业内部巨型平台所设置的进入壁垒,在制定市场准入标准方面,制定合理的评估标准对平台进行鉴别,对创新型优质平台予以适当的政策优惠,为平台行业注入新鲜的血液。其次,政府在制定相关政策方面要对平台生态系统中的竞争企业加大技术创新支持力度,鼓励和保护创新,为平台企业的创新研发提供坚实的政策保障,推动实现中国平台企业以技术创新作为发展第一动力,从而实现经济的高质量发展。平台经济与实体经济的发展相互融合是中国经济在新发展阶段的重要特征,两者有机结合、相互促进可以为中国经济的高质量转型升级和现代化产业体系建设提供新动能,同时还能提升中国平台经济在国际舞台上的竞争力。

第四,规范数据建设,更好地保护消费者的利益。数据垄断是互联网平台企业形成市场垄断的基础条件,而造成数据垄断的原因主要有两个方面:一是由于数据收集具有隐蔽性的特点;二是由于数据本身的产权在当前的市场下是不明晰的,政府尚未出台明确的法律法规界定数据产权,从而导致垄断平台有机可乘,将数据作为私有财产。针对数据收集的隐蔽性问题,政府可以通过法律法规或行政命令强制平台明示数据收集条款,向消费者提供必要的信息,此外还可以对数据进行分类管理,防止平台过度收集数据,保护用户的个人隐私。当产权没有得到清晰界定时,就会存在利益冲突的可能,因而政府需要以立法形式明确数据产权。明晰数据产权有助于反数据垄断执法。政府在制度层面赋予用户使用数据的权力,允许用户自由下载数据和转让数据,并且为用户开放删除或移植数据的权限。在此基础上,政府对数据建设的长远目标是推动形成数据要素的长效共享机制,从国家层面对不同类型的数据设定不同的管理方法和管制范围,对数据的使用进行统一的规范化管理,避免平台过度挖掘和不当使用数据,做好信息共享和用户隐私之间的平衡。

3. 平台经济反垄断治理有助于推动构建国内、国际双循环的新发展格局

推动形成以国内大循环为主体、国内国际双循环相互促进的新发展格局,是根据我国发展阶段、环境、条件变化提出来的,是重塑我国国际合作和竞争新优势的战略抉择。① 在当前逆全球化浪潮日渐兴起的国际环境下,国际大循环明显弱化,而反观国内,改革开放 40 多年来,中国生产力得到了极大地发展,并且当前中国具有强劲的内需潜力,国内大循环活力日益增强。因此,以国内经济大循环为主、"以内促外"的新发展格局,也是实现中国经济高质量发展、满足人民对美好生活需要的重大战略调整。

构建新发展格局必须使国内、国际大循环畅通起来,而要实现经济循环的畅通运行,推动供给体系和需求体系的有效对接至关重要。尤其是党的十九大以来,中国供给侧结构性改革取得了积极成效。通过经济结构的调整,矫正要素配置扭曲,扩大了有效供给,提高了供给结构对需求变化的适应性和灵活性。近年来,新业态新模式蓬勃发展,数字经济的迅速崛起为进一步畅通产业链、供应链,实现供给和需求的有效对接创造了有利的条件。另外,中国已经从高速发展阶段转向了高质量发展阶段,在新的发展阶段要实现经济的高质量发展,必须推动国民经济增长模式呈现内涵型增长,重点在于提升自主创新能力,实现依靠创新来驱动增长。构建新发展格局要求坚持创新在中国现代化建设全局中的核心地位,把科技自立自强作为国家发展的战略支撑,提升产业链、供应

---

① 习近平:《在经济社会领域专家座谈会上的讲话》,人民出版社 2020 年版,第 4 页。

第八章
大国之翼：平台经济反垄断的政治经济学审视

链的完整性，促进产业基础高级化、产业链现代化。在这种依靠创新的发展模式下，以科技创新催生新发展动能是形成以国内大循环为主体的关键。由此可以看到，平台经济新业态的良性发展无论是在畅通国内、国际大循环方面，还是创新驱动方面，都对新发展格局的构建有重要的作用。然而，目前平台经济的垄断化倾向愈发严重，暴露出的种种问题不利于构建新发展格局，反垄断治理正当其时。

构建新发展格局以国内经济大循环为主，不仅包括生产循环主要在国内进行，还包括产品主要在国内市场流通和国内需求与供给的匹配，强调的是生产、交换、分配、消费作为社会再生产各个环节的整体大循环。平台经济的反垄断治理可以在社会再生产的各个环节助力国内、国际大循环的畅通运行。在生产环节，通过政府的反垄断治理，有利于形成平台企业之间良性、有序的竞争，产生持续的创新研发动力，从而可以提升平台经济整体对国民经济发展的创新驱动力。科学技术创新能够促进平台经济生产力进一步发展，不仅可以为国内大循环提供有力支撑，而且可以在国际大循环中提升中国产品的国际竞争力。在交换环节，加强反垄断监管可以维持平台竞争秩序，有效避免因不正当竞争行为带来的社会福利损失，充分发挥互联网平台巨大市场开放性优势和强大的整合连接功能，更好地联通国内和国际两个市场，利用好国内、国际两种资源，使交换过程更加畅通有效率，实现供需的有效匹配和资源的最优配置。在分配环节，收入分配不平衡是全世界各个国家都面临的一大难题，对国内经济大循环来说，政府对巨型平台的反垄断规制扩大了中小企业的生存空间，保护了中小企业的利益，在一定程度上有利于缓解国民收入分配的两极分化。对于国际大循环来说，在经济全球化的发展背景下，平台经济的良性发展也有利于中国在国际分工体系中占据优势地位,从而在国际分配中获得更多的份额。在消费环节,激发国内的需求潜力对实现以国内大循环为主的新发展格局尤为重要。通过政府制定相关法律法规来规范数据建设,一方面可以保障消费者的利益,另一方面,平台也可以通过对数据的规范化使用和开发,为消费者提供更优质的服务,从而进一步激发国内需求潜力,拉动经济增长。此外,中国作为消费大国,对全球各个国家的产品都有着可观的需求量,反垄断治理对促进国际大循环的消费也非常重要。

总体来看,解决好平台经济的垄断问题,对畅通国内、国际大循环都有积极作用,有助于新发展格局的构建。平台经济的反垄断治理不仅维护了中国平台经济内部的生态体系健康发展,为平台经济新业态的可持续增长提供制度保障;也为中国进入新发展阶段的现代化经济建设提供了新动力,促进中国国内经济形成良性循环;更进一步,为中国参与国际大循环提供了有利的基础条件,为中国经济在世界舞台中的国际竞争力提供了新的优势。从长远的眼光来看,平台经济的反垄断治理,是推动构建以国内大循环为主体、国内国际双循环相互促进的新发展格局的必要举措。

第九章 大国之路：新发展格局的政治经济学要义

[本章核心观点]

新发展格局的提出和实践是生产力与生产关系矛盾作用的内在要求。构建以国内大循环为主体、国内国际双循环相互促进的新发展格局是新发展阶段中国追逐富强的"大国之路"，需从马克思主义政治经济学关于生产力与生产关系的基本原理出发，准确理解新发展格局的科学内涵。构建新发展格局，说明社会主义市场经济的优越性体现为既重视财富生产，又重视交换和消费的正向反馈作用，形成良性循环，从而丰富和发展了市场经济理论，扩展了政治经济学的含义，实现了马克思主义政治经济学理论中国化与国际化有机结合，是中国特色社会主义政治经济学的重大理论创新。构建新发展格局作为"大国之路"具有世界意义，一方面服务于中国的国家战略，另一方面为发展中国家崛起提供中国智慧和中国方案。

2020年,习近平总书记在多个场合多次对构建以国内大循环为主体、国内国际双循环相互促进的新发展格局进行了重要论述。2020年4月10日,在中央财经委员会第七次会议上,习近平总书记首次提出"构建以国内大循环为主体、国内国际双循环相互促进的新发展格局",并强调要"牢牢把握扩大内需这一战略基点,使生产、分配、流通、消费各环节更多依托国内市场实现良性循环"①。在企业家座谈会上的讲话中,习近平总书记指出,"面向未来,我们要逐步形成以国内大循环为主体、国内国际双循环相互促进的新发展格局。主要考虑是:当今世界正经历百年未有之大变局,新一轮科技革命和产业变革蓬勃兴起"②。在经济社会领域专家座谈会上,习近平总书记对新发展格局的理论进行了更深入的阐述,明确提出"以畅通国民经济循环为主构建新发展格局"③。党的十九届五中全会通过的《中共中央关于制定国民经济和社会发展第十四个五年规划和二〇三五年远景目标的建议》中明确把"加快构建以国内大循环为主体、国内国际双循环相互促进的新发展格局"作为"十四五"时期经济社会发展指导思想。从习近平总书记的论述中可以看到,新发展格局从"逐步构建"到"加快构建",其重要性和迫

---

① 习近平:《国家中长期经济社会发展战略若干重大问题》,《求是》2020年第21期。
② 习近平:《在企业家座谈会上的讲话》,人民出版社2020年版,第9页。
③ 习近平:《在经济社会领域专家座谈会上的讲话》,人民出版社2020年版,第4页。

切性愈发凸显。

进入新发展阶段、贯彻新发展理念、构建新发展格局,是由我国经济社会发展的理论逻辑、历史逻辑、现实逻辑决定的,三者紧密关联①。构建新发展格局既是坚持用习近平新时代中国特色社会主义经济思想指导实践发展的理论结晶,也是习近平新时代中国特色社会主义经济思想的丰富和发展,更是习近平新时代中国特色社会主义经济思想的又一重大最新成果,是中国特色社会主义经济伟大实践的理论升华,开拓了中国特色社会主义政治经济学的新境界。可以说,党的十九届五中全会通过的《中共中央关于制定国民经济和社会发展第十四个五年规划和二〇三五年远景目标的建议》,既是中华民族伟大复兴新征程的行动纲领,也是当代中国马克思主义政治经济学的重要纲领性文献。

一、新发展格局的核心要义和丰富内涵:马克思主义政治经济学视角

新发展格局是根据我国发展阶段、环境、条件变化提出来的,是重塑我国国际合作和竞争新优势的战略抉择。习近平总书记强调:"现在,各种经济学理论五花八门,但我们政治经济学的根本只能是马克思主义政治经济学,而不能是别的什么经济理论。"②构建新发展格局正是学好用好政治经济学的光辉典范,充分彰显了马克思主义政治经济学基本原理的运用。正如习近平总书记在纪念马克思诞辰200周年大会上发表重要讲话时指出的,学习马克思,

---

① 《中国共产党简史》,人民出版社、中共党史出版社2021年版,第525页。
② 习近平:《不断开拓当代中国马克思主义政治经济学新境界》,《求是》2020年第16期。

就要学习和实践马克思主义关于生产力和生产关系的思想。

首先,生产关系新变化是构建新发展格局的首要依据。在1978年以前,我国虽然已经建成了比较完整的工业体系和国民经济体系,但仍然是一个贫穷的国家,因此我国进行了改革开放,在20世纪80年代,正式形成了出口导向型的发展战略,积极开拓国际市场。尤其是自2001年加入世界贸易组织后,我国以要素低成本参与全球价值链分工,主动融入了全球化生产进程,呈现以国际大循环发展为主的经济发展模式。在这一发展阶段,一方面中国通过招商引资等政策吸引了大量的外商投资,另一方面外国对中国商品的需求成为我国经济增长的重要动力。我国制造业出口规模迅速扩大,对外贸易总额以每年3 000亿美元以上的数量增长[①],到2006年中国出口额占全球比重跃升至首位。"大进大出"的发展模式促使我国逐渐成为全球最大的外商直接投资国,并成为全球最大的出口国,依靠两头在外的方式推进国际大循环发展是这一阶段经济发展的重要特征。我国通过出口商品积累了大量外汇,由原来的外汇短缺和国民储蓄短缺变为高外储和高储蓄的国家,出口导向型的发展战略是我国经济取得快速增长的重要因素。实践证明,在当时的历史条件下,出口导向型发展战略取得了重大成功,现如今中国已经成为全球第一大货物贸易国、第一大外汇储备国。

然而,随着我国经济发展水平的进一步提高,以及国内国际经济形势的变化,这种以国际大循环为主导的出口导向型经济发展模式暴露出一些缺陷,包括易受国际市场波动影响、外资依存度过高、经济安全风险大、关键核心技术受限、产业结构转型升级压力

---

① 江小涓:《新中国对外开放70年》,人民出版社2019年版,第75页。

巨大、内需亟待开拓等问题①。2008年的全球金融危机重创世界经济,国际市场持续低迷、国际政治经济格局进行深度调整,逆全球化浪潮日渐兴起,尤其是当前逆全球化的趋势加剧,某些西方发达国家大行保护主义、单边主义、霸凌主义,传统国际大循环明显弱化。同时,全球失衡加剧全球财富不平等,发达国家处在全球价值链顶端位置攫取多数利润,发展中国家承受污染等环境问题但仅获得较低收益②。2018年美国挑起与中国的贸易争端,让我们充分意识到通过市场换技术、用资金买技术的方式已经难以为继,我国必须探索自主自强的经济发展路径。2020年的新冠疫情再一次使全球经济陷入低谷,各国内顾倾向上升,全球产业链和供应链受到严重影响,全球经济的不确定性和社会的不稳定性加剧。在外部环境具有强烈不确定性的情况下,依赖国际大循环发展会加大我国经济潜在的风险。

当今世界正面临百年未有之大变局,世界经济的生产、交换和分配关系都发生了巨大的变化,改变了世界经济全球化背景下的生产关系。如果单从数量上看,我国的进出口贸易依存度已经从2006年的64%降到了2019年的32%左右③。随着外部环境和我国发展所具有的要素禀赋的变化,市场和资源两头在外的国际大循环动能明显减弱,而我国内需潜力不断释放,国内大循环活力日

---

① 黄群慧:《"双循环"新发展格局:深刻内涵、时代背景与形成建议》,《北京工业大学学报(社会科学版)》2021年第1期。
② 董志勇、李成明:《国内国际双循环新发展格局:历史溯源、逻辑阐释与政策导向》,《中共中央党校(国家行政学院)学报》2020年第5期。
③ 转引自黄群慧:《"双循环"新发展格局:深刻内涵、时代背景与形成建议》,《北京工业大学学报(社会科学版)》2021年第1期。

益强劲,客观上有着此消彼长的态势①。构建新发展格局是顺应国内外生产关系新变化而提出的战略布局,立足自身,把国内大循环畅通起来,寻求突破关键核心技术"卡脖子"的困境,对出口导向型发展模式进行扬弃,创新和发展现代化经济体系。加快构建新发展格局能够让我国在面临生产关系巨大变化的情况下增强生存力、竞争力、发展力、持续力,如此才能在国际环境风云变幻之时始终充满朝气发展下去,为实现中华民族伟大复兴保驾护航。

其次,生产力发展水平是战略调整的核心标准。马克思指出:"一定的生产决定一定的消费、分配、交换和这些不同要素相互间的一定关系。当然,生产就其单方面形式来说也决定于其他要素。"②国民经济循环的四个环节是紧密相连、相互作用、环环相扣的,但是在这四个环节中,生产依然是具有决定性作用的。因此中国发展战略究竟是"以国际经济大循环为依托,以外促内",还是"以国内经济大循环为主,以内促外",必须根据我国分工体系和技术发展的阶段和需要来判断,必须以是否有利于生产力进步、综合国力提升和国民福利改进为标准③。

经过新中国 70 多年、改革开放 40 多年来的不懈努力和奋斗,中国成为世界第二大经济体,实现了两大奇迹。改革开放以来,我国为了解放和发展生产力,非常注重对国外市场的开拓,尤其是我国加入世界贸易组织后,对外贸易迅速扩大,在经济发展模式上更依赖国际大循环。得益于我国劳动力和土地等生产要素的比较优势,以及引进国外先进技术的支撑,我国的生产力水平得到了大幅

---

① 习近平:《在经济社会领域专家座谈会上的讲话》,人民出版社 2020 年版,第 4—5 页。
② 《马克思恩格斯文集》第 8 卷,人民出版社 2009 年版,第 23 页。
③ 刘元春:《深入理解新发展格局的丰富内涵》,《光明日报》2020 年 9 月 8 日。

第九章
大国之路：新发展格局的政治经济学要义

提升，尤其体现在东南沿海地区，从而中国成为公认的"世界工厂"。由此可见，采取国际大循环发展为主的经济发展模式符合当时的生产力发展水平，对我国快速提升经济实力、改善人民生活发挥了重要作用。也正是在这一发展时期，中国实现了对西方发达国家的不断超越，先后超越英国、德国、日本成为世界第二大经济体。现如今，中国经济正经历从开放融入世界经济到开放引领世界经济的大转变，过去出口导向的发展战略虽然实现了经济赶超，但其自身的缺陷也在不断暴露。国际经济形势的更加不确定性与不稳定性使依靠国际市场的风险大大增加，民族主义和孤立主义的兴起使国际大循环动能大大减弱，生产关系的重大变革必然对生产力有反作用，依靠国际大循环的"两头在外"发展战略已经不能提供我国现阶段生产力发展所需要的驱动力，反而可能阻碍我国生产力的发展，更不用说提升我国综合国力和满足人民日益增长的美好生活需要。

反观国内经济，受到1997年的亚洲金融危机和2008年全球金融危机的影响，我国逐渐认识到国内市场对保持国民经济持续健康发展的重要作用，提出了扩大内需的战略。随着我国经济呈现出新常态，从高速增长转为中高速增长，2015年以来我国实施了供给侧结构性改革，至今已经取得了积极的成效。通过经济结构的调整，矫正要素配置扭曲，扩大了有效供给，提高了供给结构对需求变化的适应性和灵活性。国内经济大循环的产业结构逐步优化，流通领域更加高效，消费结构不断升级。我国正在向高质量发展阶段迈进，近年来新业态新模式蓬勃发展，数字经济的迅速崛起伴随着创新驱动力不断增强，为进一步畅通产业链、供应链创造了有利的条件。从生产供给面来看，经过40多年的改革开放，我国的生产力水平已经得到了极大的提高。现如今，中国具有最完整、规模最大的工业供应体系,是全世界唯一拥有联合国产业分类中全部工业门类的国家,国内产业链已经具备较好的自我循环能力;从消费需求面来看,中国拥有14亿人口,具有全世界规模最大、需求最多元的国内消费市场,并且国内需求仍具有强劲的潜力,可以说,实现依靠国内经济大循环为主的发展模式已经具备基础条件。

我国在新的发展阶段,把经济发展战略从外向型转向内需增长型,体现了坚持以生产力发展水平为核心的标准。从美国、德国和日本等西方发达国家的经济发展历程来看,在市场经济体系下,当经济体量达到一定程度时,经济发展的动力要从外循环转向内循环,任何大国的崛起都需要依靠以国内市场为主、国外市场为辅的发展模式。在当前的国内、国际环境下,以国内经济大循环为主,在深化供给侧结构性改革的基础上,以科技自主创新代替要素驱动,优化产业链和供给链,是促进我国生产力水平发展的关键。同时,加快分配制度的改革,释放国内市场有效需求,畅通经济循环也是推动生产力发展的着力点。构建双循环的新发展格局,始终以解放和发展生产力为落脚点,是实现我国经济高质量发展,满足人民对美好生活需要的重大战略调整。

二、新发展格局创造性发展了马克思主义政治经济学

1. 政治经济学的含义扩展

政治经济学在诞生之初研究的核心是财富生产。重商主义学说是现代政治经济学的萌芽,其核心思想是真正地认识到财富的

第九章
大国之路： 新发展格局的政治经济学要义

重要性，认为财富产生于流通，因此主张促进商业发展，开展国际贸易。重商主义的政策与理论对财富的追求促进了资本的原始积累，推动了资本主义生产方式的建立与发展。17世纪工场手工业与资本主义生产方式发展形成，经济研究重心从流通领域转向生产领域，但核心依然是财富生产。以法国的魁奈为代表的重农学派认为农业是财富之源，英国的威廉·配第提出"土地是财富之母，劳动是财富之父"，直到亚当·斯密在《国富论》中系统化阐述了经济学理论，才标志着经济学成为一门独立的学科。斯密研究的中心问题是国民财富的成因，提出了劳动创造财富的观点，形成了初步的劳动价值论，其后的大卫·李嘉图把斯密的劳动价值论发扬光大，并进一步研究了财富的分配。

1867年《资本论》第一卷出版，标志着马克思主义政治经济学的诞生。关于马克思主义政治经济学的研究对象，学界已经展开了广泛的讨论。马克思在《资本论》第一版序言中指出，他要在书中研究的是"资本主义生产方式以及和它相适应的生产关系和交换关系"①。马克思原文中的"资本主义生产方式"指的是劳动者和生产资料以雇佣劳动和资本的形式相结合的方式，属于广义的资本主义生产关系的范畴，是最根本的、最基础性的生产关系。而"相适应的生产关系"则是指直接生产过程中人与人之间的关系，是狭义的生产关系。因此马克思主义政治经济学研究的就是广义的资本主义生产关系，或者说是资本主义生产关系的总和。马克思也在《资本论》第一版序言中表明，"本书的最终目的就是揭示现代社会的经济运动规律"②。恩格斯在《反杜林论》中也提到了政治

---

① 《资本论》第1卷，人民出版社2004年版，第8页。
② 同上书，第10页。

经济学的研究对象,"政治经济学,从最广的意义上说,是研究人类社会中支配物质生活资料的生产和交换的规律的科学。生产和交换是两种不同的职能"。生产决定交换,交换促进生产,"这两种职能在每一瞬间都互相制约,并且互相影响,以致它们可以叫做经济曲线的横坐标和纵坐标"①。同时,恩格斯还表明:"政治经济学作为一门研究人类各种社会进行生产和交换并相应地进行产品分配的条件和形式的科学——这样广义的政治经济学尚待创造。"②

国民经济循环的本质就是社会再生产过程,包括生产、分配、交换和消费四个环节。因此,新发展格局强调的是社会再生产各个环节的有机整体,各个环节之间的相互作用是构建"双循环"新发展格局的关键。国内大循环,不仅包括社会最终产品主要靠国内的消费与投资,也包括生产、流通过程主要在国内进行,只有完成这四个环节,才能完成再生产的过程,开始下一阶段的生产过程③。国际大循环则是随着全球化的发展,在世界范围内进行生产、分配、交换和消费四个环节的循环。新发展格局在继承马克思主义政治经济学理论的基础上,不仅重视生产,而且突出了分配、交换、消费的作用,使各个环节共同作用于经济的发展,从而进一步扩展了政治经济学的含义,具有重大的理论创新意义。

2. 丰富和发展市场经济理论

西方主流经济学一般认为,市场经济就是市场配置资源的经济。西方对市场经济的认识随着历史的演变经历了一个不断发展的过程。市场经济理论最早起源于亚当·斯密,以斯密为代表的

---

① 《马克思恩格斯选集》第 3 卷,人民出版社 2012 年版,第 525 页。
② 同上书,第 528 页。
③ 程恩富、张峰:《"双循环"新发展格局的政治经济学分析》,《求索》2021 年第 1 期。

古典经济学派主张"自由放任"和"自然秩序",认为市场这只"看不见的手"在资源配置中具有使经济自动恢复平衡的作用,反对政府干预。随着社会化大生产推进,资本主义固有的矛盾不断深化,市场配置资源的局限性也日益突出。20世纪30年代,全球性的资本主义世界经济危机爆发,宣告"市场失灵"。于是凯恩斯主义应运而生,强调政府直接干预经济运行,通过宏观调控发挥"看得见的手"的作用,挽救了这场危机。而20世纪70年代,西方国家普遍陷入"滞胀",国家干预论也失灵,以哈耶克、弗里德曼为代表的新古典自由主义经济学重登历史舞台,再次回归自由放任的市场经济。从西方的市场经济模式演进过程中可以看到,西方经济学理论始终强调资源配置,核心标准是效率最大化,最终目的是生产更多的财富,而没有关注分配、交换、消费的作用。

我国对市场经济的认识也经历了一个长期的不断深化的过程。在新中国成立初期,我国受到苏联模式的影响,建立了高度集中的计划经济体制,然而由于计划经济的封闭性,统得过多、管得过死,严重束缚了生产力的发展。改革开放后,我国对市场经济的认识不断深入,在计划经济的主体框架内逐渐引入市场调节,发挥市场机制作用。党的十四大正式提出建立社会主义市场经济体制,是对市场经济认识的一次飞跃;党的十五大提出"使市场在国家宏观调控下对资源配置起基础性作用";党的十八届三中全会创造性地提出"市场在资源配置中起决定性作用和更好发挥政府作用",进一步深化了对市场经济规律的认识;党的十九届四中全会把社会主义市场经济体制上升到社会主义基本经济制度的高度,是对社会主义市场经济认识的又一次重大理论突破。社会主义市场经济体制强调政府与市场的辩证统一、有机融合,充分发挥市场经济在资源配置上的优势,同时更好地发挥政府宏观调控的作用,弥补了市场的弊端①。

构建新发展格局进一步丰富和发展了市场经济理论,把市场经济不仅仅局限于资源配置这一工具理性的内涵,而是强调了社会再生产的各个环节的相互作用,生产、交换和消费共同构成国民经济的良性循环,体现了社会主义市场经济的优越性在于既重视财富生产,又重视交换和消费的正向反馈作用。受西方主流经济学理论的影响,多年来我国学术界把市场经济的理解局限于强调资源配置,当我们跳出西方经济学的话语体系重新认识市场,就会发现市场其实是商品交换的场所和载体,有商品生产和商品交换的地方就存在市场。因此,应该将市场看作一种交换关系,即指商品交换关系的总和②。同时,市场也是一种调节机制,从社会再生产的各个环节分析,以商品交换为内容的市场,是连接生产、分配、消费的中心环节,具有不可替代的特殊地位③。从这一角度来看,新发展格局从内涵上揭示了市场经济的本质是交换经济。

3. 马克思主义政治经济学理论中国化与国际化有机结合

我国在马克思主义中国化的路程上走过一些弯路,新中国成立初期实行的计划经济体制在很大程度上是受到苏联的影响。列宁在马克思和恩格斯对未来社会构想的基础上,认为马克思在《哥达纲领批判》中讲的共产主义第一阶段即是"社会主义",社会主义社会的基本经济特征包括生产资料公有制、计划经济和按劳分配。

---

① 周文、何雨晴:《社会主义基本经济制度与国家治理现代化》,《经济纵横》2020 年第 9 期。
② 周文、刘少阳:《全面理解和不断深化认识市场经济》,《上海经济研究》2020 年第 3 期。
③ 刘国光主编:《现代市场经济实用知识》,吉林人民出版社 1998 年版,第 2 页。

第九章
大国之路：新发展格局的政治经济学要义

列宁认为："没有一个使千百万人在产品的生产和分配中严格遵守统一标准的有计划的国家组织，社会主义就无从设想。"①列宁认为计划经济和市场经济是两种对立的经济制度，在他的领导下苏联先后实施了军事共产主义政策和新经济政策，按照计划经济的原则来调整国家的产品生产和分配。但是新经济政策实施了几年后就被废除了，之后的苏联在斯大林的领导下走上了高度集中的、指令性的、军事动员型的计划经济体制。具有强烈计划性的苏联模式在当时取得了一定的成功，但随着历史的发展，这种模式的弊端逐渐显现，越来越严重地阻碍着社会经济的发展。我国受到苏联模式的影响，通过社会主义改造也迅速建立了高度集中的计划经济体制，然而由于计划经济的封闭性，统得过多、管得过死，严重束缚了生产力的发展，导致社会主义经济丧失活力和生机。我们国家仍处于社会主义初级阶段，把苏联传统计划经济体制直接套用过来与我国的社会发展情况不匹配，也不利于我国生产力的发展和经济的增长。

西方主流国际经济学的理论根基是比较优势学说，即李嘉图的比较成本理论与赫克歇尔和俄林的要素禀赋理论。二战后，美国基于比较优势理论进行国际分工和国际贸易布局，推动了经济全球化的浪潮，也实现了西方发达国家的经济繁荣。然而，比较优势理论实际上是为了维护发达国家在国际分工中的优势地位，要求发展中国家按照所谓的"比较优势"服务于发达国家②。发展中国家永远无法利用比较优势突破发展瓶颈成为高收入国家，更无法实现对发达国家的赶超，于是后发国家被锁定在依附型经济陷

---

① 《列宁选集》第 3 卷，人民出版社 2012 年版，第 525—526 页。
② 周文：《新中国 70 年中国经济学的理论贡献与新时代历史使命》，《东北财经大学学报》2020 年第 3 期。

阱中。如果完全按照比较优势理论来进行国际贸易，会导致我国的产业永远停滞于低端，在国际分工进而在分配中处于劣势。如今，中国改革开放以来取得的伟大成就已经打破了比较优势的路径依赖，因此，西方经济学的比较优势理论既不能完全解释中国的发展经验，也无法指导中国经济未来的发展，中国需要跳出西方国际经济学的话语陷阱，主动打造自己的国家竞争优势。

传统的计划经济实际上就是构建独立的国内大循环，由于计划经济的封闭性，所以存在循环动力不足的问题。而西方国际贸易理论则倡导以国际分工为主要标准的国际大循环，国家经济高度依赖于全球市场，面临的潜在经济风险较大。构建以国内大循环为主体、国内国际双循环相互促进的新发展格局，既超越了传统计划经济的弊端和局限性，也突破西方国际经济学的比较优势的话语陷阱，形成国家竞争优势与比较优势的有机结合、相互补充，可以更好地推动我国经济高质量发展。新发展格局所蕴含的理论逻辑源于中国实践，是中国实践的理论升华，同时也吸纳了西方经济学中合理、有益的部分，是马克思主义政治经济学理论中国化与理论国际化的有机结合，超越了传统理论和西方理论。

三、构建新发展格局需要注意的问题

第一，新发展格局不是淡化生产的作用，而是更加重视生产的作用。马克思在《〈政治经济学批判〉导言》中指出："交换就其一切要素来说，或者是直接包含在生产之中，或者是由生产决定。"[1]构建新发展格局的根本出发点还是发展，所以必须强调生产。构建

---

[1]《马克思恩格斯选集》第2卷，人民出版社1995年版，第17页。

第九章
大国之路：新发展格局的政治经济学要义

新发展格局的关键在于经济循环的畅通无阻，最本质的特征是以科技创新为核心动能，实现高水平的自立自强，实现高质量发展。根据马克思主义理论，技术是一种渗透性的生产要素，对于提高劳动者的能力、促进资本积累、改进劳动资料都有积极的促进作用，进而能够提高生产力，推动经济发展。因此，构建新发展格局必须贯彻新发展理念，坚持创新在我国现代化建设全局中的核心地位，把科技自立自强作为国家发展的战略支撑，提升产业链、供应链的完整性，促进产业基础高级化、产业链现代化。坚持把发展经济着力点放在实体经济上，强调提升生产力的创新驱动力，提供高质量的供给，才能引领国内、国际双循环的畅通运行。

第二，国内循环不只是生产循环，而是生产、交换、消费有机统一的良性循环。从历史上来看，苏联模式曾在特定的历史条件下促进了社会主义制度的巩固和发展，推动了社会主义生产力的发展。从经济领域来看，苏联模式表现为高度集中的计划经济体制，生产活动都在指令性计划之下进行。这种传统的计划经济模式单纯强调了生产的重要性，却忽视了生产、交换、消费是一个有机整体。这样的发展模式不符合经济发展的客观要求和规律，因而在长期来看会不断暴露出弊端。中国改革开放40多年来取得的成功体现了中国特色社会主义发展道路对苏联模式的超越。构建新发展格局以国内经济大循环为主，不仅包括生产循环主要在国内进行，还包括产品在国内市场上的流通，以及国内需求与供给的匹配，是生产、交换、消费的整体大循环。在任何经济活动中，各种生产要素的组合需要在各个环节有机衔接，才能实现畅通的循环流转。生产、交换、消费有机统一的良性循环能够推动物质产品的增加，促进社会财富的积累，提高人民的生活水平，整体来看是一种可持续并且螺旋上升的循环模式。

第三，国际经济大循环不是完全自由的经济循环。国际经济大循环是统筹发展与安全的更高层次、高水平的开放循环，是依托国内经济大循环和技术创新打造国际合作和竞争新优势的大循环。在国内经济循环体系强大稳固的前提下推动国际大循环，才能吸引到全球的要素资源，并且在激烈的国际竞争中占据优势。一方面，我们需要扩大市场开放、完善开放格局、深化国际合作，深度融入全球价值链、产业链和供求链的国际循环当中，坚持以开放促改革、促发展、促创新。我国企业的利益已经随着全球化进程渗透到全球各个国家和地区，积极参与国际市场竞争，提升我国产品和服务在全球的竞争力是国际大循环的必然要求。对于凡是愿意与我国合作的国家、地区和企业，我们都要积极开展合作，形成全方位、多层次、多元化的开放合作格局。另一方面，越开放越要重视安全，越要统筹好发展和安全。随着经济全球化出现逆流，国际环境愈发复杂多变，我们必须要处理好开放与安全的关系，既要通过国际大循环充分利用两个市场、两种资源，也要发挥我国工业体系优势和规模优势，着力提高国际竞争力、开放监管能力、风险防控能力，防范外部不确定因素带来的潜在风险，确保我国经济发展的安全性和稳定性。

第四，国内经济大循环不是封闭的循环，更不是各自为阵的循环。首先，国内循环必须坚持全国一盘棋，坚持要素自由流动，加快完善社会主义市场经济体制，深入推进要素市场化改革，破除制约要素自由流动的制度藩篱。与重大战略区域协调发展战略、主体功能区战略、建设自由贸易区试验区有机衔接，加快构建统一开放、竞争有序的现代化市场体系，打造改革开放新高地。其次，以国内大循环为主不是闭关锁国，发展内循环也不是内卷化，而是要在经济全球化背景下与国际循环有机衔接，通过深化供给侧结构

第九章
大国之路：新发展格局的政治经济学要义

性改革、提高经济供给质量、扩大内需潜力、开拓合作共赢新局面。再次，以国内循环为主不是弱化而是可以更好支撑国际循环，国内循环与国际循环相互促进、相得益彰。最后，新发展格局是我国主动作为和善于作为的表现。双循环相互促进既可以解决国际循环形成的对外过度依赖问题，实现自主自强，也可以解决和突破没有国际循环形成的国内循环局限性。双循环可以确保我国在世界经济中的地位持续上升，同世界经济的联系更加紧密，同时强化国内循环可以为其他国家提供更加广阔的市场，成为吸引国际商品和要素资源的巨大引力场。

第五，新发展格局不是"出口转内销"等短期应急举措、被动之举、权宜之计。它是立足我国经济长远发展、社会长治久安的基本要求，是实现从"富起来"到"强起来"的强国战略。首先，它体现了我国的大国特征。改革开放以来，我国经济实力、科技实力、综合国力不断增强，中国已经成为了全球贸易大国、制造业大国、互联网大国、消费大国。我国拥有14亿人口，中等收入群体超过4亿人，人均国内生产总值已经突破1万美元，是全球最大和最有潜力的消费市场，具有巨大增长空间。市场资源可以说是当今世界最稀缺的资源，而中国拥有巨大国内市场的优势，是构建新发展格局的雄厚支撑。其次，中国是世界工厂，更是世界市场。中国自加入世贸组织后，逐渐发展成为世界第一大货物贸易国，从21世纪初开始，中国就被称为"世界工厂"。随着我国居民收入水平的提高，国内消费潜力不断提升，中国正由世界最大的工业品供应国逐渐转变为全球最大的市场。无论是从生产角度还是消费角度，中国都有足够大的内生动能。再次，双循环有助于打造内需市场的整体性，增强经济发展的韧性，克服经济的波动性。中国已经深入参与经济全球化进程，并且是全球产业链和供应链中关键的一环，自然而然容易受到国际经济复杂环境的影响。新发展格局有利于培育和壮大国内经济的能量,改变我国参与国际分工和国际竞争的形式和途径,是在复杂的国际环境下提升国际竞争力和保障我国经济安全的必要之举,同时也是符合我国基本国情和长远发展战略,提升我国在世界市场上的地位,实现高质量发展的必然要求。

第六,不能泛化使用新发展格局概念。构建新发展格局是把握未来发展主动权的战略性布局和先手棋,是新发展阶段要着力推动完成的重大历史任务,也是贯彻新发展理念的重大举措[1]。新发展理念、新发展阶段、新发展目标、新发展格局是有机统一的,不能割裂。"十四五"规划明确要求把新发展理念贯穿发展全过程和各领域,构建新发展格局,切实转变发展方式,推动质量变革、效率变革、动力变革,实现更高质量、更有效率、更加公平、更可持续、更为安全的发展[2]。新发展格局的构建要成型、成熟,最关键的就是贯彻创新、协调、绿色、开放、共享的新发展理念。新发展理念为构建新发展格局提供了行动指南,没有新发展理念,无法构建新发展格局。经过几十年的奋斗,我国已经实现全面建成小康社会,进入新的发展阶段。新发展阶段明确了我国发展的历史方位,是新发展格局的现实依据,可以说,在尚未进入新发展阶段之前,我国也不具备构建新发展格局的能力。新发展格局的目标是实现中国从中等收入到高收入阶段的迈进,全面建成社会主义现代化强国。离开新发展目标,新发展格局就会失去意义,成为无本之木,无源之水。构建新发展格局是在新发展阶段下,贯彻新发展理念,应对

---

[1] 习近平:《把握新发展阶段,贯彻新发展理念,构建新发展格局》,《求是》2021年第9期。
[2] 《中共中央关于制定国民经济和社会发展第十四个五年规划和二〇三五年远景目标的建议》,《人民日报》2020年11月4日。

各种机遇和挑战,朝着实现新发展目标前进的战略选择。

四、构建新发展格局的世界意义

其一,政治经济学理论是发展的,必须不断创新。新中国成立70多年来,取得了举世瞩目的伟大成就,实现了经济快速发展奇迹和社会长期稳定奇迹,中国经济不断做优做强做大,并不断反哺世界经济,成为世界经济增长的稳定之锚[1]。尤其是改革开放以来,我国坚持推进全面深化改革,在更高层次、更宽领域推进对外开放,而且更积极推动经济全球化,努力构建人类命运共同体,持续推进建设"一带一路",造福沿线国家和人民。中国共产党对经济工作的集中统一领导是中国取得发展奇迹的关键。我们党之所以能够历经考验和磨难,并且无往而不胜,关键就在于不断进行实践创新和理论创新。从我们党对市场经济的认识来看,经历了一个长期不断深化的过程,从理论到实践,又从实践到理论。一方面,在实践中不断校正、创新、丰富理论,由此对社会主义市场经济理论的认识不断深化和提升,使市场经济理论突破西方主流经济学话语的束缚,在社会主义制度下越来越丰富;另一方面,我们党也不断把新的理论付诸实践,使理论真正发挥其价值和作用,也只有通过实践才能检验理论正确与否。构建新发展格局是中国特色社会主义经济理论的又一重大创新成果,也是中国特色社会主义经济伟大实践的理论升华,体现了实践创新和理论创新的相互促进,形成了不断发展的良性循环。正如恩格斯在《反杜林论》中强调:

---

[1] 周文、何雨晴:《国家治理现代化的政治经济学逻辑》,《财经问题研究》2020年第4期。

"政治经济学本质上是一门历史的科学。它所涉及的是历史性的即经常变化的材料;它首先研究生产和交换的每个个别发展阶段的特殊规律,而且只有在完成这种研究以后,它才能确定为数不多的、适用于生产一般和交换一般的、完全普遍的规律。"[1]历史是不断变化的,实践永无止境,理论创新也永无止境。

其二,政治经济学理论必须服务于国家战略。党的十八大明确强调要协调推进"四个全面"战略布局,从结构上看,全面建成小康社会是战略目标,全面深化改革、全面依法治国和全面从严治党是战略举措。三大战略举措中,全面深化改革是"四个全面"战略布局的源动力,改革重点是经济体制改革,而"经济体制改革的核心问题仍然是处理好政府和市场关系"[2]。我国经济已由高速增长阶段转向高质量发展阶段,党的十九大确立了新时代中国特色社会主义发展的战略安排,提出了建设现代化经济体系是我国发展的战略目标,这是中华民族实现从站起来、富起来到强起来伟大飞跃的迫切要求。在全面建成小康社会即将完成之际,党的十九届五中全会提出了新的"四个全面"战略布局,将全面建设社会主义现代化国家作为新的历史阶段的国家战略目标,并强调"加快建设现代化经济体系,加快构建以国内大循环为主体、国内国际双循环相互促进的新发展格局,推进国家治理体系和治理能力现代化"[3]。在任何时候,经济学理论都是为国家战略服务的,在新的发展阶段提出的新发展格局,为我国建设社会主义现代化国家提供了重要的理论支撑。以国际大循环为主,不仅兼顾了发展效率与经济安

---

[1]《马克思恩格斯选集》第3卷,人民出版社2012年版,第525—526页。
[2]《习近平谈治国理政》,外文出版社2014年版,第75页。
[3]《中共中央关于制定国民经济和社会发展第十四个五年规划和二〇三五年远景目标的建议》,《人民日报》2020年11月4日。

全,也是推动中国经济可持续发展的内在要求,更是建设社会主义现代化国家的必然之举。通过国内大循环带动国际大循环,有助于维护国际经济稳定发展,促进全球经济繁荣增长,也体现出大国风范。我国仍然是处于社会主义初级阶段的发展中国家,在发展过程中始终要坚定地朝着国家战略目标前进,不断创新理论,使理论成为实现国家战略目标的有力推手。

其三,政治经济学要为发展中国家崛起提供中国智慧和中国方案。发展中国家要实现崛起,打破中心与外围的壁垒,既要融入现代世界体系,又要做到开放不依附,做到国家竞争优势与比较优势统一。过去我国依靠引进外国技术,以"大进大出"的发展模式在短期内加快了经济发展的速度,但从长期来看,依赖国外技术会使我国面临关键技术"卡脖子"的问题,长期锁定在国际分工的低端,久而久之与国外的技术差距会越拉越大,造成国际竞争力低下的困局。关键核心技术是要不来、买不来、讨不来的,只有提升自主创新能力,把关键核心技术掌握在自己手中,解决技术"卡脖子"的问题,才能为国内经济大循环提供内生动力,为国际大循环提供竞争优势,从根本上保障国家经济发展和经济安全。构建以国内大循环为主的新发展格局,一方面改变了激励出口的政策导向,把满足内需作为经济发展的出发点和落脚点,可以充分发挥我国超大规模市场的竞争优势;另一方面也更加强调了增强自主创新能力的重要性。经济全球化的趋势不是个别国家可逆转的,发展中国家要实现经济的增长既要靠自身发展,也离不开与世界各国的交流与合作。比较优势理论表明任何具有比较优势的国家都可以在国际贸易中获利,中国取得今天的成就也在一定程度上得益于人口规模的比较优势,因此在发展过程中,我们仍然要充分挖掘和利用好比较优势。当今国际环境发生了巨大的变化,构建新发展格局需要推进更高水平的开放，实现更深层次的融入全球经济，形成国内、国际大循环相互促进的局面。习近平总书记强调："从长远看，经济全球化仍是历史潮流，各国分工合作、互利共赢是长期趋势。我们要站在历史正确的一边，坚持深化改革、扩大开放，加强科技领域开放合作，推动建设开放型世界经济，推动构建人类命运共同体。"[1]处理好发展与安全、自主与开放的关系是发展中国家崛起的必由之路。

---

[1] 习近平：《在企业家座谈会上的讲话》，人民出版社2020年版，第10页。

第十章 大国话语：西方经济学话语特征与中国经济学话语体系建设

[**本章核心观点**]

  长期以来，经济学理论总是笼罩在西方中心论的经济学话语体系下，既不能解释真实世界变化，也无力为乏力的世界经济开出药方。中国改革开放40多年以来，经济增长取得举世瞩目的成就，中华民族迎来了富起来到强起来的伟大飞跃，而西方经济学的理论却无法解释中国经济发展的奇迹。始终坚定不移地走中国特色社会主义道路，是中国在经济改革发展过程中取得伟大成就的关键，中国实践的成功已经打破了西方中心论的"神话"，但却尚未形成一套系统的、完整的、严谨的中国经济学理论体系。因此，构建中国经济学话语体系是系统化总结中国发展经验的内在理论诉求。基于此，本章在厘清西方经济学话语特征基础上，提出中国经济学话语体系建设要揭示西方经济学的科学假象，突出国家主体性，阐释好中国道路、服务国家战略，努力成为强起来的政治经济学和中国话语。

话语(discourse)一词在语言学中被认为是人们在特定语境中进行相互沟通的工具与思维符号,也是一种具体的言语行为。而在社会科学中讨论话语,不仅仅是简单的语言表达,而且是承载、传递某些社会团体特定价值观、表达权利关系的语言。在话语的基础上,依据一定的逻辑将零散碎片化的话语整合形成具有系统性、严密性、规范性、完整性的思想体系和理论体系,这种思想理论体系的外在表达形式就是话语体系。有什么样的思想理论体系,就有什么样的话语体系。因此,中国经济学话语体系的内核就是中国经济学的理论体系,是中国价值观的外在体现。

构建话语体系最直接目的就是提升话语权,因为一个国家的话语权代表了这个国家在国际上的地位。在当今世界,国际地位不仅需要经济力量、军事力量、科技力量等硬实力的支撑,而且国家软实力正发挥着越来越重要的作用,因此,提升话语权是维护国家国际地位的重要途径。法国著名思想家福柯认为:"在每个社会,话语的制造是同时受一定数量程序的控制、选择、组织和重新分配的,这些程序的作用在于消除话语的力量和危险,控制其偶发事件,避开其沉重而可怕的物质性。""历史也经常教导我们,话语并非仅是斗争或控制系统的记录,亦存在为了话语及用话语而进

第十章
大国话语：西方经济学话语特征与中国经济学话语体系建设

行的斗争，因而话语乃是必须控制的力量。"①话语权的竞争往往是在同一个领域内进行。纵观经济学科的发展历史，在不同的时代背景和不同的价值观念下，经济学家形成了具有各自特征的经济学话语体系。历史的经验表明，每一个时代占据主要话语权的经济学话语体系就是普遍认同的主流经济学，并且拥有经济学话语权的国家往往就是世界经济的中心。该话语体系中的价值观念和理论体系对世界经济的发展产生最广泛、最重要的影响，是世界各国解决经济发展中各种问题的首要理论指导，可以说，经济学的话语权决定了世界经济发展的方向和方式。

长期以来，经济学理论总是笼罩在"西方中心论"的西方经济学现代话语体系下，既不能解释真实的世界变化，也无力为乏力的世界经济开出药方。中国改革开放 40 多年以来，经济增长取得举世瞩目的成就，中华民族迎来了从富起来到强起来的伟大飞跃，而西方经济学的理论却无法解释中国经济发展的奇迹。始终坚定不移地走中国特色社会主义道路是中国在经济改革发展过程中取得伟大成就的关键，中国实践的成功已经打破了西方中心论的"神话"，但却尚未形成一套系统的、完整的、严谨的中国经济学理论体系。因此，构建中国经济学话语体系是系统化总结中国发展经验的内在理论诉求②。正如习近平总书记强调的："要立足我国国情和我们的发展实践，深入研究世界经济和我国经济面临的新情况新问题，揭示新特点新规律，提炼和总结我国经济发展实践的规律性成果，把实践经验上升为系统化的经济学说，不断开拓当代中国马克思主义政治经济学新境界，为马克思主义政治经济学创新发

---

① 米歇尔·福柯：《话语的秩序》，肖涛译，载于许宝强、袁伟选编：《语言与翻译的政治》，中央编译出版社 2000 年版，第 3 页。
② 周文：《时代呼唤中国经济学话语体系》，《经济研究》2016 年第 3 期。

展贡献中国智慧。"①

另外,在经济全球化背景下西方资本主义国家屡屡爆发经济危机,世界各国不断暴露资本主义治理体系下长期存在的结构性问题,如高度不平衡的世界体系、日益严重的贫富差距等。当今世界面临着百年未有之大变局,西方主流经济学理论正受到严峻的挑战。可以说,在经济学学科领域内面临着深刻变革,全球经济发展亟待新的经济学理论,这对构建中国经济学话语体系来说是难得的历史机遇。中国经济学话语体系的构建也是"强起来"的政治经济学的构建,不仅是为了满足中国发展的需要,也是为全世界贡献出中国智慧。

一、西方经济学话语特征

在经济学学科诞生的 200 多年里,主流经济学理论体系是不断变迁的,从古典经济学到新古典经济学,再到今天的新自由主义学派,主流经济学的不断更迭是时代背景以及社会矛盾变化的产物。在经济学发展史上,经济学研究的中心经历了两次大变迁:英国从工业革命到第一次世界大战时期是世界经济中心,这一时期主流经济学的发展中心是在英国;到了 19 世纪末,美国超越了英国,世界的经济中心从英国转移到了美国,于是迎来了经济学的美国时代。可以看到,长期以来现代西方主流经济学都是笼罩在西方资本主义经济学的话语体系下,即使中国已经成为世界第二大经济体,但在大学的经济学教育中占主导的仍然是以新古典经济

---

① 习近平:《论把握新发展阶段、贯彻新发展理念、构建新发展格局》,中央文献出版社 2021 年版,第 65—66 页。

学、新自由主义学派为主的经济学理论。构建中国经济学话语体系,我们有必要首先对西方经济学及其话语特征加以探讨。

1. 科学性与意识形态

在西方经济学的话语中,科学性和意识形态性是对立的,在西方经济学思想史上也经历了去意识形态、追求科学性的过程。在经济学诞生之初,古典经济学家把经济研究的重心从重商主义的流通领域转向生产领域,亚当·斯密在《国富论》中的研究是实证性和规范性的统一,既运用了抽象演绎的方法,也运用了现实归纳的方法。之后的庸俗政治经济学对古典政治经济学进行了一次革命,主张以"纯粹的"经济理论来建立经济科学,英国资产阶级经济学家西尼尔认为政治经济学就是研究财富的性质、生产和分配的科学,推动了经济学的实证化[1]。19世纪70年代的边际革命排除了有关意识形态的因素对人的经济行为的影响,新古典经济学家把科学和伦理学彻底分离,从而力图构建"客观的"经济学理论。同时期西方自然科学发展迅速,受其影响,西方主流经济学就此朝着"硬科学"的方向发展。演变至今,西方主流经济学始终沿着新古典经济学的范式在发展,在价值中立、数学范式等理性主义的庇护下标榜着自身的"科学性",强调要摒弃意识形态性。

实际上,西方经济学的话语体系始终代表的仅仅是资产阶级的利益,整个西方经济学的理论大厦都是一种资本主义的意识形态,这种意识形态已经在很长的时间里统治着西方现代主流经济学。现代西方经济学通常被认为是一门实证的、抽象的和演绎的

---

[1] 纳索·威廉·西尼尔:《政治经济学大纲》,彭逸林、商金艳、王威辉编译,人民日报出版社2010年版,第2页。

科学，不涉及任何伦理的价值判断，具有"价值中立"的性质。如内维尔·凯恩斯认为，政治经济学作为实证科学，要求"经济学家在做理论研究时，应该完全不涉及实证结论的伦理的或现实的意义，这些实证结论才是他所要确立的主要目标"①。西方经济学这种"价值中立"的立场同样反映在其研究对象上。奥地利的门格尔认为，"理论经济学所应研究的，只是人类为满足其欲望而展开预筹活动的条件"②，瓦尔拉斯指出"纯粹经济学本质上是，在完全自由竞争制度假设下确定价格的理论"③，杰文斯则主张把经济学视为一种"快乐与痛苦的微积分学"④。发展至今，西方经济学已经成为了罗宾斯所描述的"把人类行为当作目的与具有各种不同用途的稀缺手段之间的一种关系来研究的科学"⑤。

随着实证研究的"科学性"地位的确立，涉及价值伦理判断的规范研究被认为是不科学的，因此，人类社会的生产方式以及人与人之间的生产关系等规范性的研究对象被排除在经济学的研究范围之外，经济学研究对象仅仅是价值无涉的"稀缺资源的有效配置"。虽然西方经济学通过强调"价值中立"证明其"科学性"，但必须指出，西方经济学源于西方资本主义的经济实践和制度安排，经济学家在研究、解释和解决经济问题的时候，会自觉或不自觉地站在特定的阶级立场，代表和维护特定的阶级权益，接受反映特定阶

---

① 约翰·内维尔·凯恩斯：《政治经济学的范围与方法》，党国英、刘慧译，商务印书馆2017年版，第36—37页。
② 卡尔·门格尔：《国民经济学原理》，刘絜敖译，格致出版社、上海人民出版社2013年版，序言第3页。
③ 莱昂·瓦尔拉斯：《纯粹经济学要义或社会财富理论》，蔡受百译，商务印书馆1989年版，第16—17页。
④ 斯坦利·杰文斯：《政治经济学理论》，郭大力译，商务印书馆2011年版，第2页。
⑤ 莱昂内尔·罗宾斯：《经济科学的性质和意义》，朱泱译，商务印书馆2000年版，第20页。

第十章
大国话语：西方经济学话语特征与中国经济学话语体系建设

级利益的意识形态,采取符合特定阶级利益的价值判断①。

因此,经济学研究根本无法实现"价值中立",不可避免的价值判断必然会在某种程度上反映出特定阶级的意识形态。而且,"实证主义"的"科学性"也值得进一步商榷,无论是从数据的收集、模型的构建,还是实证分析的过程,都会涉及经济学家个人的价值立场。马尔库塞则直接对西方经济学家所谓实证主义的"科学性"提出猛烈的批判,他认为实证主义或者社会研究中的价值中立的观点实际上是资产阶级的意识形态,甚至用实证方法发展起来的科学和技术都是意识形态②。

2. 西方经济学是以资本为中心的话语体系

从西方经济学的基本假设中可以看出,西方经济学是以资本为中心的话语体系。西方经济学以理性的"经济人"假说为逻辑展开的起点,把人类复杂的经济关系单一地归结为追逐财富的欲望。亚当·斯密在《国富论》中对"经济人"进行了论述,理性和利己是"经济人"的主要特征。随着经济思想的发展,"经济人"作为一种抽象的人,最大的特征就是追求利益的最大化。内维尔·凯恩斯为"经济人"假说的合理性作出了如下论述:"除了追逐财富这种欲望之外,其他的动机当然也存在,并在不同的情形下决定着人的经济行为。然而,这些动机决不能成为需要考虑的第一位的东西,因为这些动机的影响是散在的、不确定的和不可靠的。据此可以认为,经济科学主要的学科范畴'经济人'这个抽象完全是合理的和

---

① 吴易风:《为什么我们不能用西方经济学取代马克思主义政治经济学》,《思想理论教育导刊》2003 年第 3 期。
② 转引自王晓升等:《西方马克思主义意识形态理论》,社会科学文献出版社 2009 年版,第 163—164 页。

必要的。"①

然而,这种理性的"经济人"是资本主义经济社会中抽象出来的假定,实际上反映的是资产阶级的特征。西方经济学把实现自身效用最大化的利己行为视为"理性的",从而为资本主义私有制提供了合理性,掩盖了资本家对无产阶级的剥削,即掩盖了资本主义社会的基本矛盾。"经济人"假说鼓励个人追求利润,在个人利益满足的基础上实现社会利益的最大化,其根本目的是促使资本不断增殖,以满足资本家对资本无限的欲望。资产阶级自私自利的特征是由资本主义生产关系决定的,而西方经济学却将其视作人类共同的自然本性,体现出强烈的意识形态性。由此可见,"经济人"假说的本质是以资本为中心推动资本主义经济社会发展,因而建立在"经济人"假说之上的西方经济学话语体系完全是为资本服务的。

3. 西方经济学中数学方法的运用

从边际革命之后,数学在经济学中的重要性上升到了空前的高度。边际学派的代表人物杰文斯主张"一切科学的经济学家皆须是数理的经济学家。其理至明,因经济学家所讨究的是经济量及其关系,但一切的量与量的关系皆属于数学的范围"②。数学方法确实在解释很多经济问题时具有不可替代的优势,凯恩斯认为数学方法不仅准确和精确,而且简明和避免累赘③。西方经济学倚

---

① 约翰·内维尔·凯恩斯:《政治经济学的范围与方法》,党国英、刘慧译,商务印书馆2017年版,第12页。
② 斯坦利·杰文斯:《政治经济学理论》,郭大力译,商务印书馆2011年版,第10页。
③ 约翰·内维尔·凯恩斯:《政治经济学的范围与方法》,党国英、刘慧译,商务印书馆2017年版,第169页。

重数学方法的根本目的是为了使经济学更加"科学",从而促进经济学的发展。

但是,目前西方主流经济学在很大程度上已经被改造成了一门无视经济现实的"数学科学"[①]。把从社会生活中观察到的事实放入到一定的经济理论中,运用数学推理等自然科学的方法对其进行孤立的分析,经济学的研究变成了对技术理性的崇拜,违背了经济学本身应有的学术性。卢卡奇曾指出:"这种看来非常科学的方法的不科学性,就在于它忽略了作为其依据的事实的历史性质。"[②]科学的研究不应该以牺牲现实性为代价而去追求数学推理上的严谨和精确,数学只是一种工具,而不是经济学的本质和目的,不能为了数学而数学。

另外,随着数学语言在经济学研究中占据的地位日益提高,西方主流经济学越来越成为一种"黑板经济学",与现实中的普通人日益疏远。因为复杂的数学语言限制了普通人对经济学理论的理解,最终导致能够进行经济研究的人都是具有一定数学研究背景的人,数学方法的过度使用在无形中提高了经济学研究的准入门槛。于是,西方资产阶级经济学家在经济学研究中占据了主要的话语权,西方经济学话语在不自觉中与资产阶级话语画上了等号。

4. 西方经济学"普适"价值背后的政治经济意图

现代西方经济学借助抽象演绎、数学方法等自然科学的工具,在理性主义的方法论指导下发展成为一门"中立的"实证科学。现

[①] 贾根良、徐尚:《经济学怎样成了一门"数学科学"——经济思想史的一种简要考察》,《南开学报(哲学社会科学版)》2005年第5期。
[②] 卢卡奇:《历史与阶级意识——关于马克思主义辩证法的研究》,杜章智、任立、燕宏远译,商务印书馆1992年版,第54页。

代西方经济学认为,抽象的方法不涉及任何历史性质和社会特点,所以经济学应该是世界性的经济学,将抽象推理的结论运用到不同现实社会中是可行的,对于任何国家都具有适用价值。在西方经济学话语中"普适性"被认为是一门"科学"应有的特性。近百年来,美国作为主流经济学的阵地,向世界各地的发展中国家推行自由化、私有化、民主化等政治经济主张。20世纪80年代,以新自由主义学说为理论依据的"华盛顿共识"主张政府的角色最小化,快速进行私有化和自由化,在拉美国家和东欧转轨国家广为传播。由于西方经济学鼓吹的"普适性",使得发展中国家对西方经济学趋之若鹜,把新自由主义的经济学理论主张奉为"金科玉律"。然而30多年过去了,历史却让我们看到,这些效仿美国模式的发展中国家并没有如预想的那样跻身发达国家行列,而是落入了"中等收入陷阱",不仅在经济发展上深陷困境,而且社会矛盾也愈演愈烈,直至今日也没能找到破解的方法。从拉美国家和东欧转轨国家的经验来看,不顾各国的历史、经济基础、社会和文化特点,教条式地推行某种经济政策主张会带来严重的后果。因此,经验表明:西方经济学这种所谓的"普适价值"是根本站不住脚的。

纵观整个世界格局,发达国家和发展中国家的世界分布与20世纪末几乎没有发生大的改变,在西方经济学理论指导下的发展中国家依然处于落后地位。国际化变成了西方话语的单向输入,现代化也变成了单向的西方化,于是整个世界经济的发展被西方经济学的话语一手掌控和控制。通过经济学普适价值的话语渗透,以美国为首的西方资本主义国家对世界其他发展中国家的经济和政治进行干涉,扰乱这些国家本身的发展轨迹,隐藏在其背后的根本政治经济意图是扩大本国政治经济利益,巩固本国的世界垄断地位,以便让自己在国际上始终占据主导地位和掌握话语权。

第十章
大国话语：西方经济学话语特征与中国经济学话语体系建设

二、中国经济学的话语基础及主要特征

1. 中国经济学概念范畴源于并发展了马克思主义政治经济学理论

自1776年亚当·斯密发表《国富论》标志着经济学成为一门独立的学科以来，经济学研究在历史演进中形成了非常多的学派，从研究范式的角度来划分，主要分为两大范式：一种是西方资本主义国家的新古典理论范式，另一种是马克思主义政治经济学理论范式。中国特色社会主义政治经济学、当代中国马克思主义政治经济学和中国经济学这三个概念从国家的层面来看，是具有同一性的①。中国经济学理论是对马克思主义政治经济学理论的继承和发展，其概念与范畴也必然源于和发展了马克思主义政治经济学。

马克思主义政治经济学是在批判性继承古典政治经济学科学成分的基础上，以资本主义社会为研究背景，以生产关系为研究对象，运用唯物辩证法，按照经济现象、经济本质及两者的统一这一路径，揭示了资本主义经济运动的规律、人类社会经济运动的一般规律以及社会主义社会运动的主要规律。马克思主义政治经济学是能够深刻揭示经济现象本质的学说，是被中国经济建设和改革实践反复证明了的科学。《资本论》集中体现马克思主义政治经济学理论思想，马克思在《资本论》中建立的经济范畴是中国经济学的理论基础，如劳动、价值、剩余价值、资本等。其中关于生产关系的话语体系，包括公有制和私有制在内的各种所有制形式及其特

---

① 周文：《时代呼唤中国经济学话语体系》，《经济研究》2016年第3期。

征,各类经济规律,工资、地租、利息等分配范畴,是中国经济学理论体系中的核心范畴①。

在马克思主义政治经济学理论的指导下,中国共产党结合具体的中国国情,带领全国人民积极探索实践,70多年来创造了经济增长的奇迹。在这一进程中,理论与实践的良性互动使马克思主义政治经济学在守正创新中不断得到丰富和发展。例如在马克思构想的共产主义社会中,私有制应该被消灭,以私有制为基础的资本主义市场经济与社会主义是不相容的,而我国仍处于社会主义的初级阶段,立足于这一国情,我们在改革过程中逐渐从计划经济体制转向了社会主义市场经济体制,并在具体实践中不断深化认识,发展和完善社会主义市场经济体制。中国经济学在马克思主义政治经济学的概念范畴基础上,已经形成了一些具有中国独创性的概念范畴,如社会主义初级阶段、社会主义基本经济制度、社会主义市场经济体制、人类命运共同体等,这些概念的形成和发展与中国特色社会主义经济发展过程紧密相连,是对我国成功实践经验的理论升华,能够很好地解释中国经济发展的内在逻辑。

马克思主义政治经济学中国化已经取得了重大成果,但对于构建中国经济学话语体系来说还远远不够。因此,必须坚持以马克思主义政治经济学理论体系中的概念范畴为基础,结合新中国70多年来的实践经验,对中国经济学概念范畴进行拓展和创新。

2. 中华优秀传统文化是中国经济学的宝贵资源

在经济思想史上,无论什么学派的经济学理论都具有各自社

---

① 洪银兴:《〈资本论〉和中国特色社会主义经济学的话语体系》,《经济学家》2016年第1期。

第十章

大国话语：西方经济学话语特征与中国经济学话语体系建设

会文化的印记。西方主流经济学理论是建立在西方基督教文化之上的经济学话语体系，其理论大厦以"理性经济人"假说为逻辑前提，以追逐财富为最终目标。中国是有着数千年悠久历史的文明古国，中华民族在五千多年延绵不断的文明史中创造了博大精深的中华优秀传统文化，形成了富有中国特色的经济思想。中国作为儒家文化发源、兴盛和传承之地，主流文化背景是比基督教文化更有包容性、现实性、广泛性和开放性的儒家文化。

20世纪初，马克思主义政治经济学涌入中国，成为中国经济学的研究开端。然而，在很长一段时间里中国经济学是"拿来主义"。苏联是世界上第一个将马克思主义由理论变为实践的社会主义国家，因此中国对马克思主义政治经济学的认识深受苏联的影响，在学习和运用马克思主义理论的过程中没有考虑到中国几千年的传统文化，因此导致了教条主义的盛行。改革开放后，西方经济学大规模地引入中国，人文传统依旧没有得到重视，而是套用外来经济学理论解释中国经济社会实践。不顾中国国情将外来经济理论直接运用于中国的实践，由于国情不同，其结果就是西方经济学理论并不能很好地指导中国的经济实践活动。与此同时，由于人文因素始终没有得到重视，中国经济学的理论发展和创新也一直滞后于实践的成功。事实上，中华优秀传统文化蕴含的经济思想远比西方经济思想起源早、影响大。早在春秋战国时期，诸子百家争鸣就在各自的学说中体现了丰富的经济思想，从孔子理财学到孟子治国思想，关于人性论、义利观、富国强民等思想早已在儒家的经典著作中有所论述。西方经济学中奉为圭臬的"自由放任"思想在春秋时期老子的思想中就有所涉及，"是以圣人不行而知，不见而明，不为而成"。马克思主义辩证法也在中华传统文化中有所体现，最早可以追溯到庄子与其好友惠施的"濠梁之辩"，应该说是世界上最早的政府干预主义与自由放任主义两大经济思想的争锋。西汉初期推行"无为而治"的政策,主张自由放任的经济思想,司马迁在《史记·货殖列传》中提出"善者因之,其次利道之,其次教诲之,其次整齐之,最下者与之争",表达了反对君主对国民经济过多干预和控制的观点。在西汉中后期,桓宽根据"盐铁会议"记录整理的《盐铁论》,核心是以桑弘羊为首倡导的国营垄断和贤良文学为代表的自由经济之争,反映了政府干预主义与自由放任主义两大经济思想的争锋。

总之,源远流长的中华文明中有很多优秀的文化,其中蕴含着丰富的经济思想,这是中国经济学的宝贵资源和独特优势。推动中国经济学话语体系的构建和创新,需要进一步挖掘中国传统文化,汲取传统经济思想精华,强化中国经济学的中国理论。

3. 开放包容的世界主义是中国经济学的重要特征

马克思主义政治经济学是在批判吸收 18、19 世纪人类文明成果的基础上建立和发展起来的,是一个开放包容的理论体系。中国经济学是当代马克思主义政治经济学,更是马克思主义政治经济学的传承、发展和创新,因此要经受时间和实践的检验,既要立足于中国历史文化和中国的成功实践经验,也必须借鉴和吸收人类优秀的文明成果,包括西方经济学的理论成果。

西方经济学经历了二百多年的发展,其理论也是长期探索取得的智慧成果,是人类文明的重要组成部分,排除其阶级属性,西方经济学对当代经济运行规律和现象问题的理论分析有科学的成分,因此中国经济学在构建的过程中不应排斥西方经济学的科学成果。例如西方经济学中的供需理论、市场经济理论、产权理论、制度经济学等理论对中国经济学中社会主义的生产、交换和分配过程的完善有借鉴价值,对我国发展社会主义市场经济和完善中国经济学话语体系也是有裨益的。西方经济学中使用的概念和范畴同样也可以被吸收、改进和利用,运用科学的方法通过"术语革命"进行创造性转化,使之具有新的内涵,从而成为中国经济学话语的概念与范畴。马克思曾对资产阶级经济学使用的"价值"这一范畴进行了"术语革命",赋予了"价值"范畴以新的、科学的含义,即"抽象人类劳动的凝结"。另外,对西方经济学中实证分析方法的运用,中国经济学也不排斥。马克思在经济学阐述和分析中,也不乏数量分析和把经济现象数学化的例证,数学模型作为一种分析工具,在中国经济学中得到普及和推广是一种规范化的表现,具有积极的意义。科学和综合地运用现代经济学分析方法有利于构建中国经济学话语体系,但要警惕"用正确工具得出错误结论"的情况,避免过度数学化、模型化。

在经济全球化的背景下,中国经济学始终以开放包容的态度面对世界一切文明成果,广泛吸收国际先进的经济理论,包括马克思主义的,也包括非马克思主义的,包括主流的,也包括非主流的。中国经济学只有充分"引进来"国外经济学的有益成分,才能更好地"走出去"成为世界认可的、学术前沿的经济学话语。

4. 阐释好市场与政府的关系是中国经济学的理论核心

中国经济学的本质特征就是市场与政府有机结合,系统化梳理市场与政府的关系,并形成理论学说,就是中国经济学最大的贡献。纵观经济学发展史,市场与政府的关系始终是西方经济学关注的最重要的命题之一,是各个经济学派争论的焦点,也是经济学上的世界难题。在西方经济学的理论观点中,市场与政府始终是此消彼长的相互替代关系,多数时候是主张自由放任主义。中国改革开放40多年来,不断超越西方经济学理论的教条,成功地走出了一条具有鲜明中国特色的社会主义经济建设道路,中国经济奇迹在经济学上的体现就是市场与政府有机结合,因此,中国经济学必须将社会主义制度下市场与政府有机结合的学理阐释清楚,形成系统化规律化的理论学说。

改革开放前,我国实行的是高度集中的计划经济体制,由于计划经济的封闭性,严重束缚了生产力的发展。改革开放后,我国的经济体制进行了多次改革,对市场与政府关系的认识经历了从理论到实践,又从实践到理论的长期探索过程。党的十四大正式提出中国经济体制改革的目标是建立社会主义市场经济体制,这是人类历史上第一次把社会主义与市场经济联系起来,是对马克思主义政治经济学的一次重大理论突破,标志着对市场与政府关系认识的一个飞跃。社会主义市场经济的本质就是处理好市场与政府的关系。从党的十五大提出"使市场在国家宏观调控下对资源配置起基础性作用",到党的十八届三中全会创造性地提出"市场在资源配置中起决定性作用和更好发挥政府作用",中国共产党对市场与政府关系的认识不断深化。党的十九届四中全会把社会主义市场经济体制上升为社会主义基本经济制度,不但标志着社会主义市场经济体制在实践中取得了伟大成功,更是在理论层面对市场与政府关系认识的重大突破。

习近平总书记指出:"在社会主义条件下发展市场经济,是我们党的一个伟大创举。我国经济发展获得巨大成功的一个关键因素,就是我们既发挥了市场经济的长处,又发挥了社会主义制度的优越性。"① 市场经济由于其开放性、竞争性、交易性等显著特点,在

---

① 《习近平关于社会主义经济建设论述摘编》,中央文献出版社2017年版,第64页。

资源配置效率方面有显著优势,但同时也存在盲目性和不确定性等弊端,而政府调控可以起到保持宏观经济稳定,维护市场秩序,促进共同富裕的作用,弥补了市场失灵可能带来的经济周期性波动和总量失衡。社会主义市场经济体制将市场与政府有机结合在一起,充分发挥市场经济在资源配置上的优势,使微观经济主体保持生机活力,同时也发挥了政府对宏观经济平稳运行的积极调控作用,两者共同作用于经济运行,既克服了市场失灵,又避免了政府失败。

中国在改革开放实践中所构建起来的政府与市场关系已经远远超越了西方经济学理论范畴,新中国70多年取得的伟大成就充分证明,社会主义市场经济体制是中国经济发展进步的根本保证。因此,在理论层面阐释好市场与政府的关系至关重要,这是中国经济学的核心内容和基本特征。

5. 服务好国家治理是中国经济学话语的立论前提和基础框架

国家治理体系是在党领导下管理国家的制度体系,包括经济、政治、文化、社会、生态文明和党的建设等各领域体制机制、法律法规安排,也就是一整套紧密相连、相互协调的国家制度[①]。国家治理学说包含经济、政治、文化、社会、生态、党的建设等各个方面,强调了各个领域之间的协调统一和整体联动,是中国特色社会主义发展的总体框架。经济建设是国家治理的一个重要方面,国家治理是中国经济可持续发展的基本前提。

因此,中国经济学话语体系的构建需要在国家治理的基础框架下进行,是国家治理学说的一个重要组成部分。同时,国家治理

---

① 《习近平关于全面深化改革论述摘编》,中央文献出版社2014年版,第24页。

也是中国经济学话语的立论前提。中国是世界历史上最早开始国家建构的,公元前 221 年秦始皇统一中国,中国在国家治理体系和治理能力上实现了对西方的第一次超越。新中国成立 70 多年取得了经济快速发展奇迹和社会长期稳定奇迹,影响因素是多方面的,但可以肯定的是国家治理在其中发挥着决定性作用[①]。中国之治与西方之乱形成了鲜明的对比,如美国次贷危机、英国脱欧、西欧债务危机等,究其原因,关键在于我国国家治理能力和治理体系上对西方的赶超。良好的国家治理不仅为中国经济学话语的构建提供了国家安全和社会稳定的前提条件,同时也贡献了有力的成功经验和事实依据。

中国经济学作为研究和揭示当代中国生产力与生产关系矛盾运动规律的学说,是建立在中国的历史发展与现代形态之上的经济学话语体系,中国经济学应该在国家治理的基础框架下依据理论逻辑、历史逻辑与实践逻辑统一的原则,阐释好新中国成立 70 多年经济发展成就背后的经济学理论逻辑,系统总结和提炼改革开放 40 多年来减贫伟大实践取得成功的经验,从经济学理论上系统解释"强起来"的中国国家治理的内在机理。

三、中国经济学话语体系构建问题

1. 中国经济学话语体系的国家主体性

中国经济学话语体系与国家治理一样具有国家主体性,两者是有机统一的,共同推动我国经济社会的现代化建设。所谓经济

---

① 周文、何雨晴:《国家治理现代化的政治经济学逻辑》,《财经问题研究》2020 年第 4 期。

学的"国家主体性",就是经济学的国家立场。纵观经济学发展历史,任何经济学理论都是经济学家对其所在国家的经验现象的观察与总结,或是为了解决其所在国家面临的突出问题而提出的,因而具有强烈的国家主体性。"政治经济学"一词最早见于法国经济学家蒙克莱田1615年出版的《献给国王和王后的政治经济学》一书。作为政治经济学的早期形态,重商主义关注的是国家财富的积累,追求国王强大、国家富强,体现出强烈的国家主体性。

古典经济学代表人物亚当·斯密在《国富论》中提出政治经济学的基本目标是"富国裕民",其经济理论的本质是为英国国家服务的,只是因为国际分工和自由贸易的主张使政治经济学披上了世界主义的外衣,掩盖了国家主体性。与工业化遥遥领先的英国不同,德国工业化起步迫切需要国家的力量,弗里德里希·李斯特认为古典学派的世界主义经济学抹杀了各个国家不同的经济发展水平和历史特点,他在1841年出版的《政治经济学的国民体系》中就强调"国家"在以往政治经济学的研究中被忽视,主张以关税保护幼稚工业。国家主导的产业政策和竞争战略在以德国为代表的西欧国家现代化过程中发挥了关键作用。

马克思主义政治经济学的研究同样强调了国家和国家主体性。马克思指出国家职能具有二重性,一是具有经济管理职能,管理整个国家的共同事务;二是具有阶级统治职能,是阶级统治的工具。在这之后,资本主义政治经济学出现了很多的流派,尽管有些学派强调自身理论的世界主义,但本质上每一个派别和体系都有很强的国家主体性。

当前,我国经济社会发展仍然面临着"社会主义初级阶段"这个最大国情,中国经济学的首要任务是"正确分析中国经济走势、引领经济新常态、指导中国经济改革和发展"①。因此,在中华民族强起来的历史站位下,中国经济学话语体系的构建要凸显国家主体性,立足于中国发展实践的经验,系统化研究和揭示社会主义经济发展及其变化规律。从这一层意义上来讲,中国经济学是关于治国理政的系统化经济学说,是服务于整个中华民族从富起来到强起来的经济学理论②。中国经济学话语体系为国家治理提供理论支撑,国家治理为经济学理论提供实践经验和理论检验。

中国经济学话语体系的国家主体性体现在国际和国内两个维度③。在国际维度上,国家主体性指向经济学的国家特色,中国经济学提炼和总结的是改革开放伟大实践中的中国经验,并在此基础上对西方经济学的话语进行"术语革命"。在国内维度,国家主体性指向作为国家公共权力实际代表的政府在经济活动中的主导性作用和主体性地位,表现在对市场与政府关系的辩证处理。经过中国经济体制改革,现已形成"市场在资源配置中起决定性作用,更好发挥政府作用"的政府与市场的关系,国家主体性主要体现在更好发挥政府作用,克服市场的弊端,培育和营造良好的市场外部环境,稳定提供公共产品和服务,正确引导产业发展,形成可持续发展。

2. 阐释好中国道路

中国经济学作为我国经济发展的"教科书",其话语体系的构

---

① 简新华:《中国特色社会主义政治经济学的探索和发展》,济南出版社 2019 年版,第 31 页。
② 周文:《关于中国经济学建设的几个问题》,《教学与研究》2020 年第 7 期。
③ 周文、包炜杰:《中国特色社会主义政治经济学的国家主体性问题》,《学习与探索》2018 年第 9 期。

建不仅要以基本国情为前提,更要从学理的高度阐释好中国国情。国情,是一定时期或某一历史发展阶段,国家在政治、经济、文化、思想等方面基本情况的总称①。一个国家的社会经济发展规划必须立足于基本国情这个最大的现实条件,不同的社会性质和发展阶段必然产生不同的国情。改革开放初期,邓小平指出:"社会主义本身是共产主义的初级阶段,而我们中国又处在社会主义的初级阶段,就是不发达的阶段。一切都要从这个实际出发,根据这个实际来制订规划。"②正是在这样的国情判断下,邓小平提出了"三步走"发展战略。

如今,习近平总书记向全世界宣布,中国已经全面建成小康社会,顺利解决了人民的温饱问题。党的十八大以来,中国特色社会主义建设进入新时代,但我国仍然处于并将长期处于社会主义初级阶段的基本国情没有变,我国依然是世界上最大的发展中国家。在明确基本国情的基础上,我们还需要认识到,当前我国所处的"初级阶段"对比改革开放初期的"初级阶段",显然已经发生了重大变化,我国社会主要矛盾已经转化为人民日益增长的美好生活需要和不平衡不充分发展之间的矛盾。在新的历史阶段,面对发展变化了的国情,习近平总书记提出了"两个阶段"的发展战略,从而为实现中华民族伟大复兴提供了有力的指引。

国情是基于一个国家的社会生产力水平和生产关系作出的基本判断。中国是世界上最大的发展中国家,处在并将长期处在社会主义初级阶段,这是中国最大的国情。这就决定了中国经济学

---

① 白羽:《马克思社会发展理论视角下对中国国情的认识》,《党史博采(理论)》2018年第5期。
② 《邓小平文选》第3卷,人民出版社1993年版,第252页。

话语要能够阐释我国初级阶段基本国情背后社会生产力的发展状况与生产关系的矛盾运动规律,对我国国情的本质作出系统性的理论解释。只有阐释好中国国情,并立足于国情,中国经济学的话语才能为"强起来"的国家治理提供更有力的理论指导。

3. 服务于国家战略

中国经济学的话语体系构建要服务于国家战略。党的十八大明确强调要协调推进"四个全面"战略布局,从结构上看,全面建成小康社会是战略目标,全面深化改革、全面依法治国和全面从严治党是战略举措。三大战略举措中,全面深化改革是"四个全面"战略布局的源动力,改革重点是经济体制改革,而"经济体制改革的核心问题仍然是处理好政府与市场的关系"①。党的十九大确立了新时代中国特色社会主义发展的战略安排,提出了建设现代化经济体系是我国发展的战略目标,这是中华民族实现从站起来、富起来到强起来伟大飞跃的迫切要求。在全面建成小康社会即将完成之际,党的十九届五中全会提出了新的"四个全面"战略布局,将全面建设社会主义现代化国家作为新的历史阶段的国家战略目标,并强调"加快建设现代化经济体系,加快构建以国内大循环为主体、国内国际双循环相互促进的新发展格局,推进国家治理体系和治理能力现代化"②。

建设现代化经济体系中最关键的是现代化的经济制度,而制度的建设就需要依靠中国经济学话语体系来提供科学的、有力的理论依据。因此,从目标导向的角度来看,中国经济学话语体系的

---

① 《习近平谈治国理政》,外文出版社 2014 年版,第 75—77 页。
② 《中共中央关于制定国民经济和社会发展第十四个五年规划和二〇三五年远景目标的建议》,《人民日报》2020 年 11 月 4 日。

构建是为实现建设现代化经济体系的战略目标而服务。

4. 揭示西方经济学的科学假象

中国经济学话语体系的构建不仅要注重自身的科学性,还要揭示西方经济学的科学假象。西方经济学通过价值中立、实证分析、数学推导等理性主义的方法论来强调本身的"科学性"和"普适性",然而经济学作为一门社会科学,其"科学性"不应该用自然科学的标准来衡量,因为经济学不可能通过实验来检验其理论的精确性。经济学是在经验事实的基础上,通过演绎归纳得来的社会科学,任何经济学理论都是内嵌于国家的发展阶段及其社会、经济、文化结构当中,是为了解决本国的问题而提出的理论。因此,经济学不具备完全意义上的普适性。

经济学的"科学性"应该以是否真实客观地反映了经济活动的本质,是否科学地揭示了经济活动的运行规律,是否具有实践上的可重复性来衡量。西方经济学话语体系中不乏科学的成分,所以在这种理论的指导下,西方发达资本主义国家曾取得了巨大的经济成就。但是,西方经济学认为,只有从抽象演绎的实证分析中推导出的结论才能被重复实践,是科学的,而具有价值判断的规范性分析则具有特定社会的现实特征,不具有可重复性,是不科学的。对于经济学这门学科来说,科学性与意识形态性不是相互排斥的,经济理论本身具有的科学性并不意味着可以漠视和否认其代表和具有的阶级意识形态性。历史已经证明,西方经济学通过实证分析得出的理论在拉美和东欧转轨国家的实践中并没有取得长久的成功,反而使这些发展中国家陷入了"中等收入陷阱",对比中国改革开放以来经济建设的成就,西方经济学标榜的"科学性"受到了现实严重的打击。

中国经济学话语体系的建设要揭示西方经济学的科学假象,证明西方经济学理论并不是"放之四海而皆准"的永恒公理,而且其对现实的解释力正日渐式微。即使是在比较发达的资本主义国家,西方经济学的适用性也应该根据各国的国情来调整,更不用说在发展中国家,其适用性更加大打折扣。因此,中国经济学在构建的过程中必须充分揭示西方经济学的科学假象,从而才能解构"西方中心论",走出西方经济学的话语体系,构建具有中国特色的、强起来的政治经济学。

第十一章 大国新论：深化认识社会主义市场经济

[**本章核心观点**]

社会主义市场经济体制为实现中国经济的跨越式发展提供了体制保障与制度支撑。本章旨在突破经济学概念的西方范式，从中国的经济发展实际出发，构建对社会主义市场经济的全面认识和正确理解，形成市场经济的"大国新论"。首先，从市场经济的概念入手，论述了市场的概念、性质及其与商品经济的关系，提出市场经济的本质是交换经济。其次，对比研究原始市场经济与现代市场经济，指出二者本质区别在于政府作用，市场经济的发展趋势应是"强市场、强政府"。最后，深入探讨社会主义市场经济的优越性与独特性，指出社会主义市场经济是高水平现代市场经济。

自新中国成立以来,我国实现了从高度集中的计划经济体制到充满活力的社会主义市场经济体制、从封闭半封闭到全方位开放的历史性转变,创造性地将社会主义与市场经济相结合,为实现中国经济的跨越式发展提供了体制保障与制度支撑。中国的经济成就与社会主义市场经济体制密不可分,一方面,一系列"中国奇迹"为理解社会主义市场经济提供了现实依据,不仅证明了社会主义与市场经济相结合的可行性,打破了对市场经济的传统认知,而且还显示出中国特色社会主义市场经济体制的优越性;另一方面,全面认识和正确理解社会主义市场经济对揭示中国经济成就具有重要的理论意义,有助于从历史与现实、理论与实践相结合的角度深入阐释中国道路,为解释中国共产党为什么能、马克思主义为什么行、中国特色社会主义为什么好提供系统化的经济学理论。因此,需要从中国经济发展现实出发,厘清市场经济与商品经济的关系,正确认识市场经济的本质,剖析原始市场经济与现代市场经济的差异,在此基础上,全面认识和正确理解社会主义市场经济。

一、市场经济概念的再认识

全面认识和正确理解社会主义市场经济,首先要理解什么是市场经济。对于市场经济的定义,学术界已展开了广泛讨论和深

第十一章
大国新论:深化认识社会主义市场经济

入研究,主要有以下观点。

第一,作为调节经济的手段,市场经济就是市场配置资源的经济。该观点认为,计划与市场都是资源配置的手段、都是发展经济的工具,强调市场的无社会属性,认为市场经济可以与不同的社会制度相结合。① 该观点的重要理论前提是:市场经济不具有意识形态属性,不存在姓"资"姓"社"的问题。以此为基础,该观点强调"社会主义市场经济"的基础是社会主义。发展社会主义市场经济要实现公有制与市场经济的有机融合、市场与政府(或市场与计划)的有机结合,既要遵循市场经济的规律,又要体现公有制的要求;既要发挥市场经济的长处,又要彰显社会主义制度的优越性。②

第二,作为对西方资本主义诞生以来自由市场制度的概括,市场经济是具有私有化、市场化、自由化特征的资本主义经济,认为"没有资本主义,就没有市场经济"③。该观点常见于西方主流经济思想中,将市场经济与社会主义相对立,否认市场经济与社会主义制度相结合的可能性。还有学者认为不可能把市场及其价格形成机制同生产资料私有制基础上的社会的功能分离开④,市场经济与社会主义必然是互不相容的两种路径。

第三,从社会历史发展进程来看,市场经济和商品经济具有发展阶段上的区别,市场经济是商品经济的高级阶段,商品经济是市场经济的基础。持该观点的学者在研究过程中,聚焦于西方经济的发展进程,通过总结自然经济、商品经济、市场经济三种形态的

---

① 简新华:《中国社会主义市场经济体制的新探索》,《广西财经学院学报》2019 年第 5 期。
② 张宇:《论公有制与市场经济的有机结合》,《经济研究》2016 年第 6 期。
③ A. J. 伊萨克森等:《理解市场经济》,张胜纪、肖岩译,商务印书馆 1996 年版,第 9 页。
④ 路德维希·冯·米瑟斯:《社会主义——经济与社会学分析》,王建民等译,中国社会科学出版社 2008 年版,第 103 页。

演进，指出市场经济是在商品交换市场发达基础上进展并形成生产要素市场的社会经济形态。① "市场经济"一定是"商品经济"，但"商品经济"不一定是"市场经济"。

虽然当前学界对市场经济的概念仍有争议，但在研究内容和研究方法上有高度一致性。其一，现在主流的市场经济概念主要是沿用西方经济学的定义，其核心思想来源于新古典经济学的"资源配置中心论"，将资源配置作为研究出发点；其二，从西方的经济现象中提炼、总结概念，缺乏对中国经济现象的分析，尤其在研究商品经济与市场经济的关系方面，有明显的西方中心主义特征；其三，缺少对社会主义市场经济特殊性的研究，将"社会主义"与"市场经济"简单相接合，直接应用西方经济学的概念来定义"中国特色社会主义市场经济体制"，忽视了社会主义市场经济概念背后的社会关系和社会基础。对此，需要指出的是，"定义是分析的结果，不是分析的出发点"②，研究问题需要从现象出发，揭示客观事物的本质矛盾。因此，全面认识和正确理解社会主义市场经济需要跳出西方经济学研究范式，从中国现实出发、从市场经济存在的不同形式出发，重新认识市场经济，由此才能更好地回应"中国不是真正的市场经济"的指责。

基于此，通过系统梳理西方市场经济概念，结合中国市场经济理论与实践，笔者认为，一方面，在市场经济的概念上，市场经济本质上是交换场所及交换关系的总和，其最终目的是通过不断扩大的市场交换实现利润的最大化；另一方面，在市场经济与商品经济的关系上，二者没有形态高级、低级之分，二者的本质都是交换经

---

① 钱津：《论市场经济与商品经济的区别》，《社会科学研究》2011年第3期。
② 《毛泽东文集》第8卷，人民出版社1999年版，第139页。

济,只是概念侧重点不同,商品经济强调的是交换经济的形态,市场经济强调的是交换经济的体制。

1. "市场"与"市场经济"

正确认识"市场经济"的本质,关键在于如何理解"市场"及其性质。当前的主要争议是:作为交换领域、中介的"市场"与作为资源配置方式、制度结构的"市场",二者是否对立,应如何理解市场这两种主要性质的关系。

首先,从市场经济的产生来看,市场最初是指商品交换的场所和载体,有商品生产和商品交换的地方就存在市场。随着交换关系的不断扩大,"交换的不断重复使交换成为有规则的社会过程"①,市场经济随之产生。在《十五至十八世纪的物质文明、经济和资本主义》第二卷开篇,布罗代尔明确指出,"交换"与"市场经济"是同义词,也就是马克思所说的"流通领域"②。根据交换的不同形式,布罗代尔将市场经济分为两种形式:第一类是公共市场,是公开的、普遍的、平等的交换;第二类是反向市场,是一个"背光的、阴暗的、只有行家们在活动"的区域,也是资本主义诞生的领域。③ 可见,市场经济是建立在作为交换领域、中介的"市场"基础之上的,无论何种形式的市场经济,都离不开其背后的"交换属性"。同样,资本主义只是市场经济的形式之一,不能将市场经济等同于资本主义。因此,从市场的交换属性来定义市场经济的交换本质,是理论逻辑、历史逻辑的统一。

---

① 《资本论》第 1 卷,人民出版社 2004 年版,第 107 页。
② 费尔南·布罗代尔:《十五至十八世纪的物质文明、经济和资本主义(第二卷)》上册,顾良、施康强译,商务印书馆 2017 年版,第 11 页。
③ 同上书,第 2 页。

其次,从市场在市场经济中的作用来看,在当前研究中,往往只看到市场的资源配置作用,但却忽视了市场为什么能够配置资源、市场配置资源的途径是什么。市场之所以具有配置资源的功能,是因为它是交换的中介,一切经济活动都必须经过市场这一中介,市场才能成为资源配置的主要形式。市场的交换性质是其资源配置性质的基础,后者内生于交换过程中,不能独立于交换而存在。因此,市场的交换性质与资源配置性质紧密相连,二者是表与里的关系,将二者相割裂甚至相对立,是片面的、错误的。市场的"交换属性"比"资源配置属性"更具有本质意义,市场经济本质上应是交换场所及交换关系的总和。

2. "商品经济"与"市场经济"

当前,国内各界已普遍认同市场经济不等于资本主义经济,但多数仍然根据资本主义经济发展进程进行总结和归纳,认为市场经济是商品经济的高级发展阶段。事实上,二者是历史的、逻辑的统一。

第一,商品经济与市场经济同时产生,共同发展。市场经济的产生和发展源于分工的出现和发展,是分工和交换扩大的结果,而不是资本主义经济制度及其私有制发展的结果。马克思在《资本论》第一卷中以商品为线索,在论述价值的形成与货币的产生的同时,也论述了与商品生产同步发展的市场的起源。所以,既不存在脱离市场的商品经济,也不存在没有商品的市场经济。若将市场经济看作商品经济的高级阶段,则是将市场经济等同于资本主义经济。

第二,商品经济强调的是交换的形态,市场经济强调的是交换的体制。"商品经济"侧重于劳动产品的"商品化",强调"随着时间

第十一章
大国新论：深化认识社会主义市场经济

的推移，至少有一部分劳动产品必定是有意为了交换而生产的"①，把凡是劳动产品成为商品、具有使用价值与价值二重性、需要交换的经济形式称为商品经济。与之相对应，"市场经济"侧重于劳动产品在"市场上交易"，强调市场在经济活动中的作用。以"棉花市场"为例，在商品经济范畴下，主要强调棉花的商品性质；在市场经济范畴下，则侧重于棉花在市场中交换、由市场形成价格、随着市场竞争优胜劣汰等，强调的是市场在棉花交换过程中的作用。

3."有计划的商品经济"与"社会主义市场经济"

1984年，党的十二届三中全会提出我国社会主义经济是"有计划的商品经济"，1992年，党的十四大正式提出建立社会主义市场经济体制的目标，我国经济体制实现了由有计划的商品经济到社会主义市场经济的转变。如何理解商品经济与市场经济的关系，是理解这两种体制转变的理论和逻辑前提。

从我国经济体制改革进程上来看，将市场经济界定为高度社会化的商品经济，不符合我国发展实际。一方面，在我国最初引入"商品经济"与"市场经济"概念，是为了活跃中国经济，以此克服高度集中的计划经济体制所带来的僵化，是对中国经济体制改革的新指向，而不是对中国既有经济体制和经济成果的总结。所以，不同于西方"从实践中归纳概念"的经验，受国内发展状况和国际环境影响，中国是以概念引导实践，用实践来充实、诠释概念，具有自身独特性。正如前文所强调的，全面认识和正确理解社会主义市场经济，需要跳出西方经济学研究范式，不仅需要梳理西方经济学中的市场经济理论，更要立足于中国市场经济理论与实践。另一

---

① 《资本论》第 1 卷，人民出版社 2004 年版，第 107 页。

方面，整个社会主义初级阶段，都是实现社会化的过程，提出构建社会主义市场经济体制并不意味着我国的社会主义商品经济已发展至高级阶段，这两个概念的并存和分别应用是合理的，不存在替代与进阶的关系。从"有计划的商品经济"转向"社会主义市场经济"意味着，我国经济已打破完全依靠计划的模式，市场上已广泛存在商品的自主、自由交换，即商品经济已发展起来；但与普遍、快速发展的交换形态相比，交换的体制还不完善，市场在交换中的作用仍需要突出和调整，因此，改革的重点从"激发市场活力"转变到"激活市场作用"，提出了构建社会主义市场经济体制，为我国经济体制改革目标指出了新方向。

二、原始市场经济与现代市场经济

市场经济在不同社会制度下呈现出不同的运行模式与特征，如美国自由市场经济模式、德国社会市场经济模式、日本政府主导型市场经济模式等。虽然市场经济的具体模式不同，但是不论何种模式，都应服务于经济和社会的全面发展。市场经济模式的评价标准、原始市场经济与现代市场经济的判断标准是评价社会主义市场经济的重要依据。

首先需要说明的是：评价市场经济先进与否，不能以时间为标志，要在整体的历史视野中考察原始市场经济和现代市场经济的特征；不可否认，利润最大化是市场经济的目标，但不能以经济发展水平来界定市场经济的发展阶段，经济蓬勃发展是现代市场经济的结果和表现，而不是市场经济发展阶段的标志；评价市场经济的标准不在于其运行的效率，而在于其运行的有序性，包含生产、分配、交换、消费这些社会再生产的各个环节。

第十一章

大国新论：深化认识社会主义市场经济

市场经济的起源是自发的，市场的形成过程又是市场完成其职能的过程。但是市场经济的运行却不能仅仅依靠市场自身，自由放任的市场经济引发了诸多经济和社会问题。仅仅依靠私有化、市场化和自由化的市场经济是原始的市场经济，是市场经济发展的初级阶段，自由放任的市场经济只是原始市场经济。

第一，自由放任的市场经济产生了个体利益与国家整体利益的矛盾。在市场自发调节下，经济活动以个体利益为中心，只强调个人理性和个人利益，资本和劳动力自然而然流向高收益的产业，在个人财富高速积累的同时，产业结构从制造业占主体向服务业占主体转化，产业空洞化现象突出。美国曾过度去工业化，过早提高消费和服务业比重，使美国经济体系构建在泡沫经济的基础上，失去了实体工业支撑，不仅降低了生产率的增速和水平，使经济增长乏力，而且提高了经济的不稳定性，陷入经济危机。然而，去工业化易，而再工业化难，该模式影响了发达国家保持经济增长的持久动力，同时也制约发展中国家提高国家竞争力。拉美国家在"华盛顿共识"影响下，走向了自由化、私有化的市场经济模式，拉美国家的金融自由化非但没有实现金融对经济发展的支撑作用，而且成为少数"金融大鳄"财富激增的工具，金融风险被不断放大。同时，政府职能的缺失，使拉美的产业结构升级缺乏政策指引和财政支撑，长期处在产业链底端，形成了对发达国家的依附发展。由此可见，市场经济不应是改革的目标，而是达到目标的手段；国家不应让位于市场经济，而是应驾驭好、利用好市场经济。正如波兰尼所强调的，市场是广义经济体的一部分，而经济体又是更广义社会体的一部分。事实上，"自律性市场"从未真正被实行过。世界各国通过自由市场来重建全球经济的后果却是和平的终结和第一次世界大战，并带来了经济秩序的崩溃和经济大萧条。可以说，若要建立一个完全自律的市场经济、实现市场经济的"脱嵌",则是将人类社会和自然环境推向自毁。①

第二,自由放任的市场经济造成了经济效益与社会效益的矛盾。市场经济在诞生初期极大地促进了生产力的发展,先后缔造了英国、美国两大经济中心,由此,美国式自由市场经济成为"发达""先进"的标志。然而,市场经济不只是生产环节的制度,生产力发展只是市场经济效益的一部分——经济效益,除此之外,社会效益也是不容忽视的重要部分,现代市场经济要兼顾个体效率与整体效率、效率与公平。因此,要从经济效益和社会效益两方面来全面评价市场经济的模式。以美国模式和德国模式为例。研究表明,单从经济效益的总体指标来看,美国模式的经济效益优于德国模式。但从社会效益来看,德国对人自身发展的关注程度高于美国,在劳动就业保护、贫富差距、社会保障等方面具有更完善的制度安排。相比于美国的自由市场经济模式,德国社会市场经济模式实现了经济效益和社会效益的均衡发展,更有利于推动经济持续增长。② 同样,托马斯·皮凯蒂在《21世纪资本论》中通过梳理资本、收入、资本收益率和经济增长率四个关键要素的演变,揭露了在资本主义市场经济体制下社会各阶层财富鸿沟。在总结数百年大数据的基础上,他指出,没有自然或自发的过程能使社会变得更公平,"财富积累和分配的过程中,存在着一系列将社会推向两极分化或至少是不平等的强大力量。同样存在趋同的力量……但

---

① 卡尔·波兰尼:《巨变:当代政治与经济的起源》,黄树民译,社会科学文献出版社2017年版,第257—353页。
② 李策划、刘凤义:《发达国家不同市场经济模式运行绩效的政治经济学分析——以美国模式和德国模式为例》,《政治经济学评论》2018年第1期。

第十一章

大国新论：深化认识社会主义市场经济

是分化的力量在任何时候都可能重新占据上风"①。可见，自由放任的市场经济片面强调个体效率，通过个体差异来实现效率，有损整体效率与公平性。缺少政府的有效调控，忽视市场经济的社会效益，必然会导致两极分化，难以实现共同富裕，当社会矛盾积累到一定程度，将会引发经济危机和社会危机。因此，实现公平与效率的统一、经济效益与社会效益的统一，离不开政府的作用。在现代市场经济中，"弱政府"只能带来市场的无序性与分配的剥削性。

除此之外，原始市场经济也造成了当今全球经济治理的难题，世界市场呈现出严重的无政府状态，引发了全球经济秩序混乱，"贸易战""关税战"等恶性竞争现象频发，同时，还加深了经济发展与资源环境保护之间的矛盾。可见，市场经济不能只是停留在原始阶段，现代市场经济更要强调发挥好政府的作用，以此实现国内经济和世界经济的有序发展。

综上所述，市场仅仅是生产和消费之间一个"具有局部性的、不完善的连接件"、一个"有些厚度与强度、又是却很单薄的夹层"，在物质生活的深层，市场可以"触及"，但却"钻"不进去，也不是每次都能带动，不能够独辖一切。② 市场经济是建立在交换关系之上的交换经济，其交换本质决定了它在治理经济发展方面作用的有限性，仅仅依靠市场作用的原始市场经济出现了无序性、剥削性等乱象。因此，市场起决定性作用是市场经济的一般规律，更好发挥政府作用是现代市场经济的共同规律。③ 建立现代化市场经济，政

---

① 托马斯·皮凯蒂：《21世纪资本论》，巴曙松等译，中信出版社2014年版，第28页。
② 费尔南·布罗代尔：《资本主义的动力》，杨起译，生活·读书·新知三联书店1997年版，第35—39页。
③ 顾钰民：《习近平对中国特色社会主义建设规律认识的新突破》，《毛泽东邓小平理论研究》2017年第9期。

府的作用必不可少。

现代市场经济与原始市场经济的本质区别在于政府作用。现代市场经济,其一具有发达的市场经济,坚持市场在资源配置中起决定性作用;其二具有政府的干预和调控,使市场经济正常运行。市场经济的发展趋势应是"强市场、强政府","强市场、弱政府"是低层次、低水平的原始市场经济。通过对比各国市场经济模式可知,仅依靠市场的原始市场经济只能解决"如何使经济快速发展"这一基础问题,在涉及"如何实现经济高质量、可持续发展""如何使人民共享经济发展的成果""如何应对国家经济竞争"等深层次问题时,自由放任的市场经济模式便束手无策,暴露出其治理无力的弊端。因此,科学的宏观调控和有效的政府治理是现代市场经济的标志。在遵循市场经济一般规律的基础上,需要通过建立和完善宏观调控体系,克服市场的外部性,培育和营造良好的市场外部环境;通过强化有效经济治理,稳定提供优质公共产品和服务;通过健全国民经济体系,正确引导产业发展,推动可持续发展;通过制定经济发展规划,培育新的经济增长点,逐步增强国家竞争力。在此基础上,构建统一开放、竞争有序的市场经济体系,实现市场与政府作用的均衡、个体效率与整体效率的协调、公平与效率的统一。

三、社会主义市场经济是高水平现代市场经济

建党 100 多年来尤其是改革开放 40 多年来,中国共产党领导中国人民,立足中国国情和发展阶段,创造性地提出在社会主义条件下发展市场经济,创造性地建立起富有活力的社会主义市场经济体制,从而使我国社会生产力得到飞速发展,社会主义市场经济

第十一章
大国新论：深化认识社会主义市场经济

也在实践中日益成熟、至臻完善。正是基于社会主义市场经济建设的伟大成功经验总结，党的十九届四中全会把社会主义市场经济体制上升为基本经济制度，这既是对我国社会主义市场经济长期探索的总结和肯定，也是中国特色社会主义伟大实践的理论结晶，更是对进一步建设高标准现代市场经济的深刻认识。

中国特色社会主义市场经济既不是对标西方市场经济，也不是社会主义与市场经济的简单相加，而是机制体制的重构和再造，是对西方市场经济和传统社会主义经济的超越，是高水平现代市场经济体制。一方面，中国的市场经济模式是对西方原始市场经济的超越，是新式的现代市场经济。市场经济作为一种交换关系或市场组织制度在人类历史的长河中存在于不同的社会形态之中，中国的市场经济模式是中国改革开放探索走出的成功新路，善用市场、政府、政党各自的作用，构建了"市场＋政府＋政党"的三维谱系，治理了原始市场经济的乱象，同时又超越、发展了已有的现代市场经济模式。另一方面，中国特色社会主义市场经济是对传统社会主义经济的超越，是新式的社会主义经济模式。在社会主义制度下发展市场经济，既没有前人理论引导，也没有既有经验指导，中国创造性地打破了对市场的意识形态禁锢，打破了对单一计划经济的教条，将市场机制引入社会主义制度，实现了政府与市场之间的有效互动和有机结合。社会主义市场经济是中国独特的理论和实践创新，实现了社会主义经济体制的自我完善和自我超越。具体来说，社会主义市场经济的特点及优越性表现在以下几个方面。

1. 最鲜明特征及动力源泉：开放性

社会主义市场经济在开放体系中诞生，并伴随着国内交换关系扩大和经济全球化而成长。市场经济以开放为鲜明特征，又依靠开放得以进一步发展。在中国的社会主义市场经济发展历程中,开放性是最鲜明特征和动力源泉。正是得益于对外开放与经济全球化,中国实现了经济飞速发展,同时,又通过积极参与经济全球化,为世界经济作出了巨大的贡献。

第一,市场经济的生机和活力来自开放。市场经济以交换为基础,因此,市场经济只有在开放中才能得到更好发展,经济越开放,一国的市场交换规模才越大,经济总量才越大,市场经济才越繁荣。改革开放为中国社会主义市场经济开启了实践的大门,由此建立社会主义市场经济体制成为改革开放最重要的核心内容。开放是社会主义市场经济的最鲜明特征,也是中国经济持续健康发展的重要动力源泉。中国过去40多年的经济发展是在开放的条件下取得的,未来经济实现高质量发展也必须在更加开放的条件下进行。社会主义市场经济并不表明中国的市场经济与世界经济相互隔离,恰恰相反,正是社会主义市场经济的形成与发展,开启了中国国内市场与国际市场有效接轨的进程,开放性是连接中国市场与世界市场的枢纽。特别是2019年以来,全球经济增长已显露出疲软态势,中国经济却一直平稳增长,不仅有力地促进了全球经济的恢复和增长,而且更加显示出社会主义市场经济的优越性。

第二,开放是社会主义市场经济的最鲜明特色,不仅奠定了中国改革开放的基本路径和走向,也深刻影响了世界经济。现在部分西方国家一方面自诩为真正的市场经济,另一方面在现实中却采取了一系列逆全球化的措施,而中国却坚定地以"中国行动"和"中国节奏"践行着全球化的使命和担当,以更加开放自信的姿态面向世界,坚持走中国特色社会主义市场经济道路,使市场经济不断展现出活力和生机。随着社会主义市场经济日益融入世界经济,中国不但从开放中获益,而且也对世界经济作出了重要贡献。目前,中国经济总量占世界经济总量的比重接近16%,对世界经济增长的贡献率接近30%。不仅如此,中国还通过"一带一路"倡议,提供了全球经济互利共赢的新思路。

事实证明,中国特色社会主义市场经济在本质上并不背离市场经济,而且是对市场经济理论与实践的丰富和发展。从这一角度看,中国社会主义市场经济的意义并不在于提供了市场经济的"标准模板",而在于其代表了一种理念,那就是坚持从国情出发,同时以世界眼光和开放心态积极吸收借鉴一切有益经验,走出一条让世界瞩目的社会主义市场经济的成功道路。

2. 根本政治保证:坚持党对经济工作的集中统一领导

"办好中国的事情,关键在党。"[1]中国共产党的领导是中国特色社会主义最本质的特征,是中国特色社会主义制度的最大优势,坚持党对经济工作的集中统一领导,是推进我国构建和完善社会主义市场经济体制的根本政治保证。

第一,党的领导是保障社会主义市场经济发展大局的关键。中国共产党通过对上层建筑的塑造和生产关系的调整,引领和保障经济社会发展大局,确保经济社会发展坚持正确方向,并从社会的整体利益和国家的长远利益出发,解答了发展的方向、方式及重点领域等这些市场无力解决的问题,全面统筹协调经济发展的方向和节奏。现在,中国经济发展进入攻坚克难的关键时期,由此来自各方面的风险挑战比以往任何时候都多。在这种情况下,更应

---

[1] 习近平:《在庆祝中国共产党成立100周年大会上的讲话》,《人民日报》2021年7月2日。

充分发挥党在经济治理中的作用,必须始终坚持和加强党的领导,充分发挥党把方向、谋大局、定政策、促改革的能力和定力,把党的领导贯穿于深化经济体制改革和加快完善社会主义市场经济体制全过程,从而驾驭好社会主义市场经济正确发展方向,保障社会主义市场经济发展大局。

第二,党的领导是更好发挥政府作用的根本保证。坚持党的领导,发挥党总揽全局、协调各方的领导核心作用,是我国社会主义市场经济体制的一个重要特征。① 在"市场+政府"的二元结构中,政府是作为"市场失灵"的替代性工具出现的,但是政府同样会因为信息不完备等原因造成决策失误从而导致"政府失败"。用政党来有效应对"市场失灵"和"政府失败"是中国社会主义市场经济体制的创新和优越之处,超越了资本主义市场经济的二元局限性。在市场和政府"两只手"基础之上,党的职责是驾驭市场和政府关系,党的坚强有力领导是政府发挥作用的根本保证,也是政府有效作为的"约束条件"。构建"市场+政府+政党"的三维谱系,形成了社会主义市场经济的宏观调控体制优势。因此,中国的宏观调控不是单纯为了解决市场失灵问题,而是在党的领导下,将政府和市场两只手统筹起来,统一到国家发展的整体布局中。不同于资本主义市场经济的宏观调控,社会主义市场经济宏观调控的依据除了市场的弊端之外,还包括国家经济发展战略目标和中长期发展规划等;调控目标也不单纯是为了刺激需求,而是把供给和需求、质量和效益、公平和效率等有机结合起来;调控政策不仅包括财政政策、货币政策,还包括产业政策、区域政策、投资政策

---

① 《习近平谈治国理政》第 1 卷,外文出版社 2018 年版,第 117—118 页。

等。① 可见,"市场+政府+政党"三位一体的宏观调控结构,使中国经济具有发展阶段上的延续性、发展目标上的渐进性、发展政策上的稳定性等特征,创造了经济持续快速发展和社会长期稳定"两大奇迹"。

回应"社会主义市场经济是不是市场经济"之辩,重点和难点之一就是从学理上阐释党在社会主义市场经济体制中的作用。不同于西方政党,中国共产党是"使命型政党",具有性质、价值、地位、功能、使命、责任于一体的特征,这也决定了党在中国社会主义市场经济体制中职能的综合性。在中国特色社会主义制度下,中国共产党不仅是市场经济的"辅助者",更重要的职责是经济活动的"指挥者"和"引导者",通过"市场+政府+政党"三位一体的宏观调控结构,构建起市场经济有效、微观主体有活力、宏观调控有度的经济体制。

3. 显著优势:集中力量办大事

习近平指出:"我们最大的优势是我国社会主义制度能够集中力量办大事。这是我们成就事业的重要法宝。"②集中力量办大事是高水平社会主义市场经济体制的显著特征,既用好市场经济,也用好社会主义的体制优势,让二者有机配合、协同发力,创造经济发展的效率和规模优势,从而不断战胜前进道路上的各种风险挑战。

强大的国家能力,包括治理能力和资源动员能力等,是实现集

---

① 刘凤义:《论社会主义市场经济中政府和市场的关系》,《马克思主义研究》2020年第2期。
② 习近平:《为建设世界科技强国而奋斗——在全国科技创新大会、两院院士大会、中国科协第九次全国代表大会上的讲话》,人民出版社2016年版,第14页。

中力量办大事的保障。能否"集中力量",取决于国家与市场的力量对比。在原始市场经济体制中,国家被置于市场之下,其作用是辅助性的,相较之下,市场更具有自主性和独立性,并且市场中的强势主体,如大企业、大商人,在政治领域具有极高的地位,导致政治权力对经济权力的相对弱势。相反,在中国的社会主义市场经济中,市场是国家体制中的市场(Market in State),国家处于主导地位,市场是国家发展过程中的工具和手段,市场在结构上服从于国家,而不存在凌驾于国家的市场。在改革方向上坚持选择性的市场化以及有针对性的国家控制。[①] 因此,中国的社会主义市场经济体制中,国家的作用得以突出和强调,尤其是在资源动员、应对危机、防范风险等方面具有明显优势。新中国成立70多年来,正是得益于集中力量办大事的优势,我国实现了在落后条件下的赶超发展,在较短时间内便建立起独立的、比较完整的工业体系和国民经济体系,基础设施建设进展迅速,为我国经济发展打下坚实基础。进入新时代以来,随着我国国家制度和国家治理体系不断完善和发展,国家能力显著提高,集中力量办大事的显著优势日益彰显,成就了"中国之治"。

政策的延续性和稳定性是实现集中力量办大事的基础。滴水石穿,非一日之功。回顾我国建设小康社会的奋斗过程,邓小平首先提出了"小康"的概念,用"小康之家"[②]来诠释中国式现代化,明确提出20世纪的奋斗目标是实现小康。在全党全国各族人民共同努力下,2000年如期实现目标,人民生活总体上达到小康水平。在此基础上,党的十六大明确了下一步奋斗目标,提出要在21世

[①] 郑永年、黄彦杰:《制内市场:中国国家主导型政治经济学》,邱道隆译,浙江人民出版社2021年版,第369—371页。
[②] 《邓小平文选》第2卷,人民出版社1994年版,第237页。

第十一章
大国新论：深化认识社会主义市场经济

纪头20年全面建设惠及十几亿人口的更高水平的小康社会。习近平总结道，党的十六大以来，我们党扭住这个奋斗目标，一茬接着一茬干，一棒接着一棒跑，全面建设小康社会取得了显著成绩。[①] "一茬接着一茬干，一棒接着一棒跑"，生动描述了中国政策的延续性和稳定性特征，解答了中国的社会主义市场经济在中国共产党的领导下何以办成大事、何以建成大业。

4. 本质要求：坚持以人民为中心和以共同富裕为目标

市场经济的最终目的是通过不断扩大的市场交换实现利润的最大化，而社会主义市场经济不但要实现社会财富不断涌现，而且更要实现社会财富共享。社会主义市场经济可以充分发挥市场经济和社会主义的各自优势，用"市场经济"提升经济效率，用"社会主义"维护公平，实现效率和公平的统一。

一方面，要坚持发展市场经济，不断把"蛋糕"做大。在市场经济自由竞争环境下，企业是独立自主、自负盈亏的经济实体，优胜劣汰的竞争制度刺激生产者不断革新技术、加强经营管理、提高生产效率，从而大大推动了社会生产力的发展。共同富裕要在生产力发展的前提下才能实现，离开效率谈公平是不科学的。在这方面，中国曾走过弯路，在生产力水平低下的状态下片面强调公平，结果走向了平均主义。改革开放以来，通过引入市场机制，在所有制方面打破公有制一统天下的局面，承认并鼓励非公有制经济的发展，在分配制度上改变了"干多干少都一样"的状况，合理拉开收入差距的同时强调先富带动后富。因此，要充分肯定提高经济效率的必要性和重要性，发挥好市场经济在拉动经济增长方面的有

---

① 《习近平谈治国理政》第2卷，外文出版社2017年版，第71页。

效作用,不断提高经济发展的效率。

另一方面,要坚持社会主义方向,将"蛋糕"分好。在私有制的原始市场经济中,生产的目的是满足资本所有者单个人的物质需要;在传统计划经济体制下,生产的目的是满足"整个社会经常增长的物质和文化需要",人的个性化发展需求遭到忽视;而在社会主义市场经济中,社会主义生产的目的是"解放和发展社会生产力,不断改善人民生活",始终把"以人民为中心"作为经济实践活动的根本立场。[①] 社会主义制度决定了我国的经济发展要将以人民为中心为宗旨、以实现共同富裕为目标,这也是社会主义制度与资本主义制度的根本不同。改革开放以来,在处理效率与公平关系上,我国经历了"效率优先、兼顾公平""兼顾效率与公平""更加注重社会公平""更有效率、更加公平"的发展变化,分配制度从平均分配转变到按劳分配为主、多种分配方式并存,既突破了传统社会主义计划经济的平均主义,又超越了原始市场经济的效率中心主义。从邓小平明确提出"共同富裕"到习近平将"共享"写入发展理念,中国改革开放成功的经验表明,共同富裕是建设中国特色社会主义的本质要求,也是发展社会主义市场经济的本质要求。因此,在市场经济发展中,只有坚持社会主义方向才能把做大的"蛋糕"分好,真正让社会主义制度的优越性得到充分体现,真正体现以人民为中心,让社会主义市场经济成为为全体人民谋富裕的高水平现代市场经济体制。

综上所言,市场经济作为一种交换经济体制,长期嵌于不同社会形态中,是一个兼具一般性与独特性的体制。在与不同的政治

---

① 王立胜、周绍东:《论中国特色社会主义政治经济学的核心》,《海派经济学》2018年第2期。

制度、经济发展阶段、社会状况、历史背景等要素交织下,形成了各类市场经济的模式。因此,市场经济模式没有唯一标准,正是因为市场经济的包容性、灵活性,才使其长期保持活力、广泛发挥效力。承认并尊重不同市场经济模式的差异性,是全面认识和正确理解社会主义市场经济的前提。中国的市场经济不是简单移植和抄袭西方的市场经济,中国不但坚持发展市场经济,而且也始终不渝坚持市场经济的社会主义方向。社会主义市场经济作为一种现代市场经济模式,创造性地将"社会主义"与"市场经济"相融合,坚持以开放为动力源泉,以中国共产党的领导为根本政治保证,取得了集中力量办大事的显著优势;坚持以人民为中心为宗旨、以实现共同富裕为目标,解答了效率和公平难题,让中国从富起来走向强起来。社会主义市场经济的成功在于,不断推进和开辟市场经济发展的新境界,同时确保和驾驭了社会主义市场经济的大局和方向,是高水平的现代市场经济。

第十一章 走向世界的政治经济学：主流国际经济学的话语审视与新建构

[**本章核心观点**]

当今世界，孤立的发展早已不复存在，中国已融入世界经济体系中，并正在逐步走向世界舞台的中央。中国经济的脚步已迈向世界，但中国的政治经济学在世界舞台上的影响力还十分有限。长期以来，中国的国际经济学理论一直处于被西方主流国际经济学影响的状态，有中国特色的国际经济学理论和研究极为匮乏，这种状况既不能解释中国改革开放的伟大成功，也不利于中国更好地走向世界。由于主流国际经济学存在着普适性、西方主义论、过度数字化、缺乏时空观四大局限性，无法全面、深刻地了解世界经济现象，不仅不适于中国崛起，而且还有碍于世界经济的健康发展。因此，中国亟须总结和抽象自己的发展经验，批判继承既有国际经济学理论，构建对中国发展有益、对他国发展有助、对世界发展有利的有中国特色的国际经济学。

回顾中国改革开放历史,中国的经济发展走过了从"摸着石头过河"到逐渐成熟的艰难历程,探索出了中国特色社会主义的道路和模式。但是,与改革开放取得的经济成就相比,中国始终没有形成自己的理论来指导和引领国际经济活动。环顾今天中国的国际经济学界,无论是对当前国际经济问题的研究,还是在高校中对学生的培养,基本上都是以西方主流的国际贸易理论、国际投资理论、国际金融理论、国际经济学为主,很少或者基本没有从中国的角度来解释国际经济现象。长期以来,在国际经济学理论和流派中,西方学派牢牢地掌握着学术话语权,始终缺少中国的一席之地。在这百年未有之大变局的背景下,时代在更替,世界格局在变化,这就意味着国际经济理论也要随之变革。随着中国的崛起和世界多极化趋势的强化,主流国际经济学的问题也逐渐暴露出来,旧的理论体系不足以支撑、解释新的发展格局和发展方式。构建中国特色的国际经济学理论,不仅是中国经济发展的当务之急,更是构建经济全球化的中国理论的迫切需要,可以从根本上改变中国经济学的国际理论"西方化"的问题

一、中国国际理论话语权的缺失

当前,世界正在经历百年未有之大变局,世界经济格局深度调

第十二章
走向世界的政治经济学：主流国际经济学的话语审视与新建构

整,国际政治经济不确定性上升,传统和非传统安全风险交织,这些都给中国发展带来了新的机遇和挑战,中国正前所未有地走近世界舞台中心,成为世界瞩目的主角。

虽然中国的崛起已是不争的事实,但是这并不代表中国的发展被全世界所认可和接纳。一直以来,我国传统经济学理论对国际理论重视不够,只是讲述"中国如何对外开放""中国怎样走向世界"等发展历程,缺少理论上的支撑和总结。当今世界政治经济格局剧烈变动,中国日益走近世界舞台的中央,这既是中国百年未有的新格局,也是世界百年未有的大变局。在这种新格局下,对外开放已是双向的——中国走向世界和世界悦纳中国。过去的40多年中,中国已经在"走向世界"的议题中卓有成效,但推进世界理解、接纳中国的进程却依旧缓慢,有时甚至十分被动。这正是由于中国缺失国际理论的话语权,使中国在阐释自身发展问题时困难重重,从而制约着世界正确地认识中国发展,也阻碍着其他国家理解中国的开放和复兴。

首先,西方理论与中国故事"双轨制",使中国故事"有理说不出、说了传不开"①。过去我们总认为,西方对中国不理解或认识不全面,是因为我们的对外宣传工作没做好,因此要讲好"中国故事"。但长期以来我们仅仅关注和注重自身建设,一心一意谋发展,在理论上更多的是被动地接受和套用西方理论。因此,在真正讲中国故事时,我们便会发现,中国与西方不在同一话语体系下,无法有理有据地阐明中国发展的思路。现在中国主流国际经济学理论,本质上是美国经济学的翻版,是以西方发达国家为中心的国际贸易经济学理论。然而,回顾中国的崛起历程,中国是否完全依

---

① 习近平:《在哲学社会科学工作座谈会上的讲话》,《人民日报》2016年5月19日。

照西方经济理论来发展？是否完全照搬西方发展模式？显然不是。中国的发展是具有自己特色的模式，走的是中国特色社会主义发展道路，拥有自己的"道理"。所以，当今世界主流国际经济学并不是真正的世界经济学，既不能体现中国的发展立场，也无利于中国国际形象的改善。归根到底，没有"中国理论"支撑的中国故事，很难被世界所接受和认可。

其次，西方理论不但无法解释中国的发展，反而成为西方指责中国的理论依据。按照主流国际经济学的理论，中国改革开放40多年取得伟大成就主要依靠充分利用比较优势，即成本优势和技术优势。但随着中国沿中国特色社会主义道路越走越远，近几年来，部分经济现象已超出主流国际经济学理论的解释范围，中国的发展势态也大大超过西方国家的预计，所以，西方国家便依照既有国际经济学理论对中国进行无端恶意揣测。其一，随着我国原有的人口红利不断消失，劳动力廉价的优势已不复存在，按照西方主流论，当代中国已失去主要依靠的成本优势，然而，事实却相反，中国仍然保持出口额稳步前进。对此，西方解释为中国是依靠政府补贴扭曲市场，以保护价格优势来维护中国商品在国际市场的份额，并指责中国破坏了全球贸易的竞争公平性。其二，中国作为发展中国家，在新兴技术领域"先天不足"，却在国际贸易中常年保持着贸易顺差。于是，西方肆意揣测中国进行了强制技术转移，认为中国窃取了西方技术成果。面对指责和曲解，中国经济学的学者们显得很被动，也"无'理'还口"。由于中国长期以来缺失关于国际经济的中国理论体系，所以无法系统化地阐述贸易顺差等一系列经济新现象。

二、西方主流国际经济学的局限性

在国际经济学局限性的问题上,要坚持矛盾普遍性与特殊性辩证统一的分析原则,既要以整体性的视野,观察西方主流经济学在理论局限性上的共性;又要具体问题具体分析,重点剖析国际经济学特有的、特殊的问题。

国际经济学作为经济学重要的分支,具有西方主流经济学门类的普遍局限性。关于西方主流经济学局限性、构建中国特色社会主义经济学的问题学界早有探讨,由王亚南首先提出(王亚南,1941),迄今为止已有大量的研究和讨论。学界普遍认为:(1)在逻辑体系上,西方主流经济学在假设前提、对人和经济现实的抽象等方面都有明显漏洞,让经济学缺失了作为社会科学的原本面貌,与现实相悖(王京安等,2007;盖凯程,2010);(2)在研究方法上,西方主流经济学有明显的数学教条主义,即用数学做研究、再把数学结果作为经济规律,对此,学界强调经济学研究不是数学技巧的比拼,数学教条主义使经济学越发脱离现实(贾根良等,2005;朱富强,2018);(3)西方主流经济学理论对中国的发展模式和道路解释力有限,中国应总结自身发展经验,建立中国特色社会主义经济学(何自力,2013;周文,2017)。可以说,学界已充分认识到西方主流经济学所存在的问题和构建中国特色社会主义经济学的重要性和紧迫性。

国际经济学是面向国与国之间、地区与地区之间交往的经济学理论,必然有别于其他立足分析和解决国内问题的经济学理论。相较之下,国际经济学局限性更有其自身特性,对该问题的研究不能大而化之,更不能将经济学的"通病"生硬地套在国际经济学上,因为即使同样面对"西方中心主义"的局限性,国际经济学与其他以国内经济研究为中心的经济学所强调的"西方中心主义"内涵不同,"不同质的矛盾,只有用不同质的方法才能解决"①,唯有"对症"分析,才能开出解决问题的"正确药方"。然而,现有国内研究往往把经济学这一门类看作整体进行局限性剖析,分析的重点也集中在中国国内建设及其经验之上,对各经济学分支有针对性的研究相对空缺,对国际经济学关注更是少之又少,虽然部分学者略有提及,但仅仅将国际经济学作为经济学反思的一个分论点粗略阐述(张晓晶,2013;金碚,2019)。

在国内学者对国际经济学局限性的分析中,对高校国际经济学课程的反思最为丰富②,对国际经济学理论的探讨次之。其中,部分学者提及了应用马克思主义理论和方法、构建马克思主义国际经济学、完成马克思《资本论》六部曲的历史任务(李翀,2002)。近几年来,出现了学者将中国发展实际与西方主流国际经济学相对照,总结"一带一路"倡议对主流国际经济学的超越和创新(王国刚,2015;白永秀等,2017)。可见,国内目前对西方主流国际经济学局限性仍然缺少系统性的分析,没有站在国际经济学理论整体的视角上。因此,本章将立足于国际经济学理论的整体性和特殊性,对其价值论、认识论、方法论等存在的问题进行集中探讨。

1. 普适性问题

长期以来,人们理所当然地认为国际经济学是放之四海而皆

---

① 《毛泽东选集》第 1 卷,人民出版社 1991 年版,第 311 页。
② 通过在 CNKI 检索"国际经济学"可发现,在学科分类分布中,教育类文献总数最多;在下设主题分类中,"《国际经济学》""双语教学""国际经济学课程""教学改革""课程教学""课程方法"等与国际经济学教学相关的主题占据了主体。

第十二章
走向世界的政治经济学：主流国际经济学的话语审视与新建构

准的"权威真理"，意识不到其中的普适性问题。事实是，西方主流国际经济学不是真正的国际经济学，不是普适世界的国际经济学，它只是西方发达国家的经验总结和理论工具，以发达国家为中心视野，为发达国家服务，对发展中国家不利，不足以支撑发展中国家的发展。

其一，理性主义、个人主义不是普适的价值取向。主流国际经济学以英美文化为代表，建立在"理性经济人"的假设之上，即国家的国际经济活动都是趋利避害的"利己"行为。在主流国际经济学的视野中，不存在真正的"合作共赢"。但是理性主义、个人主义不是世界共同的价值观，合作共赢、协同发展等发展理念从来都没有消失。"经济学打算加以解释的活动，涉及的不是自然现象，而是人。"[①]国家间的经济互动中不仅有冰冷的资本，更有制度、文化、道义等"人"的因素，近几年来，在中国的号召下，在"一带一路"倡议的影响下，"共赢"理念越来越受推崇，大大超出了主流国际经济学的认知，是完全不同于西方的共同发展理念，也是主流国际经济学所无法解释的经济现象。

其二，在狭隘、封闭的价值观下，诞生不了真正的、属于世界的国际经济学。主流国际经济学对非西方国家和地区表现出轻视甚至蔑视的态度，限制了主流国际经济学的普适性和包容性。在主流国际经济学理论体系中，大多是西方发展经验的总结和抽象，有明显的民族性和阶级性。尽管部分理论涉及了发展中国家，但往往是负面的，如亚洲金融危机、拉美债务危机等，并且，缺乏新型经济体的发展视角，在发展中国家、后发国家的问题上解释力也有限。同时，当国际经济学遇到民族利益的摩擦，便沦为西方发达国

---

① 哈耶克：《致命的自负》，冯克利译，中国社会科学出版社2000年版，第111页。

家自我保护的理论工具,将发展中国家置于不利的竞争地位,造成"资本走遍全球,利润回流西方"的局面①,由此,现代经济学又被戏称为"现代西方资本主义的女仆"②。古有英国劝诱别国遵守自由贸易原则,自己却厉行禁止;今有美国斥责别国保护政策,自己却肆意更改国际经济、贸易规则。当今美国发起的一系列"贸易战"就是最鲜明的写照。美国一边打着自由主义的旗号,一边推行贸易保护主义,以货币战、贸易战、关税战等一套"组合拳"保护自身利益,使本国的资本、技术、劳动等要素自由地在世界范围内流动,搅乱正常的国际贸易秩序和规则,置他国利益、全球整体利益于不顾,甚至动用武力侵害别国。

可见,主流国际经济学理论的普适性十分有限,不利于世界的和谐、可持续共同发展。真正的国际经济学不应该是"没心没肺的经济学"(No Heart Economy)③,当代世界各国所迫切需要的新的国际经济学体系,绝不只是对强国或强势集团有利,而必须旨在构筑"共商共建共享"多赢的世界经济格局。新的国际经济学体系可以超越某种意识形态的争议,弱化某些民粹主义思潮,旨在从共享多赢的视角来解释国际经济新现象,指导和解决国际经济新问题,从而在现实中构筑有利于全人类的贸易、金融和国际协调机制,进而增强全人类的福祉。

---

① 周文、包炜杰:《中国方案:一种对新自由主义理论的当代回应》,《经济社会体制比较》2017年第3期。
② Robert L. Heilbroner, William Milberg: *The Crisis of Vision in Modern Economic Thought*, New York: Cambridge University Press, 1995.
③ 转引自朱富强:《现代主流经济学的"硬核"缺陷:"经济人"的基本含义、形成逻辑和内在缺陷》,《福建论坛(人文社会科学版)》2017年第9期。

第十二章
走向世界的政治经济学：主流国际经济学的话语审视与新建构

2. 西方中心论

不论是国际经济学的起源还是发展，都打着深深的西方烙印。西方国家将自己当作智慧的源泉，发展中国家也将西方的理论作为权威，在众多发展中国家的语境中，现代化被等同于西方化，西方国际经济学理论占据了学术话语权的绝对霸权。

殊不知，国际话语权是国家软实力的重要组成部分，与国家的实力和权力（Power）息息相关①。国际社会中的主流话语往往体现着占支配地位的大国的权力和利益。西方国际经济学主流地位的背后是西方国家经济地位的支撑，即主流经济学的学术霸权是西方国家经济霸权的延伸和体现，学术话语权本质上体现的是国家在国际权力结构中的地位和影响力。所以，西方国家的国际经济学霸权不是因为理论自身多么的出众，而是由西方国家的经济影响力所决定的。国际经济学作为一门社会科学，根源于经济社会现实，其理论体系紧紧围绕国际经贸、国际金融活动展开，从理论的数量上来看，国际经济现象越频繁的国家和地区，越需要国际经济学理论的指导和支撑，也就越能创造出新的国际经济学理论；从理论的影响力上来看，国际经济影响力越大的国家，其国际经济学理论的辐射范围也越广，也越受他国推崇和效仿。因此，国际经济学理论中的话语权与在国际经济中的国家地位密切相连，即理论中心跟随经济中心而转移。② 在经济思想史上，国际经济学起源于英国，在古典经济学派亚当·斯密、李嘉图的国际贸易理论中初见雏形，此时，英国主导着世界经济的秩序，是世界经济的中心，也是

---

① 陈正良、周婕、李包庚：《国际话语权本质析论——兼论中国在提升国际话语权上的应有作为》，《浙江社会科学》2014 年第 7 期。
② 林毅夫：《中国经济学理论发展与创新的思考》，《经济研究》2017 年第 5 期。

国际经济学理论的中心,有影响力的经济学理论、经济学家大多集中在英国。随着世界经济格局的变动,二战后,美国在世界经济中的地位不断提高,世界经济秩序在美国的领导和号召下开启了新的篇章,国际经济学的研究中心也随之转移到美国。近几十年来,国际经济学逐步发展成为一门系统的、独立的理论,诞生了诸多知名美国经济学家,就此进入美国的时代。

纵观当今世界经济格局,世界多极化趋势已经成为不可逆转的潮流,西方国家的霸权优势日益削减,金砖国家、东盟国家等新兴经济体蓬勃跃进,新兴经济体的崛起改变了全球发展格局,势必会补充有别于主流理论的"非主流"思路。相较之下,原有西方主流国际经济学的理论范式并没有改变,国际经济学的西方主义思维已远远落后于世界格局。这就意味着,现实世界新的突破因素仍在旧的理论框架内循环,国际经济学理论将成为国际经济发展的桎梏。因此,多极的国际经济格局需要多元的国际经济学理论,主流国际经济学中的西方主义理论,早已是落后于现实并将最终被现实淘汰的旧式思维。国际经济学需要主动地接纳所谓的"非主流"思想,需要积极地融合、吸纳新兴国家的经济理论,也需要新兴国家主动总结自身发展经验和模式,不断丰富国际经济学的内涵和外延。

3. 过度数字化

现如今,无论是国内外权威经济学期刊,还是国际经济学课堂,都充斥着数学,学者和学生都专注于数学模型和计算技巧。严谨、科学的研究方法固然重要,但当"唯数学至上"成为一种"规范",那么就陷入了教条主义的深渊,扼杀了国际经济学的灵性,也违背了社会科学的本质。

第十二章
走向世界的政治经济学：主流国际经济学的话语审视与新建构

国际经济学不是数学的应用科学，它归根到底是社会科学，是一门孕育思想、培育理论的学科，正如马克思明确指出的："分析经济形式，既不能用显微镜，也不能用化学试剂。二者都必须用抽象力来代替。"①将复杂的经济现象强行可操作化衡量，这意味着，在某种程度上，尽管某一变量、某一现象十分重要的，但是因其无法被可操作化或没有合适的研究模型，便不去研究②——过度数字化把经济研究简单化。数字化、模型化这种"形式大于内容"的趋向，使国际经济学解释现实、应对现实的能力有限。现实中的国际经济现象不同于书本上的题目，其本身存在诸多不确定性和复杂性，难以用纯粹的数学模型来计量。强行的可操作化，忽略经济现象背后的经济运行规律和人类社会发展规律，即使运用了正确的计算方法也无法得出正确的结论，也无法全面、深入地认识国际经济运行，回答不了当代经济发展的"时代之问"，也解释不了经济现象背后深层次的原因和逻辑，只能漂浮在经济现象表面。长此以往，国际经济学就会成为数字的"奴隶"，丧失了国际经济学的思想启迪性、理论创造性和政策参考性，徒留冗余和无效的数理模型经济学论文，用一套又一套模型堆砌成当代国际经济学研究的成果。

过度数字化的方法论误区不仅出现在国际经济学这一门学科上，而且是整个经济学门类的通病。自数理经济学派诞生以来，数学便逐渐向经济学渗透，在20世纪末期，数字化实证研究就占据了经济学方法论的主流。但究其根源，便不禁发问：为什么是数学，而不是其他研究工具？为什么是量化，而不是其他研究方法？本质上，数字化现象的背后是经济学"科学性"的问题——将量化

---

① 《马克思恩格斯选集》第2卷，人民出版社2012年版，第82页。
② 罗伯特·吉尔平：《全球政治经济学——解读国际经济秩序》，杨宇光、杨炯译，上海人民出版社2013年版，第44页。

等同于科学和严谨、把数学从经济学的工具跃升为内核。事实上,数学从来都不是经济学科学性的基础①,相反,滥用数学让经济学越来越庸俗,将一些无关紧要的要素拉入经济学模型,诞生了"漂亮与收入""税收与消失的女性"等"论文",让经济学变了质。本质上,经济学的科学性体现在对经济现象本质的把握、对社会发展规律的提炼,科学性要在现实经济社会应用中不断提升。同样,经济学理论的发展往往建立在对社会本质的新认识上。世界上伟大的哲学社会科学成果都是在回答和解决人与社会面临的重大问题中创造出来的②。再精妙的计算方法也不能弥补经济学在本体论研究上的缺失,数字化非但不是科学性的必要标志,而且加重了经济学的数学形式主义,把经济学牢牢地套在实证主义和数学的研究框架中。可见,打破数字形式主义的禁锢,让经济学回归现实、立足现实、应用现实,是当代经济学界亟须共同面对的方法论革命。

4. 缺乏时空观

如果说上述普适性、西方主义论、过度数字化三大局限性是"压倒骆驼的草垛",那么,时空观的缺乏就是"压垮骆驼的最后一根稻草"。真正的、科学的国际经济学需要达到理论逻辑、历史逻辑和现实逻辑的统一。经济运行的环境不是真空的,也不是静止的,国家这一重要的经济行为者应是主要研究对象之一。

国际经济学的"国际(international)"二字,意味着该理论要解释的是国家(nation)之间(inter)的经济问题,是一门面向不同国家、地区和民族的理论。而国家经济发展之间又存在着并将长期

---

① 贾根良、徐尚:《经济学怎样成了一门"数学科学"——经济思想史的一种简要考察》,《南开学报(哲学社会科学版)》2005 年第 5 期。
② 习近平:《在哲学社会科学工作座谈会上的讲话》,《人民日报》2016 年 5 月 19 日。

第十二章
走向世界的政治经济学：主流国际经济学的话语审视与新建构

存在着差异性和不均衡性，这意味着国际经济学要面对来自不同发展阶段的经济行为体的互动。反思当今主流国际经济学，似乎很难嗅到"国家"和"历史"的气息，在主流经济学家的观点中，经济世界里的行为者"均衡地分布在没有时间、没有范围的"经济空间中。①

第一，时空观的"时"，即忽视了经济理论、经济思想背后所处的时代，缺乏用历史性的视野来观察国家间的经济互动。从古典学派到新自由主义学派，抽象性和历史性总是互相排斥的，各种经济范畴没有任何的历史变动性，也无视了其起源和历史背景，长期以来，都是将抽象后的法则直接嵌套在现代社会经济的分析中，得出了一系列僵化的结论。从经济发展的最宏观、最长期视角来看，国际经济学可以是一系列抽象的经济规律，但是当代我们所需要的国际经济学，并不是用来指导最宏观的人类经济命运问题，而是具象的、现实的，是要用来解决当下现存问题、指导当今社会经济发展的。换句话说，真正的国际经济学理论既是时代的产物，又服务于当下时代。相较之下，主流国际经济学的观念却是静止的和绝对的，认为对外贸易"总是"有利的、保护主义"总是"有害的，然而，历史的车轮滚滚向前，对经济政策和学说的评价绝不能一概而论，它们是不同历史阶段的产物，服务于国家在不同历史阶段的经济发展目标。以 19 世纪中叶的英国、德国为例，此时的英国和其古典经济学派都将自由竞争作为信条，用比较优势理论打开了一扇又一扇国际市场的大门。在这一时期，国际自由贸易对于英国来说是最完美的选择，比较优势理论也是最正确的国际经济学理

---

① 罗伯特·吉尔平：《全球政治经济学——解读国际经济秩序》，杨宇光、杨炯译，上海人民出版社，2013 年版，第 99 页。

论,二者从理论和政策上完美结合,助力英国对外扩张建立世界霸权的愿望。反观同一时期的德国,情况却恰恰相反,德国及其旧历史学派力主保护政策,在理论和政策上都与古典经济学派和英国的主张直接对立,在英国被视为权威的自由贸易理论和政策却遭到德国的鄙弃,坚决地实行了保护政策,为后起的德国资本主义发展开辟道路。由此可见,即使是同一时间,处在不同经济发展阶段的国家所倡导的理论和政策大不相同,一定阶段的经济理论和政策反映的是"时代之问"和"时代之需",即只有在特定的时代才能诞生特定的理论和政策,不阐述经济发展的历史过程,不探究对外经济活动的国际、国内背景,几乎不可能理解世界经济的动因。因此,只有站在历史中才能真正理解"为什么要鼓励自由贸易""为什么要加强政策保护"等问题,才能做出正确的评价和判断。而这恰好是主流国际经济学所缺乏的,仅仅着眼于空洞的概念和定理让国际经济学在现实面前愈发无力。在变化无常的当今国际经济社会,抽象的、静止的国际经济学理论必然不能满足时代的需要。

第二,时空观的"空",即忽视了经济现象、经济理论背后的国家属性,不承认国际经济互动的国家性,无法以整体性的视角来剖析国际经济活动背后的国家利益和影响。在主流国际经济学派的思维中,国际分工的地理分布和国际经济的结构格局是自然而然形成的,是由于自然和其他条件的制约,各国间存在着天然分工,没有意识到在个人与整个人类之间还有一个中介者——国家。① 在科学的国际经济学中,无边无际的"世界主义"是不可取的,国际经济活动的国家属性是不可忽视的影响因素。国际经济

---

① 罗伯特·吉尔平:《全球政治经济学——解读国际经济秩序》,杨宇光、杨炯译,上海人民出版社2013年版,第171页。

第十二章
走向世界的政治经济学：主流国际经济学的话语审视与新建构

扎根在国际体系中,其中,最重要的是扎根在民族国家的国际体系中。①绝不能将国际经济社会当作是各个国家经济行为者的简单集合,相反,它是由民族国家构成的国际经济体系。国家与国家之间有各自界限分明的国家民族或国家利益,并且,民族利益也不是社会各成员利益的组合,其本身具有特殊性和独立自主性,不能将国际经济学看作是不同国家的"店老板"或"商人个人"的私人经济学说②。英国东印度公司就是一个典型的例子。该公司的建立绝非是英国商人的个人商业行为,其在东印度的21年贸易垄断也不可能靠该公司凭一己之力就能做到。从世界经济史的视野出发,不难看出,东印度公司是构建"日不落帝国"的"国家经济机器",该公司的背后是强大的英国国家力量,无论是其创建还是发展,都服务于英国的殖民扩张目标。因此,国际经济并不是简单的跨国经贸活动,国家在其中扮演着重要的角色,重大事件背后往往打着深刻的国家烙印,国际经济学必须承认国家这一重要影响因素,并把国家这一经济行为者置于主体地位,将以国家为中心的研究补充为新的研究范式。

需要说明的是,总结主流国际经济学的局限性,并不代表全盘否定了既有的国际经济学理论,也不意味着主流国际经济学原理都是错的,而是旨在发现现有理论与现实相脱节、甚至落后于现实的部分。在对比、批判、反思的基础上,可以更加深刻领悟构建中国特色社会主义国际经济学的理论急迫性和必要性,为当代国际经济学的发展指引方向,"取其精华,去其糟粕",使新、旧理论更好

---

① 罗伯特·吉尔平:《全球政治经济学——解读国际经济秩序》,杨宇光、杨炯译,上海人民出版社2013年版,第36页。
② 弗里德里希·李斯特:《政治经济学的国民体系》,陈万煦译,商务印书馆2017年版,第238页。

地衔接和过渡,从而更好地服务于世界经济发展。

三、构建中国特色的国际经济学

构建有中国特色的国际经济学,对于科学地认识当代世界经济的现状与本质,理性审视当代世界经济中存在的问题和矛盾,从而有效处理各种关系、积极促进世界经济和政治的健康发展都具有深远的现实意义。同时,可以更好用中国理论指导中国对外经济实践,也为中国制定和实施对外开放和国际发展战略提供更科学的理论依据,从而更好服务于我国从贸易大国走向贸易强国的目标。

"不忘本来、吸收外来、面向未来"[①]。构建中国特色的国际经济学要坚持两条基本原则:中国化和国际化。所谓中国化,就是要立足中国经济问题的研究,把文章写在中国大地上,要在中国的实践和经验中产出中国理论。这不仅是因为中国学者有"近水楼台"之便,更是因为中国的经济问题越发具有世界影响力。一方面,中国道路和中国现象越来越受国外经济学家关注,成为研究的热点和重点,中国学者则更应成为研究队伍中的核心和"领头羊",担负起构建"中国理论""中国学派"的重任;另一方面,中国经济的国际影响力提高,中国经验对发展中国家乃至世界各国的对外经济发展都具有重要借鉴意义和指导作用。所谓国际化,就是要与国际经济学理论和方法接轨。要辩证地看待中国国际经济学与西方主流国际经济学的关系。构建中国学派不是要把西方的理论推倒重来,而是充分利用好西方理论基础,从中汲取、改进有价值的科学

---

① 习近平:《在哲学社会科学工作座谈会上的讲话》,《人民日报》2016年5月19日。

第十二章
走向世界的政治经济学：主流国际经济学的话语审视与新建构

理论成分①，在批判继承的过程中，使"中学"与"西学"相融合，打造与国际规范相适应的理论内容、学科体系、研究方法等，让中国国际经济学更容易被国际社会、各国学界所理解和接受，便于中国学派的传播。

首先，实践是理论的源泉，要研究和全面总结中国的经验，探索和揭示中国走向世界的国际经济学理论逻辑。回顾中国崛起的历程，改革开放40多年来，正是全面深化改革让中国经济呈现生机，不断提升开放水平让中国经济更出彩，中国对外贸易和利用外资的成就令世界瞩目，中国对外开放的发展成就和经验是世界对外开放发展借鉴的宝库。中国和外部世界的关系越来越多样化，也越来越复杂化，世界需要对外开放的中国理论和中国经验。因此，构建具有中国话语权的国际经济学新体系，首先应该把中国对外开放的典型事例和经验作为研究对象，全面研究和努力提炼中国对外开放的经验并上升为系统化理论学说，以此作为重构国际经济学的出发点。这是时代赋予的历史使命。中国经济学家们应首先充分利用好现有的、丰富的数据资料，将中国特色社会主义国际经济学扎根在中国的改革开放实践上，构建中国自己的国际经济学理论，使其能够解释中国等发展中国家对外投资、对外贸易和国际金融的快速发展，为中国乃至世界经济服务。

其次，中国特色的国际经济学应注重发展中国家或经济体的真实利益诉求和表达。今天的世界早已不是过去的世界，不能再"迷信"西方主流国际经济学的基本原理，更不能在西方主流国际经济学的"铁笼"里跳中国的"世界舞"。西方主流国际经济学的一

---

① 程恩富、何干强：《论推进中国经济学现代化的学术原则——主析"马学"、"西学"与"国学"之关系》，《马克思主义研究》2009年第4期。

贯做法就是依据发达国家的利益得失而改变语调,西方全球化并不是永恒的直线运动,而是为学者公认的近乎钟摆运动。随着西方利益格局变动,西方主流国际经济学范式也总是在贸易保护主义和自由贸易主义之间摇摆。当西方引领全球经济时,西方发达国家便四处宣扬自由贸易的好处,要求世界各国为其优势商品和投资敞开大门;当新兴国家崛起并成为经济全球化浪潮主流时,西方发达国家便为保护其国内利益集团,又掀起贸易保护主义和推行单边主义,可谓此一时彼一时。因此,在西方主流国际经济学理论范式支配下的经济全球化钟摆运动,必然造成发展中国家不能持续地从经济全球化中获取真实利益。新的国际经济学就是要扛起推动经济全球化的大旗,在理论框架上让经济全球化摆脱过去被少数西方大国控制的局面,不使国际利益只流向某几个先进发达国家。

再次,坚持"共商共建共享"原则为国际经济健康发展的基石。无论是古典还是新古典国际贸易理论,其核心思想都是认为国际贸易可以使贸易双方都获利。但是这种理论无论其分工基础是基于生产成本差异、技术落差、要素禀赋的区别,还是规模经济的不同,都是只能固化发达国家与发展国家的利益格局。在传统主流国际经济学理论框架下,发展中国家最多只能缩小差距,但很难实现超越,因为这种理论模糊了贸易双方的利益分配格局。目前普遍的现象是,发展中国家在国际贸易中获得的利益远远低于发达国家。这是因为,我们所处的世界为西方发达国家所主导和支配的世界体系,因此必定是一个不平等的世界体系。现在以中国为代表的新兴国家崛起,并成为经济全球化的主流,从而打破了原有的经济全球化旧格局,由此对西方发达国家又形成了新的利益不平衡,这种背景下新的贸易争端此起彼伏。同任何事物的发展进

第十二章
走向世界的政治经济学：主流国际经济学的话语审视与新建构

程一样,在两国经贸发展过程中,利益和谐与利益冲突并存,合作与斗争并存,这是事物发展的普遍规律。解决问题的关键在于,在利益冲突和摩擦面前,各国要逐渐摒弃"零和博弈"的重商主义旧思维,转向"互利共赢"的战略思维,采取共商共建的积极态度。一国经济的发展不仅需要兼顾本国利益和他国的利益,而且也要考虑到整个世界经济的健康稳定发展,更要防止简单化动辄粗暴制裁、报复等两败俱伤的局面发生,以实现共建和谐世界的目标。现在世界经济发展被诸多不确定性所困扰,如自由贸易的基本规则如何维护、经济全球化进程如何推进。虽然当今世界经济发展出现了一系列问题,但不能拿经济全球化作为"替罪羊"。现在西方发达国家把困扰世界的问题简单归咎于经济全球化,既不符合事实,也无助于问题解决。我们正生活在一个相互依存的世界中,是一个人类命运共同体,任何国家都不可能置身事外,"一荣俱荣,一损俱损",人为设置障碍只能阻碍经济发展,只有拥抱经济全球化才能实现共同繁荣。所以,世界经济发展应牢固树立人类命运共同体意识,寻找更多的利益契合点,深化经济合作,推动经济全球化朝着共商、共建、共享、共赢的方向发展。

最后,中国特色国际经济学应该建立新的国际贸易评价体系。目前评估全球贸易的方法严重滞后,已不能准确地反映经济全球化背景下的生产与贸易现状。全球化的垂直分工和生产链已经改变了原有全球贸易的性质和形态,生产的增值化流程分布在不同的国家,中间产品多次跨越国界,已成为国际贸易重要组成部分。而传统国际贸易原产地评价原则是基于传统生产分工与经济边界确定,已不能真实反映国际贸易的多边化和复杂化变动新趋势,这是目前国际贸易评价争议和错漏的根源,如中美贸易摩擦。因此,必须加快调整和修正过时的国际贸易评价体系,建立各国共同认可的评价机制,推动国际贸易健康发展。值得注意的是,这不是一个单纯的"技术性问题",而是涉及诸多经济利益的"政策性问题"①。失真的贸易评估将影响国家对国际经济形势的判断,引发错误的政治、经济决策,为全球经济带来不必要的人为风险。

总之,在经济趋向全球化的今天,新的国际经济现象已出现,构建中国自己的国际经济学理论体系时机和条件均已成熟。世界经济正面临百年未有之变,当前世界错综复杂、纷纷扰扰,一场经济思想的新革命已在酝酿和发端,从而为经济学理论的发展提供了百年难遇的实验机会。中国的经济学学者们应该站在马克思主义的理论视角,以更广阔的视野对国际金融、国际汇率、国际贸易、国际直接投资、国际电子商务、国际数字化经济等一系列内容进行全新研究,努力推进国际经济学理论重构。正如习近平总书记所言:"这是一个需要理论而且一定能够产生理论的时代,这是一个需要思想而且一定能够产生思想的时代。"②中国经济学家应抓住历史机遇,从全球的眼光、以更高的视野来审视中国在世界的新处境和历史新方位,大胆突破西方主流国际经济学的局限,努力构建符合中国实际的、有中国特色的国际经济学新体系。

---

① 张祥:《原产地规则的认识与应用——一个关系我国经济发展和利益的重大问题》,《管理世界》2000年第4期。
② 习近平:《在哲学社会科学工作座谈会上的讲话》,《人民日报》2016年5月19日。

主要参考文献

1. 《马克思恩格斯全集》第 44 卷、第 46 卷，人民出版社，2001 年版、2003 年版。
2. 《马克思恩格斯选集》第 1—4 卷，人民出版社，2012 年版。
3. 《资本论》第 1 卷，人民出版社，2004 年版。
4. 《列宁选集》第 2 卷、第 3 卷，人民出版社，2012 年版。
5. 《毛泽东文集》第 3 卷、第 6 卷、第 7 卷、第 8 卷，人民出版社，1996 年版、1999 年版、1999 年版、1999 年版。
6. 《毛泽东选集》第 1—4 卷，人民出版社，1991 年版。
7. 《邓小平年谱（1975—1997）》（下卷），中央文献出版社，2004 年版。
8. 《邓小平文选》第 2 卷、第 3 卷，人民出版社，1994 年版、1993 年版。
9. 习近平：《论中国共产党历史》，中央文献出版社，2021 年版。
10. 习近平：《决胜全面建成小康社会 夺取新时代中国特色社会主义伟大胜利——在中国共产党第十九次全国代表大会上的报告》，人民出版社，2017 年版。
11. 《习近平关于社会主义经济建设论述摘编》，中央文献出版社，2017 年版。
12. 《习近平谈治国理政》，外文出版社，2014 年版。
13. 《习近平谈治国理政》第 2 卷，外文出版社，2017 年版。
14. 《习近平谈治国理政》第 3 卷，外文出版社，2020 年版。

15. 《习近平关于全面深化改革论述摘编》,中央文献出版社,2014年版。
16. 《中共中央文件选集(一九四九年十月— 一九六六年五月)》第1册,人民出版社,2013年版。
17. 《改革开放三十年重要文献选编》(上),中央文献出版社,2008年版。
18. 《建党以来重要文献选编(一九二一——九四九)》第24册,中央文献出版社,2011年版。
19. 《建国以来重要文献选编》第4册、第19册,中央文献出版社,1993年版、1993年版。
20. 《三中全会以来重要文献选编》(上),人民出版社,1982年版。
21. 《中共中央文件选集》第18册,中共中央党校出版社,1992年版。
22. 《十二大以来重要文献选编》(中),人民出版社,1986年版。
23. 《十三大以来重要文献选编》(上),人民出版社,1991年版。
24. 《十四大以来重要文献选编》(上),人民出版社,1996年版。
25. 《十六大以来重要文献选编》(中),人民出版社,2006年版。
26. 《十八大以来重要文献选编》(中)(下),中央文献出版社,2016年版、2018年版。
27. 《中国共产党的九十年(社会主义革命和建设时期)》,中共党史出版社,2016年版。
28. 《中国共产党第十九次全国代表大会文件汇编》,人民出版社,2017年版。
29. 《中国共产党第十九届中央委员会第四次全体会议文件汇编》,人民出版社,2019年版。
30. 《中国共产党简史》,人民出版社,2021年版。
31. 樊纲:《市场机制与经济效率》,上海三联书店、上海人民出版社,1995年版。
32. 费孝通:《乡土中国》,上海人民出版社,2013年版。
33. 何绿野、崔建华:《现代市场经济》,经济科学出版社,1997年版。
34. 贺雪峰:《最后一公里村庄》,中信出版社,2017年版。
35. 洪银兴:《中国特色社会主义理论体系构建》,经济科学出版社,2007

年版。

36. 纪宝成、陈甬军：《中国统一市场新论》，中国人民大学出版社，2007 年版。
37. 江小涓：《新中国对外开放 70 年》，人民出版社，2019 年版。
38. 江宇：《大国新路：中国道路的历史和未来》，中信出版社，2019 年版。
39. 刘国光主编：《现代市场经济实用知识》，吉林人民出版社，1998 年版。
40. 刘伟：《中国经济的盛世金言》，广东经济出版社，2000 年版。
41. 王绍光、胡鞍钢：《中国国家能力报告》，香港牛津大学出版社，1994 年版。
42. 徐勇：《乡村治理的中国根基与变迁》，中国社会科学出版社，2018 年版。
43. 徐晋：《平台经济学：平台竞争的理论与实践》，上海交通大学出版社，2007 年版。
44. 薛暮桥：《中国社会主义经济问题研究》，人民出版社，2012 年版。
45. 严英龙：《中国经济现代化》，南京出版社，1998 年版。
46. 俞可平主编：《治理与善治》，社会科学文献出版社，2000 年版。
47. 郑永年、黄彦杰：《制内市场：中国国家主导型政治经济学》，邱道隆译，浙江人民出版社，2021 年版。
48. 周文：《中国道路：现代化与世界意义》，浙江大学出版社，2021 年版。
49. 周文：《国家何以兴衰：历史与世界视野中的中国道路》，中国人民大学出版社，2021 年版。
50. 周文：《经济学中国时代》，上海人民出版社，2019 年版。
51. 周文：《中国特色社会主义政治经济学与经济学中国时代》，济南出版社，2019 年版。
52. 周文、包炜杰：《中国特色社会主义政治经济学研究》，复旦大学出版社，2020 年版。
53. 周文、方茜：《当代中国马克思主义政治经济学研究》，上海人民出版社，2020 年版。
54. A. J. 伊萨克森等：《理解市场经济》，张胜纪、肖岩译，商务印书馆，1996 年版。
55. 阿兰·G. 格鲁奇：《比较经济制度》，徐节文等译，中国社会科学出版社，

1985 年版。

56. 奥尔森：《国家的兴衰：经济增长、滞胀和社会僵化》，李增刚译，上海人民出版社，2007 年版。

57. 爱德华·张伯伦：《垄断竞争理论》，周文译，华夏出版社，2017 年版。

58. 安德鲁·海伍德：《政治学（第二版）》，张立鹏译，中国人民大学出版社，2006 年版。

59. 保罗·萨缪尔森、威廉·诺德豪斯：《经济学（第 16 版）》，萧琛等译，华夏出版社，1999 年版。

60. 戴蒙德：《枪炮、病菌与钢铁：人类社会的命运》，谢延光译，上海译文出版社，2014 年版。

61. 道格拉斯·诺斯：《制度、制度变迁与经济绩效》，杭行译，上海三联书店、上海人民出版社，2008 年版。

62. 德隆·阿西莫克鲁、詹姆斯·A. 罗宾逊：《国家为什么会失败》，李增刚译，湖南科学技术出版社，2015 年版。

63. 费尔南·布罗代尔：《十五至十八世纪的物质文明、经济和资本主义》第 1—3 卷，顾良、施康强译，商务印书馆，2017 年版。

64. 费尔南·布罗代尔：《资本主义的动力》，杨起译，生活·读书·新知三联书店，1997 年版。

65. 弗兰克：《白银资本：重视经济全球化中的东方》，刘北成译，中央编译出版社，2013 年版。

66. 弗朗西斯·福山：《国家构建：21 世纪的国家治理与世界秩序》，黄胜强、许铭原译，中国社会科学出版社，2007 年版。

67. 弗里德里希·李斯特：《政治经济学的国民体系》，陈万煦译，商务印书馆，2017 年版。

68. 哈耶克：《通往奴役之路》，王明毅等译，中国社会科学出版社，1997 年版。

69. 哈耶克：《致命的自负》，冯克利译，中国社会科学出版社，2000 年版。

70. 亨廷顿：《变化社会中的政治秩序》，王冠华、刘为等译，上海人民出版社，2008 年版。

71. 卡尔·波兰尼:《巨变:当代政治与经济的起源》,黄树民译,社会科学文献出版社,2017年版。

72. 卡尔·门格尔:《国民经济学原理》,刘絜敖译,格致出版社、上海人民出版社,2013年版。

73. 莱昂内尔·罗宾斯:《经济科学的性质和意义》,朱泱译,商务印书馆,2000年版。

74. 莱昂·瓦尔拉斯:《纯粹经济学要义或社会财富理论》,蔡受百译,商务印书馆,1989年版。

75. 卢卡奇:《历史与阶级意识——关于马克思主义辩证法的研究》,杜章智、任立、燕宏远译,商务印书馆,1992年版。

76. 路德维希·冯·米瑟斯:《社会主义——经济与社会学分析》,王建民等译,中国社会科学出版社,2008年版。

77. 罗伯特·吉尔平:《全球政治经济学——解读国际经济秩序》,杨宇光、杨炯译,上海人民出版社,2013年第2版。

78. 罗杰·希尔斯曼:《美国是如何治理的》,曹大鹏译,商务印书馆,1986年版。

79. 罗纳德·哈里·科斯:《变革中国:市场经济的中国之路》,王宁译,中信出版社,2013年版。

80. 迈克尔·波特:《国家竞争优势》,李明轩、邱如美译,华夏出版社,2002年版

81. 斯坦利·杰文斯:《政治经济学理论》,郭大力译,商务印书馆,2011年版。

82. 托马斯·皮凯蒂:《21世纪资本论》,巴曙松等译,中信出版社,2014年版。

83. 亚当·斯密:《国富论》,郭大力、王亚南译,商务印书馆,2015年版。

84. 亚历克斯·莫塞德、尼古拉斯 L. 约翰逊:《平台垄断:主导21世纪经济的力量》,杨菲译,机械工业出版社,2017年版。

85. 约翰·内维尔·凯恩斯:《政治经济学的范围与方法》,党国英、刘慧译,商务印书馆,2017年版。

图书在版编目(CIP)数据

繁荣与富强:大国治理的政治经济学/周文,司婧雯,何雨晴著.
—上海:复旦大学出版社,2022.8
ISBN 978-7-309-16210-3

Ⅰ.①繁… Ⅱ.①周…②司…③何… Ⅲ.①政治经济学-研究-中国 Ⅳ.①F0

中国版本图书馆 CIP 数据核字(2022)第 091268 号

繁荣与富强:大国治理的政治经济学
周 文 司婧雯 何雨晴 著
责任编辑/黄 丹

复旦大学出版社有限公司出版发行
上海市国权路 579 号 邮编:200433
网址:fupnet@fudanpress.com http://www.fudanpress.com
门市零售:86-21-65102580 团体订购:86-21-65104505
出版部电话:86-21-65642845
上海四维数字图文有限公司

开本 890×1240 1/32 印张 9 字数 209 千
2022 年 8 月第 1 版
2022 年 8 月第 1 版第 1 次印刷

ISBN 978-7-309-16210-3/F·2884
定价:49.00 元

如有印装质量问题,请向复旦大学出版社有限公司出版部调换。
版权所有 侵权必究